陕西师范大学优秀出版基金资助出版

中国传统人口思想研究

李文琴◎著

中国社会科学出版社

图书在版编目（CIP）数据

中国传统人口思想研究/李文琴著.—北京：中国社会科学出版社，2015.9

ISBN 978 - 7 - 5161 - 7003 - 8

Ⅰ.①中…　Ⅱ.①李…　Ⅲ.①人口学—思想史—研究—中国

Ⅳ.①C92 - 092

中国版本图书馆 CIP 数据核字（2015）第 262425 号

出 版 人	赵剑英
责任编辑	李炳青
责任校对	周　昊
责任印制	李寡寡

出　　　版	中国社会科学出版社
社　　　址	北京鼓楼西大街甲 158 号
邮　　　编	100720
网　　　址	http://www.csspw.cn
发 行 部	010 - 84083685
门 市 部	010 - 84029450
经　　　销	新华书店及其他书店

印刷装订	三河市君旺印务有限公司
版　　　次	2015 年 9 月第 1 版
印　　　次	2015 年 9 月第 1 次印刷

开　　　本	710×1000　1/16
印　　　张	18.5
插　　　页	2
字　　　数	313 千字
定　　　价	76.00 元

序

　　中国的人口问题一直以来就是一个关乎国家、民族发展之大局，且是从古至今均被不断关注的问题。人口思想及其以此为基础所制定的人口政策和方略，亦是不同政权和领导人极其重视的领域。深入挖掘中国传统人口思想的理论体系，不但可为今天我们构建科学的人口理论提供借鉴和启示，而且也可为诸多国计民生问题的解决提供明晰的思路。

　　中国是具有悠久历史和思想积淀的文明国家。自古以来，各种政治、哲学、经济数学、文化、军事思想等既形成了特色各异的派别，也积累了极其丰富的内容，更形成了一脉相承的传统。中国传统人口思想作为其中的一个重要部分，也在继承传统的同时形成了极其丰富的派别和内容，从其对中国古代思想史的贡献而言，它不仅从观点、材料、分析方法，而且从辩证思维、相互联系的视角丰富和完善了中国古代思想史的内涵，梳理这一独特的思想，可以为中国古代思想史的研究起到进一步的推进作用，为中国古代思想史的全面挖掘作出贡献。

　　中国传统人口思想的研究应该说已经积累了比较丰富的成果。无论是著作，还是期刊文章，也都有了一定的数量。尤其是近十几年来，传统人口思想的研究已涉及古代重要思想家的很多人物，如管子、老子、孔子、李觏、洪亮吉、汪士铎等。但就总体研究而言，也存在一些明显的不足，主要表现在对很多思想家的人口思想的挖掘不够深刻、对各个朝代的人口思想及人口状况没有做宏观说明，遗漏了一些人口思想比较鲜明的人物等。李文琴同志《中国传统人口思想研究》的完成，一定意义上填补了这些薄弱环节。该书凝聚了作者多年对该问题的关注和思考，展现了她比较扎实的阅读及领会古代文献的功底，更表现了她知难而上，对该领域重新审视并给出相对准确结论的探索和决心。总之，对中国传统人口思想的深入挖掘、整理和归纳，在人口学、社会学、思想史、传统文化等领域都具有重要的价值。

　　该书具有以下特点：一是历史跨度大，脉络清晰。书稿从夏商周开始写起，到清末民国收尾，各朝各代的基本人口状况和人口思想阐述清楚，读后可使读者留下比较深刻的印象；二是资料丰富。因书稿涉及的历史较长，加之人物众多，要明晰准确地总结出不同朝代人口思想的中心及特点，无疑需要很强大很浩瀚的资料支撑，李文琴同志在写作的过程中，下大力气搜集整理了所需文献资料，涉及政治文诰、诸子百家经典著作、古代官修大型典籍、各类历史著作、主要人物文集、当代研究专著、当代各类相关期刊等诸多方面，观点明确且具有说服力，而大量翔实的资料的展示，也为读者从不同角度和方位解读和掌握中国传统人口思想的精髓提供了很大方便；三是论述逻辑性强。由于本书引用了大量的原文文献，因此对相关问题所做的归纳和总结具有论据充分、环环相扣、逐步深入的特点，读者可以在富有逻辑关系的推理和总结中领略中国传统人口思想的全貌和精华，从而很好地理解和掌握中国传统人口思想的时代特征和独特魅力；四是对之前遗漏的一些有着鲜明人口观的历史人物及思想家进行了补充，如唐代的李世民、狄仁杰等。这些人物的进入，完善了中国传统人口思想的脉络和内容，也使得我们对这一领域的相关问题的认知和领会更加全面。

　　总体而言，这是一部颇有分量、具有独特价值的跨学科研究成果。向作者李文琴同志表示祝贺！希望她以该书的写作为契机，更加拓展自己的研究领域，在认定的学术道路上不断前行，取得更多更好的成果。

石　英

2015 年初春

目　　录

第 一 章

导　论

第一节　中国传统人口思想的主要内容

一　提倡人口众多

纵观整个中国传统人口思想史，其中一项最引人注目的内容就是提倡人口众多。从夏、商、西周时期的"多子多甲"思想的萌芽，到春秋时期的管子、孔子、老子对于人口众多的赞赏；从战国时期的墨翟、商鞅对增加人口的强调，到西汉时期的贾谊、贡禹、东汉时期的王符、徐干对人口众多的追求；从魏晋南北朝时期的皇甫谧、束皙、周朗结合人口数据对人口应该增加的呼吁，到隋唐时期的刘晏、杜佑对人口众多的肯定；从宋元时期的叶适对人口众多思想的继承，到明代邱濬、清代的包世臣、资产阶级革命家孙中山对中国人口问题的剖析，都认为人口众多是一国富裕的标志，是各朝统治者应该追求的目标。期间虽然不乏一些有识之士如韩非、苏轼、洪亮吉、汪士铎等人提出人口与土地和其他生存资料的均衡，但都没有成为主流思想，因此，"民庶、民众"作为中国传统人口思想的一个核心内容，是我们应该把握的一个重要方面。管子认为："地大国富，人众兵强，此霸王之本也。"[①] 墨子曰："今者王公大人为政于国家者，皆欲国家之富，人民之众，刑政之治。"[②] "圣人为政一国，一国可倍也；大之为政天下，天下可倍也。"[③] 商鞅认为："善为国者，仓廪虽满，不偷于农，国大、民众，不淫于言。"[④] 周郎说："凡为国，不患威之不

---

① 孙波注释：《管子·重令地十五》，华夏出版社2000年版，第92页。
② 徐翠兰、王涛译注：《墨子·尚贤上》，山西古籍出版社2003年版，第30页。
③ 徐翠兰、王涛译注：《墨子·节用上》，山西古籍出版社2003年版，第113页。
④ 石磊译注：《商君书·农战第三》，中华书局2011年版，第26页。

立，患恩之不下；不患土之不广，患民之不育。"① 刘晏认为："人口滋多，则赋税自广，故其理财，以爱民为先。"② 叶适认为："为国之要，在于得民。民多则田垦而税增役重而兵强。田垦税增役重兵强则所为而必从，所欲而必遂，是故昔者战国相倾莫急于致民。商鞅所以坏井田开阡陌者，诱三晋愿耕之民以实秦地也。汉末天下殄残而三国争利，孙权搜取山越之众以为民，至于帆海绝缴俘执岛居之夷而用之。诸葛亮行师号为秉义，不妄虏获，亦拔陇上家属以还汉中，盖蜀之亡也，为户二十四万，吴之亡也，为户五十余万，而魏不能百万而已。举天下之大，不当全汉数郡之众，然则因民之众寡为国之强弱，自古而然矣。"③ 邱濬说："天地生人，止于此数。天之所覆者，虽无所不至，而地之所容者，则有限焉。惟气数之不齐，而政治之异施，于是乎生民有盛有衰，生齿有多有寡焉。是以为人上者，必知其民之数，以验吾之政。又必有以知其地域之广狭长短，以验其民居之所容；辨其土地之寒暖燥湿，以识其民性之所宜。……凡若此者，无非以蕃民之生也。民之既蕃，户口必增，则国家之根本以固，元气以壮。天下治而君位安矣。"④ 包世臣认为："国家休养生息百七十余年，东南之民，老死不见兵革，西北虽偶被兵燹，然亦不为大害。其受水患者，不过偏隅。至于大旱，四十余年之中，惟乾隆五十年、嘉庆十九年两见而已。宜其丰年则人乐，旱乾水溢，人无菜色，然而一遇凶荒，则流离载道。屡受丰年，而农事甫毕，穷民遂多并日而食者。何也？说者谓生齿日繁，地之所产，不敷口食，此小儒不达理势之言。夫天下之土，养天下之人，至给也。人多则生者愈众，庶为富基，岂有反以致贫者哉？"⑤ 孙中山强调说："到一百年以后，如果我们的人口不增加，他们的人口增加到很多，他们便用多数来征服少数，一定要并吞中国。到了那个时候，中国不但是失去主权，要亡国，中国人并且要被他们民族所消化，还要灭种。"⑥

---

① 《宋书·周郎传》，中华书局 1974 年版，第 2094 页。

② 《资治通鉴新注》卷 226《唐纪四十二》，陕西人民出版社 1998 年版，第 7663 页。

③ 叶适：《水心别集·卷二·民事中》，中华书局 2010 年版，第 653 页。

④ 邱濬：《大学衍义补》卷 13《蕃民之生》，京华出版社 1999 年版，第 123 页。

⑤ 包世臣：《齐民四术·农二·庚辰杂著二》，中华书局 2001 年版，第 56 页。

⑥ 孟庆鹏主编：《孙中山文集·三民主义·民族主义·第一讲》，团结出版社 1997 年版，第 66 页。

总之，由于中国长久以来都是农业大国，对劳动力有着非常强大的需求，因此，无论是统治阶级本身，还是劳动人民的家庭，抑或是诸多抱着远大政治理想的思想家，都不约而同地强调人口众多的益处。因此，强调人口众多是一国富强的标志，是中国古代人口思想的最重要的一项内容。

二 注重揭示人之本性

在中国传统人口思想形成的初期，许多思想家都对人之本性进行了深刻的剖析，并在一定程度上引发了争议。如春秋时期的管子、孔子，战国时期的孟子、荀子、韩非子，西汉时期的董仲舒，北宋时期的李觏等，均从自己的观察和理解出发，对人的内在本质进行了挖掘，提出了具有创建性的主张。管子说："人，水也，男女精气合，而水流形。"①"百姓无宝，以利为首。一上一下，唯利所处。"②"民，利之则来，害之则去，民之从利也，如水之走下，于四方无择也。故欲来民者，先起其利，虽不召而民自至。"③"欲利者利之。"④"俗之所欲，因而予之，俗之所否，因而去之。"⑤孔子也将人分为圣人、君子、小人，提倡人们要尽力修为，以便达到君子的境界。孟子认为："人皆有不忍人之心……无恻隐之心，非人也；无羞恶之心，非人也；无辞让之心，非人也；无是非之心，非人也。恻隐之心，仁之端也；羞恶之心，义之端也；辞让之心，礼之端也；是非之心，智之端也。人之有四端也，犹其有四体也。"⑥荀子说："人之情，食欲有刍豢，衣欲有文绣，行欲有舆马，又欲夫余财蓄积之富也。然而穷年累世不知足，是人之情也。"⑦"夫贵为天子，富有天下，是人情之所同欲也。"⑧"材性知能，君子、小人一也。"⑨韩非子认为"民之政计，皆

---

① 孙波注释：《管子·水地第三十九》，华夏出版社 2000 年版，第 244 页。

② 孙波注释：《管子·侈靡第三十五》，华夏出版社 2000 年版，第 215 页。

③ 孙波注释：《管子·形式解第六十四》，华夏出版社 2000 年版，第 339 页。

④ 孙波注释：《管子·枢言第十二》，华夏出版社 2000 年版，第 74 页。

⑤ 《史记·管晏列传》，中华书局 1959 年版，第 2132 页。

⑥ 鲁国尧：《孟子全译·公孙丑上》，江苏古籍出版社 1998 年版，第 53 页。

⑦ 孙安邦译注：《荀子·荣辱篇》，山西古籍出版社 2003 年版，第 42 页。

⑧ 同上书，第 44 页。

⑨ 同上书，第 37 页。

就安利如避危穷"，① "且人所急，无如其身"，② "爱则亲，不爱则疏"，③
人 "皆挟私为心也"，④ "人行事施与，以利为之心"，⑤ "民固娇于爱，听
于威矣"，⑥ "为婴儿也，父母养之简，子长而怨。子盛壮成人，其供养
薄，父母怒而诮之"⑦。在他看来，夫妻之间的一般情况是 "爱则亲，不
爱则疏"。董仲舒认为，人有三性，即 "圣人之性"、"中民之性"、"斗
筲之性"。他强调，"中民之性" 是人们普遍的本性，即 "名性者，中民
之性"⑧。因中民之性中有善有恶，所以他认为应将人性中本原的 "善质、
善端" 转化为现实的善，这就要对人民进行教化和启发。李觏认为，世
上的人，都可分为三种，圣人、贤人、中人。三种人身上仁、义、智、信
品格的存在方式是不同的，对此，他进行了较为详尽的分析："圣人者，
（仁义智信）根诸性者也。贤人者，学礼而后能者也。圣人率其仁、义、
智、信之性，会而为礼，礼成而后仁、义、智、信可见矣。仁、义、智、
信者，圣人之性也。礼者，圣人之法制也。性畜于内，法行于外，虽有其
性，不以为法，则曖昧而不章。今夫木大者，可以为栋梁；小者，可以为
榱桷。不以为屋室，则朽于深山之中，与樸樕同，安得为栋梁榱桷也？温
厚可以为仁，断决可以为义，疏达可以为智，固守可以为信。不以为礼，
则滞于心之内，与无识同，安得谓之仁、义、智、信也？屋既成，虽拙
者，必指之曰：此栋也，此梁也，此榱也，此桷也。礼既行，虽愚者，必
知之曰：此仁也，此义也，此智也，此信也。贤人者，知乎仁、义、智、
信之美而学礼以求之者也。礼得而后仁、义、智、信亦可见矣。圣与贤，
其终一也。始之所以异者，性与学之谓也。中庸曰：'自诚明，谓之性，
自明诚，谓之教。诚则明矣，明则诚矣。'自诚明者，圣人也；自明诚
者，贤人也。"⑨

　　总之，由于人及人口是现实世界中的客观存在，是生产力的重要组成

---

① 徐翠兰译注：《韩非子·五蠹》，山西古籍出版社 2006 年版，第 238 页。
② 徐翠兰译注：《韩非子·外储说左上》，山西古籍出版社 2006 年版，第 157 页。
③ 陈奇猷校注：《韩非子·备内》，上海古籍出版社 2000 年版，第 322 页。
④ 陈奇猷校注：《韩非子·外储说左上》，上海古籍出版社 2000 年版，第 160 页。
⑤ 同上。
⑥ 陈奇猷校注：《韩非子·五蠹》，上海古籍出版社 2000 年版，第 228 页。
⑦ 陈奇猷校注：《韩非子·外储说左上》，上海古籍出版社 2000 年版，第 160 页。
⑧ 阎丽译注：《春秋繁露·实性》，黑龙江人民出版社 2003 年版，第 182 页。
⑨ 《李觏集·礼论第四》，中华书局 1981 年版，第 11 页。

要素，是生产关系的承担者，在人类社会的发展进程中处于主体地位，所以中国古代几乎所有的思想家都没有放弃对人及人性的思考，因此形成了非常丰富的理论成果。

三　提倡重民、爱民、养民

民本思想一直是我国传统人口思想的一条红线。从夏商周时期对民众力量的重视，到春秋时期的管子、孔子、老子对重民、爱民的提倡；从战国时期的墨翟、孟子、荀子对爱民养民的阐释，到西汉的贾谊，东汉的王符，唐代的李世民、马周、刘晏、陆贽对重民思维的强调，再到宋代的李觏、苏轼、叶适，明代的邱濬，晚清民国的孙中山、廖仲恺等思想家对重民、爱民、养民的主张，都显示了思想家们对该问题的深层次思考。如《尚书·五子之歌》中就有"民可敬，不可下。民惟邦本，本固邦宁"的内容；随国贤者季梁也认为："夫民，神之主也。是以圣王先成民而后致力于神。"管子认为："畜之以道，则民和；养之以德，则民合。和合故能谐，谐故能辑，谐辑以悉，莫之能伤。"[①]　"夫霸王之所始也，以人为本。本治则国固，本乱则国危。"[②]　"是故国之所以为国者，民体以为国。"[③]

孔子说："道千乘之国，敬事而信，节用而爱人，使民以时。"[④]"弟子入则孝，出则弟，谨而信，泛爱众，而亲仁。"[⑤]老子也说："圣人恒无心，以百姓之心为心。善者善之，不善者亦善之，德善矣。信者信之，不信者亦信之，德信矣。圣人之在天下歙歙焉，为天下浑浑焉，百姓皆注其耳目，圣人皆孩之。"[⑥]墨子认为："知者之事，必计国家百姓所以治者而为之，必计国家百姓之所以乱者而辟之。"[⑦]孟子说："桀纣之失天下也，失其民也；失其民者，失其心也。得天下有道，得其民斯得天下矣；得其

---

①　孙波注释：《管子·兵法第十七》，华夏出版社 2000 年版，第 109 页。

②　孙波注释：《管子·霸言第二十三》，华夏出版社 2000 年版，第 159 页。

③　孙波注释：《管子·君臣下第三十一》，华夏出版社 2000 年版，第 190 页。

④　陈枫译注：《白话论语·学而第一》，三秦出版社 1997 年版，第 3 页。

⑤　同上书，第 4 页。

⑥　范勇胜译注：《老子·德经第四十九章》，黄山书社 2002 年版，第 116 页。

⑦　吴龙辉译注：《墨子·尚同下》，中国书店 1992 年版，第 60 页。

民有道，得其心斯得民矣；得其心有道，所欲与之聚之，所恶勿施，尔也。"①"民为贵，社稷次之，君为轻。"② 荀子认为："君者，舟也；庶人者，水也。水则载舟，水则覆舟"，③"故君人者，欲安，则莫若平政爱民矣；欲荣，则莫若隆礼敬事矣"④。贾谊说："闻之于政也，民无不为本也。国以为本，君以为本，吏以为本，故国以民为安危，君以民为威武，吏以民为贵贱，此之谓民无不为本也。"⑤"夫民者，万世之本也，不可欺。凡居于上位者，简士苦民者，是谓愚；敬士爱民者，是谓智。夫愚智者，士民命之也。"⑥ 王符说："天地之所贵者，人也。"⑦"故君臣法令善则民安乐，民安乐则天心总，天心总则阴阳和，阴阳和则五谷丰，五谷丰则民眉寿，民眉寿则义于兴，义于兴则无奸行，无奸行则世平而国安宁，社稷安而君尊荣矣。"⑧ 李世民认为："为君之道，必须先存百姓，若损百姓以奉其身，犹割股以啖腹，腹饱而身毙。若安天下，必须先正其身，未有身正而影曲，上理而下乱者。"⑨ 马周说："自古以来，国之兴亡，不由积畜多少，唯在百姓苦乐。"⑩ 刘晏认为："人口滋多，则赋税自广，故其理财，以爱民为先。"⑪ 陆贽说："臣闻立国之本，在乎得众，得众之要，在乎见情"，⑫"夫财之所生，必因人力，故先王之制赋入，必以丁夫为本"。⑬ 李觏认为："生民之道食为大，有国者未始不闻此论也……土地，本也，土田不均，富者日长，贫者日削，虽有耒耜，谷不可得而食也。食不足，心不常，虽有礼仪，民不可得而教也，故平土之法，圣人先之。"⑭

---

① 鲁国尧：《孟子全译·离娄上》，江苏古籍出版社 1998 年版，第 117 页。

② 鲁国尧：《孟子全译·尽心下》，江苏古籍出版社 1998 年版，第 239 页。

③ 孙安邦译注：《荀子·王制篇》，山西古籍出版社 2003 年版，第 103 页。

④ 同上。

⑤ 于智荣译注：《贾谊新书·大政上》，黑龙江人民出版社 2003 年版，第 256 页。

⑥ 同上书，第 263 页。

⑦ 王符：《潜夫论·赞学》，龚祖培校点，辽宁教育出版社 2001 年版，第 1 页。

⑧ 同上书，第 15 页。

⑨ 《贞观政要》卷 1《君道》，内蒙古人民出版社 1998 年版，第 1 页。

⑩ 《旧唐书·马周传》，中华书局 1975 年版，第 2616 页。

⑪ 《资治通鉴新注》卷 226《唐纪四十二》，陕西人民出版社 1998 年版，第 7663 页。

⑫ 《唐陆宣公奏议读本》卷一《奉天论前所答奏未施行状》，上海新文化书社中华民国二十年版，第 26 页。

⑬ 《资治通鉴新注》卷 234《唐纪五十》，陕西人民出版社 1998 年版，第 7930 页。

⑭ 《李觏集·平土书》，中华书局 1981 年版，第 183 页。

苏轼说："尧、舜、禹、汤、文、武、成、康之际，何其爱民之深，忧民之切，而待天下以君子长者之道也！"① 叶适认为："国本者，民与。重民力与，厚民生与，惜民财与，本与民而后为国与。昔者言国之本者盖若是矣"，② "为国之要，在于得民。民多则田垦而税增役重而兵强。田垦税增役重兵强则所为而必从，所欲而必遂，是故昔者战国相倾莫急于致民。商鞅所以坏井田开阡陌者，诱三晋愿耕之民以实秦地也。汉末天下殚残而三国争利，孙权搜取山越之众以为民，至于帆海绝缴俘执岛居之夷而用之。诸葛亮行师号为秉义，不妄虏获，亦拔陇上家属以还汉中，盖蜀之亡也，为户二十四万，吴之亡也，为户五十余万，而魏不能百万而已。举天下之大，不当全汉数郡之众，然则因民之众寡为国之强弱，自古而然矣"③。邱濬说："山高出于地而反依附着于地，犹君居民之上而反依附于民。何也？盖君之所以为君者，以其有民也。君而无民，则君何所依以为君哉？为人上者，诚知其所以为君而得以安其位者，由乎有民也。可不思所以厚民之生，而使之得其安乎。民生安，则君得所依附，而其位安矣。"④ "国之所以为国者，民而已。无民，则无以为国矣。明圣之君，知兴国之福在爱民，则必省刑罚，薄税敛，宽力役，以为民造福。民之享福，则是国之享福也。彼昏暴之君，视民如土芥，凡所以祸之者，无所不至。民既受祸矣，国亦从之。无国则无君矣。国而无君，君而无身与家，人世之祸，孰有大于是哉。推原所自，起于一念之不恤民也。"⑤ 之后的思想家孙中山、廖仲恺等也都从国家的繁荣强盛等角度阐释了民众的重要性，提出了保护民众的具体措施，使得重民、爱民、养民这一传统思想得以发扬光大。

四 主张提高人口质量

对民众进行教育，注重提高人口质量，也是中国传统人口思想中的重要内容。其中的代表性人物有孔子、周朗、承庆、嗣立、李觏等。《论语》曰："子适卫，冉有仆，子曰：'庶矣哉！'冉有曰：'既庶矣，又何加焉？'曰：'富之。'曰：'既富矣，又何加焉？'曰：'教之'。"

---

① 《苏轼全集·省试刑赏忠厚之至论》，上海古籍出版社 2000 年版，第 665 页。
② 叶适：《水心别集·卷二·国本上》，中华书局 2010 年版，第 644 页。
③ 叶适：《水心别集·卷二·民事中》，中华书局 2010 年版，第 653 页。
④ 邱濬：《大学衍义补卷十三·总论固本之道》，京华出版社 1999 年版，第 118 页。
⑤ 同上书，第 120 页。

　　周朗在对现实的观察中切身体会到了对民众进行教育的重要性。他不光在其文章中提出了办法，而且很难得地分析了发展教育的意义，可谓考虑全面。他说："凡治者何哉？为教而已。"[1] 在提出了教育在治国过程中的重要性之后，他还分析了当时的现状："今教衰已久，民不知则，又遂以刑逐之，岂为政之道欤？"[2] 针对这种状况，他提出了教育的具体内容和措施："欲为教者，宜二十五家选一长，百家置一师。男子十三至十七，皆令学经；十八至二十，尽使修武。训以书记图律，忠孝仁义之礼，廉让勤恭之则；授以兵经战略，军部舟骑之容，挽强击刺之法。官长皆月至学所，以课其能（即考察其能力）。习经五年有立，则言之司徒；用武者三年善艺，亦升之司马。若七年而经不明，五年而勇不达，则更求其言政置谋，迹其心术行履，复不足取者，虽公卿子孙，长归农亩，终身不得为吏。其国学则宜详考占数，部定子史。令书不烦行，习无糜力。"[3] 在这里，周朗不仅划分了读书习武的年龄和考核办法，而且把教育内容与人们的仕途联系起来，以此引起人们的高度重视。除了以上提到的教育内容和措施外，周朗还多次提到了对民众进行教育的其他方面。比如，要教育人们学会与家人和邻里和睦相处。他说："又教之不敦，一至于是。今士大夫以下，父母在而兄弟异计，十家而七矣。庶人父子殊产，亦八家而五矣。凡甚者，危亡不相知，饥寒不相恤，又嫉谤谗害，其间不可称数。宜明其禁，以革其风，先有善于家者，即务其赏，自今不改，则没其财。"[4] 再比如，他还说："凡鬼道惑众，妖巫破俗，触木而言怪者不可数，寓采而称神者非可算。是乱不诛，为害未息。凡一苑始立，一神初兴，淫风辄以之而甚。今修堤以北，置园百里，峻上以右，居灵十房，糜财败俗，其可称限。又针药之数，世寡复修，诊脉之计，人鲜能达，民因是益征于鬼，逐药于医，重令耗惑不反，死夭复半。今太医宜男女习教在所应遣吏受业，如此故当愈于媚神之愚，征艾媵理之弊矣。"[5]

　　嗣立在对当时的社会现实进行观察后认为，当时的情形是学校颓废、刑法滥酷。他上疏说："臣闻古先哲王立学官，掌教国子以六德、六行、

①　《宋书·周朗传》，中华书局 1974 年版，第 2093 页。

②　同上。

③　同上。

④　同上书，第 2097 页。

⑤　同上书，第 2100 页。

六艺，三教备而人道毕矣。《礼记》曰：'化人成俗，必由学乎。'学之于人，其用尽博。故立太学以教于国，设庠序以化于邑，王之诸子、卿大夫士之子及国之俊选皆造焉。八岁入小学，十五入太学，春秋教以《礼乐》，冬夏教以《诗书》。是以教洽而化流，行成而不悖。自天子以至于庶人，未有不须学而成者也。"① 在阐释了学习的重要性后，他又对当时的现状进行了批评："国家自永淳以来，二十余载，国学废散，胄子衰缺，时轻儒学之官，莫存章句之选。贵门后进，竟以侥幸升班；寒族常流，复因凌替弛业。考试之际，秀茂罕登，驱之临人，何以从政？又垂拱之后，文明在辰，盛典鸿休，日书月至，因籍际会，入仕尤多。加以逆邪凶党来俊臣之属，妄执威权，恣行枉陷，正直之伍，死亡为忧，道路以目，人无固志，罕有执不挠之怀，殉至公之节，偷安苟免，聊以卒岁。遂使纲领不振，请托公行，选举之曹，弥长渝滥。随班少经术之士，摄职多庸琐之才，徒以猛暴相夸，罕能清惠自助。使海内黔首，骚然不安，州县官僚，贪鄙未息，而望事必循礼，俗致康宁，不可得也。"② 最后，从理论和现实结合的基础上，嗣立提出了自己改变现实的主张："陛下诚能下明制，发德音，广开庠序，大敦学校，三馆生徒，即令追集。王公以下子弟，不容别求仕进，皆入国学，服膺训典。崇饰馆庙，尊尚儒师，盛陈奠菜之仪，宏敷讲说之会，使仕庶观听，有所发扬，弘奖道德，于是乎在。则四海之内，靡然向风，延颈举足，咸知所向。然后审持衡境，妙择良能，以之临人，寄之调俗；则官无侵暴之政，人有安乐之心，居人则相与乐业，百姓则皆恋桑梓，岂复忧其逃散而贫蝼哉！今天下户口，亡逃过半，租调既减，国用不足，理人之急，尤切于兹。故知务学之源，岂为润身进德而已，将以海人立国，可不务之哉！"③

李觏的一生都非常重视对民众的教育。他引用过去的做法："大司徒'以乡三物教万民而宾于之。一曰六德：知、仁、圣、义、忠、和。二曰六行：孝、友、睦、渊、任、恤。三曰六艺：礼乐、射、御、书、数。物，犹事也，民三事教成，乡大夫举其贤者、能者以饮酒之礼宾客之。既则献其书于王矣。知，明于事。仁，爱人以及物。圣，通而先识。义，能

---

① 《旧唐书·韦思谦传》，中华书局1975年版，第2866页。
② 同上。
③ 同上书，第2867页。

断时宜。忠，言以中心。和，不刚不柔。善于父母为孝。善于兄弟为友。睦，亲于九族。渊，亲于外亲。任，信于友道。恤，赈忧贫者。礼，五礼之义。乐，六乐之歌舞。射，五射之法。御，五御之节。书，六书之品。数，九数之计。''以乡八刑纠万民。一曰不孝之刑，二曰不睦之刑，三曰不渊之刑，四曰不弟之刑，五曰不任之刑，六曰不恤之刑，七曰造言之刑，八曰乱民之刑。'不弟，不事师长，造言，讹言惑众。乱民，乱名改作，执左道以乱政也。"① 他认为，教育民众的原则应该是"养天性，灭人欲"。② 这样"家可使得孝子，国可使得忠臣矣"。③ 如果"学校不立，教法不行，人莫知何人可师，道莫知何道可学。耳何以为正声？目何以为正色？口何以为正言？身何以为正行"？④ 他认为："天之生人，有耳焉，则声人之矣；有目焉，则色居之矣；有鼻焉，则臭昏之矣；有口焉，则味壅之矣。苟不节以制度，则匹夫疑万乘之富或未足以厌其心也。故《周礼》大司徒之职，施十有二教，其九曰：'以度教节，则民知足。'谓以法度教民，使知尊卑之节，则民之所用虽少，自知以为足也。"⑤ 这是从维护皇权的角度谈对民众的教化。他又说："人不教不善，不善则罪，罪则灾其亲，坠其祀，是身及家以不教坏也。"⑥ 接下来，他又提出对民众的教育要顺乎人情，不能过分勉强。他说："人之生也，莫不爱其亲，然后为父子之礼。莫不畏其长，然后为兄弟之礼。少则欲色，长则谋嗣，然后为夫妇之礼。争则思决，患则待救，然后为君臣之礼。童子人所慢也，求所以成人，然后为之冠礼。愚者人所贱也，求所以多知，然后为之学礼。死者必哀之，然后为之丧礼。哀而不可得见也，然后为之祭礼。推事父之恩，而为养老之礼。广事兄之义，而为乡饮酒之礼。凡此之类，难以遽数，皆因人之情而把持之，使有所成就耳。"⑦

　　总之，在中国传统人口思想中，对民众进行教育、提高人口质量是其中一个不可忽视的方面。

---

① 《李觏集·周礼致太平论五十一篇·教道第一》，中华书局 1981 年版，第 111—112 页。
② 同上。
③ 同上。
④ 同上。
⑤ 《李觏集·安民策第四》，中华书局 1981 年版，第 173 页。
⑥ 《李觏集·庆历民言三十篇·复教》，中华书局 1981 年版，第 245 页。
⑦ 《李觏集·与胡先生书》，中华书局 1981 年版，第 333 页。

五 主张迁移人口

在中国传统人口思想当中，还有一项非常重要的内容，就是主张人口迁移。从先秦时期的移民充国，到后期的各国充实边境，人口迁移思想一直存在于中国古代各项制度、国策及很多思想家的论述当中。这一方面比较有代表性的人物有：西汉的晁错，东汉的王符，晋南北朝时期的束晳，唐代的陆贽，宋代的苏轼、叶适，明代的徐光启，民国的孙中山等。

晁错在人口思想方面的最大贡献就是他的人口迁徙思想。虽然人口的迁徙在西汉时期已不是首创，但将迁徙的意义以及与前代不同的具体措施加以系统论述的，晁错却是第一人。他曾上书汉文帝说："陛下幸忧边境，遣将吏发卒以治塞，甚大惠也。"① 他认为，遣吏充塞起码有两大好处：一是可"使屯戍之事盖省，输将之费益寡"。② 二是"居则习民以射法，出则教民以应敌"。③ 具体办法为：第一，"选常居者，家室田作，且以备之，以便为之高城深堑，具蔺石，布渠答。……要害之处，通川之道，调立城邑，毋下千家"。④ 第二，"予冬夏衣，廪食，能自给而止"。⑤ 第三，"其亡夫若妻者，县官买予之。人性非有匹敌，不能久安其处"。⑥ 第四，"胡人入驱而能止其所驱者，以其半予之"。⑦ 第五，"为置医巫，以救疾病；以修祭祀；男女有婚，生死相恤，坟墓相从"。⑧ 最后的结果是，"种树畜长，室屋完安，此所以使民乐其处而有常居之心"。⑨

王符在考虑到当时的人地不均衡的现状时，也提出了移民实边的具体措施，他说："今诚宜权时，令边境举孝一人，廉吏世举一人，益置明经百石一人。内郡人将妻子来占著，五岁以上，与居民同均，皆得选举。又募运民耕边入谷，远郡千斛，近郡二千斛，拜爵五大夫。可不欲爵者，使食倍贾于内郡。如此，君子小人各有所利，则虽欲令无往，弗能止也。此

① 《汉书选·晁错传》，中华书局 1984 年版，第 152 页。
② 同上书，第 153 页。
③ 同上。
④ 同上。
⑤ 同上。
⑥ 同上。
⑦ 同上。
⑧ 同上。
⑨ 同上。

均苦乐，平徭役，充边境，安中国之要术也。"① 束皙也主张人口迁移："昔魏氏徙三郡人在阳平顿丘界，今者繁盛，合五六千家。二郡田地逼狭，谓可徙远西州，以充边土，赐其十年之复，以慰重迁之情。一举两得，外实内宽，增广穷人之业，以辟西郊之田，此又农事之大益也。"② 陆贽主张："臣愚谓宜罢诸道将士番替防秋之制，率因旧数而三分之一：其一分委本道节度使募少壮愿往边城者以徙焉；其一分则本道但供衣粮，分关内、河东诸军州募蕃、汉子弟愿傅边军者以给焉；又一分宜令本道但出衣粮加给应募之人，以资新徙之业。又令度支散于诸道和市耕牛，兼顾招工人，就诸军城缮造器具。募人至者，每家给耕牛一头，又给田农水火之器，皆令充备。初到之岁，与家口二人粮，并赐种子，劝之播植，待且无幸灾苟免之弊。寇至则人自为战，时至则家自力农。是乃兵不得不强，食不得不足，与夫倏来忽往者，岂可同等而论哉！"③ 苏轼说："臣欲去其二弊，而开其二利，以均斯民。昔者圣人之兴作也，必因人之情，故易为功，必因时之势，故易为力。今欲无故而迁徙安居之民，分多而益寡，则怨谤之门，盗贼之端，必起于此，未享其利，而先被其害。臣愚以为民之情，莫不怀土而重去。惟士大夫出身而仕者。狃于迁徙之乐，而忘其乡。昔汉之制，吏二千石皆徙诸陵。今之计，可使天下之吏仕至某者，皆徙荆、襄、唐、邓、许、汝、陈、蔡之间，今士大夫无不乐居于此者，唯恐独往而不能济，彼见其侪类等夷之人，莫不在焉，则其去唯恐后耳。此所谓因人之情。夫天下不能岁岁而丰也，则必有饥馑流亡之所，民方其困急时，父子且不能相顾，又安知去乡之为戚哉？当此之时，募其乐徙者，而使所过廪之，费不甚厚，而民乐行，此所谓因时之势。然此二者，皆授其田，贷其耕耘之具，而缓其租，然后可以固其意。夫如是，天下之民，其庶乎有息肩之渐也。"④ 叶适主张："分闽浙以实荆楚，去狭而就广，田益垦而税益增，其出可以为兵，居可以为役，财不理而自富，此富今之急务也。"⑤

徐光启非常关心国库的虚实，在谈及如何开发闲置土地，移民进行垦

---

① 王符：《潜夫论·实边》，龚祖培校点，辽宁教育出版社2001年版，第47页。
② 《晋书·束皙传》，中华书局1974年版，第1432页。
③ 《资治通鉴新注》卷234《唐纪五十》，陕西人民出版社1998年版，第7920页。
④ 《苏轼文集·策别十四》，上海古籍出版社2000年版，第814页。
⑤ 叶适：《水心别集·卷二·民事中》，中华书局2010年版，第655页。

田和屯田时，他表明了自己的人口均衡分布思想。他说："垦荒足食，万世永利，而且不烦官帑。"① 在分析了中国古代仕人不是仅靠军功来获得官职的情况，他又说："或疑均民之说，以为人各安其居，乐其业，足矣；何事纷纷，率天下而路乎？不知徙远方之民以实广虚，汉人有此法矣。自汉以来，永嘉之乱、靖康之乱，中原之民倾国以去，所存无几耳。南之人众，北之人寡；南之土狭，北之土芜，无怪其然也。司马迁曰：'本富为上，末富次之，奸富为下。'北人居闲旷之地，衣食易足，不务蓄积，一遇岁侵，流亡载道，犹不失为务本也。南人太众，耕垦无田，仕进无路，则去而未末富，奸富者多矣。末富末害也，奸富者目前为我大蠹，而他日为我隐忧，长此不已，尚忍言哉！今均民之法行，南人渐北，使末富奸富之民皆为本富之民。民力日纾，民俗日厚，生息日广，财用日宽，唐虞三代复还旧观矣。若均浙直之民于江淮齐鲁，均八闽之民于两广，此于人情为最便，而于事理为最急者也。"② 为了加强自己的想法的说服力和可行性，他还提出了一系列对垦荒有功者的奖励措施。如"定岁入米"、"耕垦武功爵例"等。除此之外，他还对这一措施的最终实施提出了28条具体规定，以确保该项措施落到实处、收到效果。无论是垦田还是合理分布人口，都是徐光启对中国传统人口思想的继承和发展。

　　薛福成通过对西洋各国的游历和考察，认为西方国家之所以没有出现人满为患的一个重要原因，是欧洲各国"以地理为始基，以商务为归宿，故其风气皆善寻荒地而垦辟之，南北美洲，皆英吉利、西班牙、葡萄牙人所辟也"。③ "至其民之为商为工为农为佣者，不必定居本国，凡客安居乐业者，即适之"。④ 他还说，美国是一个典型的移民国家，"地多旷土，凡英人、意人、德人往垦辟者，为数不下数十百万"。⑤ 薛福成认为，西方人"善寻新地，天涯海角，无阻不通，无荒不垦，其民远适异域，视为乐土，无岁无之"。⑥ 作为中国，如果想要解决人满为患、土地奇缺的现

---

① 《徐光启集·垦田第一》，上海古籍出版社 1984 年版，第 226 页。
② 同上书，第 227 页。
③ 丁凤麟、王欣之：《薛福成选集·书周官卯人后》，上海人民出版社 1987 年版，第 430 页。
④ 薛福成：《出使英法意比四国日记》，岳麓书社 1985 年版，第 370 页。
⑤ 同上书，第 930 页。
⑥ 同上。

实状况，完全可以学习西方社会，向海外大量移民，他认为这样"不啻于中国之外，又辟一二中国之地，以居吾民，以养吾民也"。① 针对向外移民这一措施，薛福成还提出了自己比较成熟的意见，以保证移民能呈现好的效果。首先是中国人很聪明，很有智慧，可以在异域作出一番事业。他说："中国之人，秀者，良者，精敏者，勤苦耐劳者，无不有之，稍以西法部勒之，而成效自著矣。"② 其次是之前已经有非常多的中国人移居海外，他们不但自身得到了良好发展，而且使得所在国家富强。他认为，南洋各岛，之所以逐渐富强，其根基就在于中国人的贡献。他说："然则其所以渐树富强之基者，不外招致华民以为之质干而已矣。"③ 为了更有力地说明问题，他还对各国的中国移民进行了统计，认为新加坡有八成华人，仰光大约有三万华人，"爪哇二十三省，无一处无华人"。④ 最后是政府必须替欲移居者选择适合的地方："阿非利加一州，鸿荒未尽辟，瘴气未尽除，华民愿往者尚寡；美国有驱逐华民之政；秘鲁一国，及荷兰、西班牙所属诸岛，或迫之入籍，或拘之为奴；而澳大利亚一州，亦有薄待华民之意；自当就其旧有之华民而保护之，不必导之前往也。"⑤ 那么，该向哪里移民呢，薛福成认为应该是美洲。他说："方今美洲初辟，地广人稀，招徕远氓，不遗余力。即如巴西、墨西哥两国，疆域之广，不亚中国十八行省，其民数不能当中国二十分之一，其地多神皋沃壤，气候和平，不异中国，而旷土未垦，勤于招致，且无苛待远人之例。诚乘此时与彼两国详议约章，许其招纳华民，或佣工，或贸易，或艺植，或开矿。"⑥ 这样，就能从很大程度上缓解国家内部人满为患的压力，同时可以让移民者过上富裕的生活。其四是国家要对这些移民者进行保护，不能让他们受到

---

① 丁凤麟、王欣之：《薛福成选集·西洋诸国导民生财说》，上海人民出版社1987年版，第367页。

② 丁凤麟、王欣之：《薛福成选集·许巴西墨西哥立约招工说》，上海人民出版社1987年版，第366页。

③ 丁凤麟、王欣之：《薛福成选集·南洋诸岛致富强说》，上海人民出版社1987年版，第425页。

④ 丁凤麟、王欣之：《薛福成选集·西洋诸国导民生财说》，上海人民出版社1987年版，第425页。

⑤ 薛福成：《出使英法意比四国日记》，岳麓书社1985年版，第454页。

⑥ 丁凤麟、王欣之：《薛福成选集·许巴西墨西哥立约招工说》，上海人民出版社1987年版，第366页。

不公平待遇。具体方法为："设立领事馆，以保护而约束之。"① 最终实现华民在移居地"皆可买田宅，长子孙，或有数世不忘故土，辇运余财，输之中国者"。②

孙中山在其《建国方略之二实业计划》一文中，也提出了非常鲜明的迁移人口、形成合理布局的思想。在其《第一计划》中，他说："移民于东三省、蒙古、新疆、青海、西藏。"③ 为什么会有这样的思路呢？孙中山认为，首先就中国的人口分布而言，南方"沿海沿江烟户稠密省份，麋聚之贫民无所操"，④ 而北方地区却"土旷人稀，急待开发"。⑤ 因此一些省份的人口应该迁移，使其分布合理。其次是为了裁兵之后的安置和众多人口的生活。他说："夫中国现时应裁之兵，数过百万；生齿之众，需地以养。殖民政策于斯两者，固最善之解决方法也。兵之裁也，必须给以数月恩饷，综计解散经费，必达一万万元之巨。此等散兵无以安之，非流为饿莩，则化为盗贼，穷其结果，宁可忍言。此弊不可不防，尤不可使防之无效。移民实荒，此其至善者矣。"⑥ 具体方案为：首先殖民于蒙古、新疆。他说："殖民蒙古、新疆，实为铁路计划之补助，盖彼此互相依倚，以为发达者也。顾殖民政策，除有益于铁路以外，其本身又为最有利之事业。"⑦ 其次是制定好各项移民政策。一是"土地应由国家买收，以防专占投机之家置土地于无用，而遗毒害于社会。国家所得土地，应均为农庄，长期贷诸移民。而经始之资本、种子、器具、屋宇应由国家供给，依实在所费本钱，现款取偿，或分年摊还。而兴办此事，必当组织数大机关，行战时工厂制度，以为移民运输居处衣食之备。第一年不取现值，以信用贷借法行之"。⑧ 二是"一区之移民为数已足时，应授以自治特权。每一移民，应施以训练，必能以民主政治的精神，经营其个人局部之事

---

① 丁凤麟、王欣之：《薛福成选集·许巴西墨西哥立约招工说》，上海人民出版社 1987 年版，第 366 页。

② 同上。

③ 李昇鸣主编：《建国方略之二实业计划》，武汉出版社 2011 年版，第 112 页。

④ 同上书，第 120 页。

⑤ 同上书，第 116 页。

⑥ 同上书，第 123 页。

⑦ 同上书，第 122 页。

⑧ 同上。

业"。① 三是"假定十年之内，移民之数为一千万，由人满之省徙于西北，垦发自然之富源，其普遍于商业世界之利，当极浩大。靡论所投资本庞大若何，计必能于短时期中，子偿其母。故以'有利'之原则论，别无疑问也"。② 最后，孙中山强调说："以国民需要之原则衡之，则移民实为今日急需中之至大者。"③

总之，由于中国土地广袤，且各地经济发展水平不平衡，加之战争的影响，各朝各代几乎都遇到了内地人口稠密而边远之地人口稀少的问题，因此，从国家的国防、农业发展、经济发展、戍边等现实需要出发，很多有识之士都提出了人口迁移的思想，由此也形成了一个特色鲜明的传统。

六　主张对人口进行有效管理

在中国传统人口思想的主要内容中，有一个非常重要的方面，即主张对全国人口进行有效管理。这一方面的代表人物有：春秋时期的管子，战国时期的商鞅，东汉时期的徐干，魏晋南北朝时期的李冲、李峤，唐代的杜佑，清代的包世臣等。

为了清晰地掌握本国人口的数量，管子一直主张要进行专门的人口统计。他的方法是："分春曰书比（指登记户籍人口），立夏曰月程（指按当月的户籍人数进行核实），秋曰大稽（指人口总检查），与民数得（指增加的人口）亡（指减少的人口）。"在人口普查中，除了要掌握总体人口状况，更重要的，还可以在普查中查清适合服兵役的人数。即"常以秋岁末之时，阅其民，案（总检查）人比地，定什伍口数，别男女大小……并行以定甲士，当被兵之数，上其都"。认为国家如果掌握了有关人口数据，无论是发展农业，经商，还是征兵，都有充分的依据。

商鞅的人口思想中有一点是特别值得赞赏的，那就是他特别注重人口与土地的基本比例，并在此基础上强调要进行经常性的人口普查。他说："凡世主之患，用兵者不量力，治草莱者不度地。故有地狭而民众者，民胜其地，地广而民少者，地胜其民。民胜其地，务开；地胜其民者，事徕。开徕，则行倍，民过地，则国功寡而兵力少；地过民，则山泽财物不

---

①　李昇鸣主编：《建国方略二之实业计划》，武汉出版社 2011 年版，第 123 页。

②　同上。

③　同上。

为用。"① 商鞅强调的是国家要准确地掌握土地和民众的基本比例，使人口与土地、山泽等国家的自然资源保持平衡。若出现了不平衡的情况，就要想办法解决，否则就算人多地多，也不能保证国家实力的强大。在这种比较超前的认识支配下，他强调第一，要让所有商人进行登记，让他们家中砍柴的、驾车的、供人使役的、做童仆的都必须到官府注册；第二，是针对全体民众，要求活着的人要登记造册，死了的人要从户口册上注销，这样的话，君主就能随时掌握整个国民的数量，而民众也无法逃避税租，田野上也不再会有荒草，国家也就富足和强大了。对君主必须要掌握的有关数据，商鞅也做了具体说明："强国知十三数：竟内仓府之数，壮男壮女之数，老弱之数，官士之数，以言说取食者之数，利民之数，马、牛、刍藁之数。欲强国，不知国十三数，地虽利，民虽众，国愈弱至削。"②

东汉时期的徐干也关注到了这个问题，他对人口数量之间的关系也做了较为深入的研究和说明。他说："民数周，为国之本也"，③ "故先王周知其王民众寡之数，乃分九职焉。"④ 他还引用《周礼》说："孟冬，司寇献民数于王，王拜而受之。遂登于天府。内史、司会、冢宰贰之。其重之如是也。"⑤ 在说明了知民数量的重要性及先王的做法后，他又把能否熟悉民众数目与昏君治国联系起来，说出了自己的看法："迨及乱君之为政也，户口漏于国版，夫家脱于联伍，避役者有之，弃捐者有之，浮食者有之，于是奸心竞生，伪端并作矣，小则盗窃，大则攻劫，严刑峻法不能救也。故民数者，庶事之所自出也，莫不取正焉。以分田里，以令贡赋，以造器用，以制禄食，以起田役，以作军旅。国以之建典，家以之立度。五礼用修，九刑用措者，其唯审民数乎！"⑥ 在这里，徐干运用古今对比的方法，对民数之重要做了极其深刻的说明。也就是说，知民数量不光能够使老百姓安居乐业，而且能使国家在很多方面做到心中有数。

南北朝时期的李冲，因为看到了当时国家人口管理的弊端，提出了比较有效的三长制的管理方法，具体内容为：以五家为邻，立一邻长，五邻

---

① 石磊译注：《商君书·算地第六》，中华书局 2011 年版，第 56 页。
② 石磊译注：《商君书·去强第四》，中华书局 2011 年版，第 45 页。
③ 徐干：《中论·民数第二十》，龚祖培校点，辽宁教育出版社 2001 年版，第 35 页。
④ 同上。
⑤ 同上。
⑥ 同上书，第 36 页。

为里，立一里长，五里为党，立一党长。邻长、里长、党长在其各自的管辖范围内具有查清户口、审定户籍、分配土地、征发徭役、委派兵役等职责，这样，就可以健全基层行政组织，加强人口管理。事实证明，李冲的三长制效果明显，它改变了"魏初不立三长制，故民多隐附"的局面，从世族豪强们手中夺取了大批劳动力，增加了国家的在册人口，使得"包荫之户可出，幸幸之人可止"，① 认为长此以往，就可以有效地巩固封建王朝的统治。

众所周知，武则天时期是唐朝的兴盛时期。虽然当时的封建经济有了较大的发展，人口也有了明显增加，如高宗永徽三年（652），在籍户口为380万户，到武则天死时的中宗神龙元年（705），户口增至615.6141万户。在短短的50多年里，户口数增加了60%左右。但是，由于徭役的繁重、土地的大肆兼并和佛教的兴盛，人口逃亡、隐匿现象也非常严重。有史记载当时："天下户口，亡逃过半。"有的地方竟出现了"户口逃亡且尽"，即人口全部逃亡的局面。面对这一严重状况，李峤从维护封建统治的角度出发，对户口管理的必要性进行了细致的分析。他说："臣闻黎庶之数，户口之重，而条贯不失，按比可知者，在于各有管统、明其簿籍而已。"② 在李峤看来，如果唐朝统治者想要知道准确的人口数，必须在户口管理方面下足功夫，否则，国家的安定，赋税的收取就会出现一系列问题。

同样，杜佑对我国古代人口管理的思路和方法也进行了比较全面的介绍，使我们在一定程度上了解了当时农村社区行之有效的管理经验。他说："昔黄帝始经土设井，以塞争端，立步制亩，以防不足。使八家为井——井一为邻，邻三为朋，朋三为里，里五为邑，邑十为都，都十为师，师十为州。夫始分之于井则地著，计之于州则数详，迄乎夏殷不易其制。周制大司徒令五家为比，使之相保，五比为闾，使之相受，四闾为族，使之相葬，五族为党，使之相救，五党为州，使之相赒，五州为乡，使之相宾。"③ 之后，杜佑又按朝代顺序分析了两汉、两晋、南北朝、隋代、唐代的人口管理方法："大唐令诸户以百户为里，五里为乡，四家为

---

① 《魏书·李冲传》，中华书局1974年版，第1180页。
② 同上书，第1180页。
③ 《通典·食货三》，中华书局1984年版，第21页。

邻，三家为保，每里置正一人，掌按比户、口课，植农桑，检察非违，催驱赋役……三年一造户籍，凡三本，一留县，一送州，一送户部长留。"①

清代的包世臣，也非常强调一国户口的重要性，主张作为管理者，应当要按时排查户口，然后按照旧例对人口进行管理。他说："宜确查极次户口，分别平赈也。本城以丝为生，今年机坊大坏，失业尤多。查户口一事，断不可委之员役，本年查办门牌，具文可笑，是其往撤。宜谕令三学实举庠生之重耻好义不避嫌怨者，分为东西南北中五城，每城或八人或十人，以本府名帖，延至学中公议，就近画开街巷，分头查办。"② 虽然包世臣是在国家赈灾的背景下谈及户口及其重要性的，但他强调一国之户口必须摸清，然后有针对性地进行管理的思想却是值得肯定的，尤其是他建立在户口之上的分层管理、按需赈灾等思路对提高赈灾效率是有启发意义的。同时，包世臣对整体的社会管理，也提出了自己的看法。他说：古代之时，"保甲以十家为甲，十甲为里，十里为保，十保为乡。乡立乡老，无定额；保立保长一人，保贰一人；里立里正一人；甲有甲首，有直甲。十家之中，择其家少殷实、年逾四十无过犯、不为其邻所恶者为甲首。十家输直，查核其当输之家为直甲。"③ 在说明了古代常用的保甲制度之后，他认为国家应该采取的社会管理方式："先断自编甲始。俟甲成，然后割里，里成割保，保成割乡。"④ 包世臣认为，在这样的管理机制下，官吏可以依此选取里长、保长等，同时还可以依此对百姓进行贫富分层，在分层的同时，还可以制定国家的赈灾方案，判定各家应交的赋税和应承担的兵役，可谓一举多得。在甲的形成过程中，可以因地制宜，随行救市，按照多寡不等的方式将所有人口都纳入国家的管辖范围，做到管理有方，办事有效。除此之外，在甲、保、乡等组织的外在形式上，包世臣还以图形的方式给出了包括门牌在内的户口登记方式，称得上是一种人口普查。

总之，在中国传统思想形成和完善的过程中，诸多思想家都从当时的具体现实需要出发，阐述了必须进行户口统计、对一国人口进行管理的思

---

① 《通典·食货三》，中华书局1984年版，第23页。

② 包世臣：《齐民四术·农二·为秦易堂侍读条画白门荒政》，中华书局2001年版，第73页。

③ 包世臣：《齐民四术·礼一上·说保甲事宜》，中华书局2001年版，第128页。

④ 包世臣：《齐民四术·农二·为秦易堂侍读条画白门荒政》，中华书局2001年版，第73页。

想，当然，由于时代的局限，那时的人口统计和管理既不具备科学性，也不具备可行性，但他们对这一问题的思考，却在一定程度上发展了中国古代的人口统计，为现代意义上的人口统计打下了比较坚实的理论及思想基础。

第二节　中国传统人口思想的主要特征

一　具有明显的连续性

纵观中国传统人口思想，我们不难发现，其中的几个重要内容都具有明显的连续性。如追求人口众多、重民爱民养民、对民众进行教育、揭示人性的本质、主张迁移人口、对贤才的渴望与赞扬等，都是一以贯之的主要内容。同时，中国传统人口思想也随人口数量的变化有一定的阶段性。大致在唐代之前，大多数人秉承的是人口众多的思想，宋代之后，很多学者看到了人口太多的弊端，开始深刻分析由于人口众多带来的国家治理、土地供给等方面的挑战和问题。尤其是清代，随着中国人口突破一亿，很多学者开始痛心疾首地呼吁关注人口数量问题，但都没有给出有效解决问题的方案。

二　与军事、政治、经济、文化思想紧密联系

审视中国传统人口思想，我们还可以发现，许多思想家的人口思想都与他们的军事、政治、文化思想相互联系，在论述人口思想的同时，也揭示了诸多人口与社会因素之间的复杂关系。如先秦时期，许多思想家在谈及人口思想时，都是将这一思想放在他们的政治理想中进行探讨的。无论是夏商西周时期的以"礼"而治，还是春秋战国时期以孔子为代表的以"仁"而治，抑或是后期以孟子为代表的"王道"而治，以墨子为代表的"兼爱、非攻"，以老子为代表的"无为而治"，都是思想家基于不同的政治理想而对人口问题作出的判断。这种判断表明了他们对人在社会发展中的作用的深刻理解，以及对人在政治理想中的作用的正确把握。

三　注重结合数据说明问题

自从有了简单的人口统计之后，许多学者在展示自己对人口问题的看法时，都会自觉地结合已有的人口数据来说明问题。这方面有代表性的人

物有：皇甫谧、叶适、马端临、徐光启、洪亮吉、汪士铎、薛福成、孙中山、廖仲恺等。皇甫谧在他的《帝王世纪》一书中系统地整理了夏至三国时期的人口数量，并在此基础上提出了他对古代人口发展状况的看法。他认为，从总的趋势上看，古代中国人口数量是不断减少的，究其原因，主要有连年劳役、连年战争等。叶适在阐释"民众是国家之根本"这一观点时，详细计算了三国时期蜀国、东吴、魏国的人口数量，在此基础上很好地证明了治理国家的根本在于得到民众这一主张。马端临在他的《文献通考》一书中，总结了夏禹时期到南宋末的人口数，为中国古代的人口统计作出了巨大的贡献。在《文献通考·户口考》中，他结合相关数据对自己的人口思想进行了明晰的说明。徐光启在阐释他所认为的人口规律时，以明洪武、永乐、隆庆、万历年间皇亲贵族人口的繁衍情况为例，用精准的数据说明了皇家人口不断增加，而国计民力均无法供养的现实情况，同时提出了解决问题的方案。洪亮吉在说明人口增长的规律、主张要使人口数量和土地面积互相均衡的过程中，也采用非常精确的人口数字支撑了自己的观点。汪士铎在阐释自己的"人多是国家致贫的主要原因"之观点时，也用自己掌握的人口数计算了人口自古至今发展的情况及原因，提示人们要特别重视人口数量过多给国家带来的灾难和负担。薛福成在阐发自己的人口观时，不仅仔细计算了中国的人口数，还运用了大量国外的人口数量说明问题，在他的著作中，几乎所有内容都有人口数量的佐证。孙中山在阐发他的"人口众多是一国强盛的标志"这一鲜明观点时说："我们要提倡民主主义来挽救中国危亡，便先要知道我们民族的危险在什么地方。要知道这种危险的情形，最好是拿中国人和列强的人们比较，那便更易清楚……英国发达，所用民族的本位是盎格鲁撒克逊人，所用地方的本位是英格兰和威尔斯，人数只有三千八百万，可以叫做纯粹英国的民族，这种民族在现在世界上是最强盛的民族，所造成的国家是世界上最强盛的国家，推到百年以前，人数只有一千二百万，现在才有三千八百万，在此百年之内便加多三倍。"[①] 之后，他又列举了日本的人口增加情况，认为日本的人口也比之前增加了三倍。而俄国，"他们的民族叫做斯拉夫，百年以前的人口是四千万，现在又一万万六千万，比从前加多

① 孟庆鹏主编：《孙中山文集·三民主义·民族主义·第一讲》，团结出版社1997年版，第66页。

四倍，国力也比从前加大四倍"。① "德国在一百年前，人口有两千四百万，经过欧战之后，虽然减少了许多，但现在还有六千万。这一百年内增加了两倍半。"② "美国人口，一百年前不过九百万，现在有一万万以上。他们的增加率极大，这百年之内加多十倍。"③ "用各国人口的增加数和中国的人口来比较，我觉得毛骨悚然！比如美国人口百年前不过九百万，现在便有一万万多，再过一百年，依然照旧增加，当有十万万多。中国人时常自夸，说我们人口多，不容易被人消灭……殊不知百年之后，美国人口可加到十万万，多过我们人口两倍半。从前满洲人不能征服中国民族，是因为他们只有一百几十万人，和中国的人口比较起来，数目太少，当然被众人吸收。如果美国人来征服中国，那么百年之后，十个美国人中只参杂四个中国人，中国人便要被美国人所同化。"④ 再之后，孙中山又计算了中国人口的变化，认为自乾隆到民国初年将近二百年了，中国人口还是四万万，恐怕再过一百年还是四万万。在这样的思想指导下，他又一次指出："一百年之后，全世界人口一定要增加好几倍。像德国、法国，因为经过此次大战之后，死亡太多，想恢复战前状态，奖励人口生育，一定要增加两三倍。就现在全世界的土地与人口比较，已经有了人满为患。像这次欧洲大战，便有人说是'打太阳'的地位。"⑤ 廖仲恺也引用了清代的人口统计数，说明了当时中国人口数统计得不准确的观点。在《中国人民和领土在新国家建设上之关系》一文中，廖仲恺指出："中国人人扯谎最普通的，第一就是中国四万万人这一句话。据前清宣统二年民政部的统计，是三万万四千二百六十三万九千，但是同一年的海关预计表，就说是四万万三千八百四十二万五千。这两个都是中国政府的机关，然而列出来的人口表，两个数目，相差整九千多万，这一差就要把美国这么多的人数差去了。照这样看来，中国人口的确数，虽是没有一个人晓得，然而其多

---

① 孟庆鹏主编：《孙中山文集·三民主义·民族主义·第一讲》，团结出版社 1997 年版，第 67 页。

② 同上书，第 70 页。

③ 同上。

④ 同上书，第 71 页。

⑤ 同上书，第 73 页。

也就可观了。"①

总之，在中国传统人口思想中，结合数据说明问题或主张是一个极其鲜明的特征。

四 人学思想、人口思想相互交融

不能否认，在中国古代，人学作为特征明显的思想体系，自成一脉。它经历了多元人学模式的创构时代、儒家人学的昌盛与危机时代、儒家人学的重构与批判时代，最终形成了丰富的内容和流派。由于研究人口问题离不开对人的本性的探索，因此中国古代的人学思想、人口思想是互相交织在一起的。这一特征在人口思想形成的前期表现得较为明显。在先秦时期，几乎所有思想家对人口问题的看法都与他们对人的本性的理解融合在一起。这一点不难理解，因为在人类社会的各个阶段，我们对于人口问题的探索都离不开人本身的特征。人的内在本质，决定了他在社会生活中的地位和作用，也决定着他对待任何社会现象和问题的态度及方法。看不清人的本质，就不能很好地解决我们要面对的问题，也不能制定出合乎人们理想的政治、经济制度等。所以，从古至今，人口思想都是与人学思想相互联系的。无论是管子对自然人性的概括，孟子的性善论，还是荀子的性恶论、韩非对人的本性的剖析等，都与他们的人口思想密切相关。这种研究及思考问题的方法，为我们探索和解决人口问题打下了比较坚实的理论和思想基础。

---

① 广东省社会科学院历史研究室编：《廖仲恺集·中国人民和领土在新国家建设上之关系》，中华书局1983年版，第15页。

第 二 章

夏、商、西周时期的人口思想

第一节　夏、商、西周时期人口思想概述

夏、商、西周，史称"三代"，有 1400 多年。这一时期，整个社会的生产力及生产关系都发生了巨大的变化，出现了等级划分和财产的私有化。同时人口思想也开始萌芽，人们开始关注人口数量的多少及其与国家贫富的关系，开始以拥有奴隶的多少来评判人们的社会地位。也就是说，奴隶主为了更多地压榨奴隶、征调兵丁、收纳贡赋、安排徭役、进行战争等，均开始主动了解人口的数量情况，同时也开始思考人口问题并给出了自己的见解。

一　有了极其简单的人口统计和人口普查

据史料记载，夏朝君主少康，在做有仍氏的牧官时，就"有田一成，有众一旅"，同时还有这样的记载，"禹平水土，还为九州……是以其时九州之地，凡二千四百三十万八千二十四顷……民口，千三百五十五万三千九百二十三人"①。这些数据的可靠性虽然还需考察，但那时的人们已有了简单的人口核算，抑或产生了人口统计的愿望却是比较可能的。

到了西周时期，统治阶级为了战争和生产的需要，非常重视人口数量，并设专门的官员管理该项事务。"司民：掌登万民之数。自生齿以上，皆书于版。辨其国中及其郊野，异其男女。岁登其死生。及三年大比，以万民之数诏司寇。司寇及孟冬祀司民之日，献其数于王，王拜受

---

① 徐宗元：《帝王世纪辑存、星辰及历代垦田户口数》，中华书局 1964 年版，第 118—119 页。

之，登于天府；内史、司会、冢宰贰之，以赞王治。"① 其大意为：司民负责登记天下人民的数目。从长出牙齿的婴儿以上，都登记在户籍上。分辨国都和郊野居住的人口数目，分别计算男女的数量。每年增入新生的数目，减去死亡的数目。到每三年一次大校比时，把登记清楚的人口数目上报给司寇。司寇等到孟冬祭祀司民星的那天，把人口数目进献给天子，天子拜受，交给天府藏于祖庙；内史、司会、大宰录下副本，以便辅佐天子治理天下。西周末年，周宣王在被姜戎打败以后，为了补充兵源，增加财富，公元前 789 年还在太原（今甘肃镇原）一带进行过一次人口普查。史载："宣王既丧南国之师，乃料民于太原。仲山父谏曰：'民不可料也！夫古者不料民而知其少多，司民协孤终，司商协民姓，司徒协旅，司寇协奸，牧协职，工协革，场协入，廪协出，是则少多、生死、出入、往来者皆可知也，于是乎又审之以事，王治农于籍，蒐于农隙，耨获亦于籍，狝于既烝，狩于毕时，是皆习民数者也，又何料焉？不谓其少而大料之，是示少而恶事业。临政示少，诸侯避之。治民恶事，无以赋令。且无故而料民，天之所恶也，害于政而妨于后嗣。'王卒料之，及幽王乃废灭。"② 大意为：周宣王丧失了从南方诸国征召的军队后，想在太原清查户口。仲山父劝谏说："民众多少是不可稽查的。古时候不用清查户口就能知道人数的多少。司民统计救助过的孤儿和死者人数，司商统计受奖赏的人员和氏族，司徒统计服役的人数，司寇统计获刑的人数，牧人上报牲口饲养的多少，百工上报金属锻造的多少，场人上报物资入藏的多少，廪人上报钱粮支出的多少，如果这样做的话，则一国人口的增多减少，生死存亡以及钱物交易的出入往来等都能掌握清楚。在此基础上，再通过具体事务来审核人口和财物数量，天子在籍田上以籍礼管理春耕，在农闲时节以蒐礼训练军队，除草和收获的季节到籍田上检查生产，秋收之后、冬闲时节以狝礼、狩礼检阅军队，在这些礼仪中都需要统计人口，哪里需要专门清查人口呢？不承认人口减少却要全面清查人口，正表明自己担心人口减少却又讨厌政务繁多。治理天下而担心人口寡少，诸侯将离心远避。管理民众而讨厌政务，就无法颁布正确的政令。况且无缘无故清查户口，这种扰民行径是上天所厌恶的，将败坏为政之道，祸害后世子孙。"天子不听劝谏，

---

① 王华宝：《周礼·秋官第五》，岳麓书社 2001 年版，第 339 页。
② 罗家湘：《国语·周语上》，中州古籍出版社 2010 年版，第 32 页。

最终还是清查了户口，到周幽王的时候，西周就灭亡了。

为了加强人口管理，西周时期还建立了户籍管理制度。其中还包括社区组织的完善和户口等级制度的建立。西周时期规定，无论在都邑（包括都邑及百里以内的地区），还是在郊野（指离都邑百里以外的地区），从上到下都必须设立管理居民的组织。"令五家为比，使之相保；五比为闾，使之相受；四闾为族，使之相葬；五族为党，使之相救；五党为州，使之相赒；五州为乡，使之相宾。在郊野是五家为邻，五邻为里，四里为酂，五酂为鄙，五鄙为县，五县为遂。"① 大意为：令五家编为一比，使他们能相互信任；五比为一闾，使他们可以相互托付；四闾为一族，使他们遇到丧葬之事能相互祭吊；五族为一党，使他们能相互帮助；五党为一州，使他们能够相互补助不足；五州为一乡，使他们尊敬乡中的贤能之人。以五家为一邻，五邻为一里，四里为一酂，五酂为一鄙，五鄙为一县，五县为一遂。另外，周朝还设有"小司徒之职：掌建邦之教法，以稽国中及四郊、都鄙之夫家九比之数，以辨其贵贱、老幼、废疾，凡征役之施舍与其祭祀、饮食、丧纪之禁令"②。大意为：小司徒的职务是：负责建立国家的教官官法，用来稽考王城中及四郊都鄙的男女人数，及其以井比编制的家数，分别贵贱、老幼及残疾之人，负责赋税和力役免除；执掌祭祀、饮食、丧纪的禁令，使他们不失礼法。同时，小司徒之下的乡师、乡大夫也是负责此等事务的官员，他们一起分级管理户口，使得当时的户籍管理显得井井有条。

二 "多子孙甲"思想萌芽

夏商时期，奴隶主贵族衡量彼此的富裕程度时，是以奴隶的多寡作为标准的，因此，他们一致追求的目标便是"欲至于万年，惟王子子孙孙永保民"③。大意为：要想使我们周朝的统治万年长存，周王的子子孙孙就要永远保证他的人民的安康。另外，还有"多子孙甲"意识。④ 他们认

---

① 王华宝：《周礼·秋官第五》，岳麓书社 2001 年版，第 96、142 页。
② 同上书，第 101 页。
③ 李民：《尚书译注·梓材》，上海古籍出版社 2004 年版，第 283 页。
④ 《殷墟书契后编》卷下十四叶一片段。引自张敏如《中国人口思想简史》，中国人民大学出版社 1982 年版，第 3 页。

为只有多子多孙，才能"奉先思孝"。① 大意为尊奉先祖先王，常思孝顺，使自己的奴隶主地位千秋永固。同时，夏商统治者追求多子孙甲，也是为了确保有足够数量的奴隶从事生产劳动。虽则如此，由于当时的奴隶只是会说话的工具，奴隶主可对他们任意杀戮，他们作为人的一切都是被忽略的。到了西周时期，统治者意识到了商王朝这种大肆的屠杀以及部落间的战争使得当时的人口不仅数量不多，而且增长缓慢。据史料载，周公相成王时，"民口千三百七十一万四千九百二十三人"，仅比夏禹时多"十六万一千人"②，于是，他们开始注重增加人口。所以后期的周王朝特别重视人口的繁衍，有《诗》为证："绵绵瓜瓞，民之初生。"③ 大意为：我们的子民真多呀，好像瓜果一样绵延不绝。"桃之夭夭，有蒉其实，之子于归，宜其家室。"④ 大意为：桃花盛开时多么美丽，之后又结了红白相间的果实。这时的女子出嫁，对于将来的家庭是非常有益的呀。除此之外，据史书载："太公望封于营丘，地舄卤，人民寡，于是太公劝其女工，极技巧，通鱼盐。"最终的目的是增加人口，使"人物归之，襁至而辐凑"。⑤ 大意为：太公望曾被封于营丘之地，地是盐碱地，老百姓还特别少，于是太公望就劝导人们精通女工，学会制作各种工具的技巧，用来交换鱼和盐，结果百姓纷纷来到他的封地，营丘日益富强安宁。

三　有了"百姓"、"民"、"小人"的称谓

在夏商周时期，开始有了百姓、民、小人的称谓。一般情况下，百姓（或称大人），一般指奴隶主，也包括商王及其与商王共同统治人民的各级官员，如邦伯、师长等；民（或称众、众人、羌、刍、牧、臣、仆黎民等）一般指从事农业、畜牧、手工、家务劳动的奴隶。小人（或称庶人、庶民），是指百姓中分化出来的平民，他们有人身自由，地位比奴隶稍高一些，主要在自己占有的或从奴隶主那里获取的一小块土地上进行耕作，并向国家缴纳一定的贡赋和承担一定的兵役及徭役。小人在奴隶社会

① 李民：《尚书译注·商书太甲中》，上海古籍出版社2004年版，第132页。
② 徐宗元：《帝王世纪辑存·星辰及历代垦田户口数》，中华书局1964年版，第118—119页。
③ 聂石樵主编：《诗经新注·大雅·绵》，齐鲁书社2009年版，第453页。
④ 聂石樵主编：《诗经新注·风·周南·桃夭》，齐鲁书社2009年版，第15页。
⑤ 司马迁：《史记·货殖列传》，中华书局1959年版，第3255页。

的出现有着特殊的意义，因为他们不但是奴隶主统治的基础，也是后来产生地主、推翻奴隶制的重要阶层。小人这一阶层在商朝出现并与其他阶层的分离，不但意味着当时人口的构成有了新的变化，也是我国奴隶制从稳固走向衰落的重要依据。

四　重男轻女思想萌芽

我国最早的重男轻女思想萌芽于西周时期。如《诗·小雅·斯干》中说："乃生男子，载寝之床，载衣之裳，载弄之璋，其泣湟湟，朱服斯皇。室家君王。乃生女子，载寝之地，载衣之裼，载弄之瓦，无非无仪，唯酒食是议，无父母诒罹。"①意思是说，如果生男，就把他放在早已准备好的床上，给他穿上最华丽的衣服，戴上很值钱的佩饰。认为男孩子哭声嘹亮，将来必是一家之长或者统治他人的人。而生了女子，就把她放在地上，给她盖上简单的被子，戴上陶制的佩饰，而且她长大后不能犯太大的错误，应该懂得怎样做酒等家务，不能给父母带来忧愁。在此基础上，对能生男子且生男多者大加赞赏。如在歌颂周武王的母亲太姒的美德时就特别突出她"大姒，嗣徽音，则百斯男"②的能力和美德。大意为：武王之母大姒，具有非常美好的德行，她一生生了一百个男子啊。

五　重视男女婚配

除此之外，西周王朝还非常重视男女的婚配，政府设有专门的官职"媒氏"，督促男女婚嫁。据《周礼·地官》记载："媒氏：掌万民之判。凡男女自成名以上，皆书年月日名焉。令男三十而娶，女二十而嫁，凡娶判妻入子者，皆书之。中春之月，令会男女，于是时也，奔者不禁。若无故而不用令者，罚之。司男女之无夫家者而会之。凡嫁子娶妻，入币纯帛无过五两。禁迁葬者与嫁殇者。凡男女之阴讼，听之于胜国之社；其附于刑者，归之于士。"③据考证，男子三十岁娶妻和女子二十岁出嫁，均是最大的婚嫁年龄，如果想早结婚，政府是完全赞成的。这种思想，延续到了春秋时期，《孔子家语》曰："鲁哀公问于孔子，男子十六精通，女子

---

① 聂石樵主编：《诗经新注·大雅·斯干》，齐鲁书社2009年版，第339页。

② 同上书，第460页。

③ 王华宝：《周礼·地官司徒第二》，岳麓书社2001年版，第130页。

十四而化，是则可以生民矣，而《礼》男子三十而有室，女子二十而有夫也，岂不晚哉！孔子曰，夫《礼》言其极，不是过也。男子二十而冠，有为人父之端，女子十五许嫁，有适人之道，于此而往，则自婚矣。"[①]不过在当时，同姓之间是不能通婚的，因为古人认为："男女同姓，其生不蕃。"[②] 为了促使人口增加，周王朝还采取了一系列政策，如，慈幼、养老、赈穷、恤贫、宽疾、安富等。

六 有了百姓、平民、皂隶、国人、野人的区分

随着生产力水平的提高和城堡的建立，周人对人口群体的地位还做了详细的划分，除了以前已经有的"百姓，平民和皂隶"外，还增加了"国人和野人"，国人者，指住在城郊以内的平民和工商业者，也包括一部分奴隶主贵族。野人即住在城郊野外的农业奴隶和平民。把人口分为贵人和野人，也许是我国最早的城市人口和农村人口的划分，对研究我国城乡人口的出现和发展有重要的意义。

七 有了简单的职业分类

在人口构成上，周人已经有了简单的职业分类。他们根据人们所从事的主要事务将人口分为九个类别："一曰三农，生九谷；二曰园圃，毓草木；三曰虞衡，做山泽之材；四曰薮牧，养蕃鸟兽；五曰百工，饬化八材；六曰商贾，阜通货贿；七曰姘妇，化治丝泫；八曰臣妾，聚敛疏财；九曰闲民，无常职，转移执事。"[③] 其中的"三农"是指平地农、山农、泽农；九谷是指稷、黍、稻、秫、大豆、小豆、麻、大麦、小麦。八材是指珠、象、玉、石、木、金、革、羽毛。从这一比较复杂的职业分类可以看出，虽然当时的农业人口仍占大多数，但是手工业和商业也有了一定程度的发展，并有了一小部分专门从事该事务的人才。同时，"闲民"一词说明在那时的都城已经有了很少的机动人口，哪里需要就可以马上补充进去。

---

① 王德明：《孔子家语译注·本命解第二十六》，广西师范大学出版社 1998 年版，第298 页。

② 李梦生：《左传译注僖公二十三年》，上海古籍出版社 1998 年版，第 270 页。

③ 王华宝：《周礼·天官第一》，岳麓书社 2001 年版，第 14 页。

总之，在夏商、西周时期，人口思想的许多方面都有了萌芽和发展，这为后来人口思想的形成打下了坚实的基础。之后我国的诸多人口思想都可以从这里找到源头。

第二节　夏、商、西周时期人口思想的主要特点

一　个人专门的人口思想还未成型

西周时期，由于前几代君王汲取了夏和商的教训，认为他们的灭亡是因为对奴隶的残酷压迫所致，所以，他们对民众采用的是比较宽厚的政策，而周公所制定和改革的《周礼》更是起到了巩固宗法制的巨大作用。人们重情谊、轻战争的结果是国家基本安定。因此，人口问题并没有过多地引起统治者的注意，加之西周并没有出现春秋战国时的大批思想家，因此，个人专门的人口思想还未成型。

二　奠定了"重民、爱民"的思想基础

在中国古代的许多典籍中，都有先祖们爱护百姓，顺民心愿的记载。如《尚书·五子之歌》中就有："民可近，不可下。民惟邦本，本固邦宁。"① 意为民众应该尊重而不应该压迫。百姓是国家的根本，只有根本牢固了，国家才能安宁。"予其懋简相尔，念敬我众。朕不肩好货，感恭生生。鞠人谋人之保居，叙钦。"② 大意为：我将勤勉地视察你们的工作，你们应当照顾怜恤我的人民。我不会任用贪财之辈，只举用为民众谋生的人。凡能养育百姓并能想方设法使百姓安居的人，我都要按照他们贡献的大小而依次敬重他们。到了西周时期，周武王继承夏禹等祖先的训导，提倡"惟天惠民，惟辟奉天"③。大意为：上天关爱黎民百姓，国君应当奉行天意。周成王在位时，也曾谆谆教诲其臣子说："三事暨大夫，敬尔有官，乱尔有政，以佑乃辟，永康兆民。"④ 即治事、执法、理民三官及诸位大夫，请敬守你们的官职，治理你们的政务，辅助你们的君王，使万民

---

① 章行：《尚书·原始的史册·五子之歌》，上海古籍出版社1997年版，第28页。
② 章行：《尚书·原始的史册·盘庚下》，上海古籍出版社1997年版，第87页。
③ 章行：《尚书·原始的史册·泰誓中》，上海古籍出版社1997年版，第35页。
④ 章行：《尚书·原始的史册·周官》，上海古籍出版社1997年版，第64页。

永远幸福康宁。"若保赤子，惟民其康矣。"① 即管理臣民要像爱护孩童，百姓必将康乐安定。除此之外，周公姬旦也有许多关于爱民的主张，如为官者要了解稼穑的艰难，要安定黎民百姓，要惠爱善待孤苦无依的人等。这种爱民思想和其他礼乐内容一起直接影响到了后世的孔子和儒家，积淀为中华民族尊重生命、爱护百姓、民族团结的优良传统。

---

① 章行：《尚书·原始的史册·康诰》，上海古籍出版社1997年版，第138页。

第 三 章

春秋时期的人口思想

第一节 春秋时期人口思想概述

一 主张增加人口

春秋时期（前 722—前 481 年），中国社会出现了更大范围和更加频繁的变革。加之奴隶制社会向封建社会过渡，社会动荡不安，政变、民变、诸侯国内外的战争，史不绝书。而这种封建割据导致的频繁战争，致使人口急剧减少，据史料记载："在西周成王时全国有人口 13704923 人，到了东周庄王（前 696—前 681 年）时仅有人口为 11847000 人。"① 再如公元前 660 年，狄人攻破卫国，仅有遗民 730 人，加上共、藤两地也不过 5000 人，而卫国还是当时的大国。因此，怎样看待民众、安定民心、增加人口，成了统治者所关注的问题，也给那些思想家提供了阐发自己主张的大好机会。人口问题不但引起了各国国君的重视，而且还以制度的方式被固定和安排下来，如鲁庄公曾说："夫惠本而后民归之志，民和而后神降之福……夫民求不匮于财，而神求优裕于享者也，故不可以不本。"② 即大施恩惠，然后民众才归附君主，与君同心；民众和睦，然后神灵才会降福。民众所要求的是财用不乏，神灵所要求的是祭品丰盛，所以不能不大施恩惠。越王勾践在被吴国打败后，认识到了人多的益处，因此把增加人口作为他推行"十年生聚，十年教训"政策的主要内容，他说："寡人闻古之贤君，四方之民归之，若水之归下也，今寡人不能，将率二三子夫

---

① 徐宗元：《帝王世纪辑存·星辰及历代垦田户口数》，中华书局 1964 年版，第 118—119 页。

② 焦杰校点：《国语·鲁语上》，辽宁教育出版社 1997 年版，第 29 页。

妇以蕃。"① 大意为：我听说古代贤明的君主，四方的人民都会归顺他，就像水自然会流到低洼的地方一样。之前我没能做到这么好，以后我将率领民众增加人口以增强国力。于是有此规定："令壮者无取老妇，令老者无取壮妻。女子十七不嫁，其父母有罪；丈夫二十不娶，其父母有罪。将免者以告，公令医守之。生丈夫，二壶酒，一犬；生女子，二壶酒，一豚。生三人，公与之母；生二人，公与之饩。当室者死，三年释其政；支子死，三月释其政。必哭泣埋葬之，如其子。令孤子、寡妇、疾疹、贫病者，纳宦其子。其达士，洁其居，美其服，饱其食，而摩厉之于义。四方之士来者，必庙礼之。"② 大意为：壮年男子不得娶老妇为妻，老年男子不得娶壮妇为妻；男子二十岁不娶亲，女子十七岁不出嫁，其父母有罪；生男孩的奖励两壶酒，狗一头，生女孩的奖励两壶酒，小猪一头；即将生孩子的妇女，官府派公医照看；生三个孩子的官府给雇乳母，生两个的官府给予粮食补助；没有父母或虽有母但家境贫寒的，子女由官府抚养；国外有来归顺的，尽量给予尊重和优待等。

总之，春秋时期的人口思想中一个很重要的内容即为增加人口。

二　主张重人、重民

春秋时代前期，已经出现了许多重人轻神的言论。如随国贤者季梁就说："夫民，神之主也。是以圣王先成民而后致力于神。"③ 其意为，民众才是神的主人，所以先前的圣王都是先考虑民事才考虑神事。鲁国大臣申繻也说："妖由人兴也。人无衅焉，妖不自作。人弃常，则妖兴，故有妖。"④ 意思是说，妖的存在全是因为人的缘故，人如果心中坦荡，妖就不会出现。人假使不按正常思路考虑问题，妖就出来胡作非为了。周朝大臣史嚚说："吾闻之，国将兴，听于民；将亡，听于神。神，聪明正直而一者也，依人而行。"⑤ 大意为：我听说，如果想使国家兴盛，就要多听取民众的意见，多观察民众的境况，如果想使国家衰败，就听从于神的旨意。神虽然聪明正直，但它也要按照人的需要行事。虞大夫宫之奇说：

---

① 焦杰校点：《国语·越语上》，辽宁教育出版社1997年版，第147页。
② 同上。
③ 李梦生：《左传译注·桓公六年》，上海古籍出版社1998年版，第67页。
④ 李梦生：《左传译注·庄公十四年》，上海古籍出版社1998年版，第129页。
⑤ 李梦生：《左传译注·庄公三十二年》，上海古籍出版社1998年版，第170页。

"臣闻之，鬼神非人实亲，惟德是依。"① 大意是，我听说鬼神并不是亲近所有人，而只亲近有德的人。综上所述，虽然春秋前期的诸多有识之士都明确地提出了民为神主、神依人而行的观点，但他们并没有彻底否定神的存在和作用，他们认为，人的作用必须通过神才能得到验证，人还是需要以德配天的。随着时代的进步和发展，一些思想家的认识更加深入，从对自然现象的客观认识逐步发展到了无神论。主要表现在他们能够理性地洞察自然现象的发生、自然万物的作用、自然现象的一般规律、强调要对自然环境进行保护；反对以天道附会人事；强调重视民众的需要并尽量满足这种需要；以德行好坏评价君臣，而不是一味地强调君的重要性等。如周内史叔兴在评论："陨石于宋五"、"六鹢退飞过宋都"这两种自然现象时就说："是阴阳之事，非吉凶所生也。吉凶由人。"② 意思是说陨石的坠落及候鸟的迁徙都是自然现象，与吉凶无关。吉凶之事都是人自身所造成的。另外，鲁国大夫臧文仲在反对焚烧活人求雨的迷信习俗时也说："非旱备也。修城郭，贬食省用，务穑劝分，此其务也。巫何为？天欲杀之，则如勿生；若能为旱，焚之滋甚。"③ 大意为：这种焚烧活人求雨的习俗不是防备旱灾的办法。修理城墙，降低和减少饮食，节省开支，致力农事，劝人分财施舍，这才是应该做的事。巫师能起什么作用？上天如要杀死他们，不如当时不生下他们；如果他们能导致旱灾，焚烧了他们只能加剧旱情。晋国大臣在评判薛人与宋人的争论时说："薛征于人，宋征于鬼，宋罪大矣。"④ 意为薛国在说明问题时引证人事，宋人说明情况时引证鬼神，宋人可是犯了大错啊。他认为宋人在争论现实问题时用鬼神来论证自己的观点是理屈词穷的表现，是以势压人，犯了极大的错误。而春秋末期的政治家子产也认为："天道远，人道迩，非所及也，何以知之？"⑤ 即：天道玄远，人道切近，天道是无法涉及的东西，怎么理解它呢？不能理解的东西，又何以能说明人事呢？在子产执政期间，郑国有人提出应该毁掉乡校。子产听后提出了反对意见，他说："何为？夫人朝夕退而游焉，以议执政之善否。其所善者，吾则行之；其所恶者，吾则改之。若之

① 李梦生：《左传译注·僖公五年》，上海古籍出版社 1998 年版，第 202 页。

② 李梦生：《左传译注·僖公十六年》，上海古籍出版社 1998 年版，第 247 页。

③ 同上。

④ 李梦生：《左传译注·定公元年》，上海古籍出版社 1998 年版，第 1210 页。

⑤ 李梦生：《左传译注·昭公十八年》，上海古籍出版社 1998 年版，第 1087 页。

何毁之，我闻忠善以损怨，不闻作威以防怨。岂不随止，然犹防川，大决所犯，伤人必多，吾不克救也，不如小决使道，不如吾闻而药之也。"① 其意为：为什么要封闭乡校呢？这些人在早晚休闲时间聚在一起，议论执政官执政的好坏。他们认为好的，我就实施；他们认为不好的，我就改正。他们实际上是我的老师，我为什么要封闭乡校呢？我听说凭借忠心为善可以消灭怨恨，从未听说用强硬的手段可以防止怨恨。用强硬手段似乎马上能把他们的嘴堵住，不过这就像大河的堤防一样，一旦决了大口子，受伤害的人一定很多，就没法挽救了。不如开个小口子，因势利导，让我随时能听到不同意见来挽救我的过失。这些论述非常鲜明地展示了子产注重听取民众意见的思想和胸怀。

在论及君民关系、君臣关系时，当时的许多有识之士也非常明确地表明了他们的重民思想。史载："晋人杀厉公，边人以告，成公在朝。公曰：'臣杀其君，谁之过也？'大夫莫对，里革曰：'君之过也。夫君人者，其威大矣。失威而至于杀，其过多矣。且夫君也者将牧民而正其邪者也，若君纵私回而弃民事，民旁有慝无由省之，益邪多矣。若以邪临民，陷而不振。用善不肯专，则不能使，至于殄灭而莫之恤也，将安用之？桀奔南巢，纣踣于京，厉流于彘，幽灭于戏，皆是术也。夫君也者，民之川泽也。行而从之，美恶皆君之由，民何能为焉。"② 大意为：晋国人杀掉了晋厉公，鲁国边境的人马上将消息上报给了朝廷。鲁成公问：臣子杀死国君，这是谁的过错呢？里革说：这是国君的过错。治理民众的国君，其威力是很大的，国君自己丧失权威而被别人杀死，他的过错肯定很多。并且，国君的职责就是管理民众并纠正他们的邪僻不轨行为，如果国君放纵个人邪念，疏于民事治理，百姓普遍犯法作恶却没有人来监管，那他们的邪恶行径就更多了。如果国君再用邪恶的方法治理民众，国政就会败坏，国运就会一蹶不振。晋厉公不能专一地任用贤臣，不能正常地治理民众，最终落到了身死名灭的境地。夏桀逃奔到南巢，殷纣覆灭于朝歌，周厉王死在彘邑，周幽王亡身戏亭，都是犯了同样的过错啊。国君是川泽，民众是鱼鳖，君行民从，善恶都取决于国君，民众能做什么呢？《左传·襄公十四年》载：晋侯曰："卫人出其君，不亦甚乎？"对曰："或者其君实

---

① 李梦生：《左传译注·襄公三十一年》，上海古籍出版社 1998 年版，第 895 页。
② 赵望秦等：《白话国语·鲁语上》，三秦出版社 1998 年版，第 146 页。

甚。良君将赏善而刑淫，养民如子，盖之如天，容之如地，民奉其君，爱之如父母，仰之如日月，敬之如神明，畏之如雷霆，其可出乎？夫君，神之主而民之望也。若困民之主，匮神乏祀，百姓绝望，社稷无主，将安用之？弗去何为？"① 大意为：晋悼公曾问师旷说：卫国人把他们的君主赶出去了，是不是有些过分呢？师旷回答说：也许是他们的君主更过分呢。好的君主必须要做到奖赏善良、惩罚淫乱。君主应该像养自己的儿子一样养育万民，要像天空那样覆盖他们，要像大地那样宽容他们。这样的话，百姓才会热爱和拥护他们的君王，像爱自己的父母那样爱他、像敬仰日月一样敬仰他、像敬重神明一样敬重他、像畏惧雷霆一样畏惧他，这样的君主能被他的人民赶出去吗？在我看来，君主既是神的主人也是人民的希望。如果他是一个无法使人民富裕的君主，神灵穷匮祭祀缺乏，百姓对他无比绝望，国家社稷就没有了主人，百姓要他何用？不赶他出去还能做什么呢？鲁昭公被季氏放逐，死于乾侯，鲁国百姓和各国诸侯中却没有人反对季氏，赵简子和史墨议论此事时，史墨说："鲁君世从其失，季氏世修其勤，民忘君矣，虽死于外，其谁矜之！社稷无常奉，君臣无常位，自古以然。故《诗》曰：'高岸为谷，深谷为陵'。三后之姓，于今为庶，主所知也。"② 大意为：鲁国国君连续几代德行缺失，而季氏却世代勤勉，这样，人民就将国君忘却了，虽然他客死异乡，谁还会惦记和怀念他呢？国家社稷没有永远的君王，君臣也不会永远处在高位上，自古如此啊。所以《诗经》里说：两边有高岸者为山谷，深谷就为陵了。前三代之后，其姓氏都降到了较低的位置，这是大家都知道的啊。在这里，我们看到了里革、师旷、史墨等人对传统观念的突破，他们都认为君主如果不认真履行自己的职责、不真正关心和体谅百姓、不认真修炼自己的德行，就会失去做君主的资格，人民就可以推翻他、遗忘他。

　　除了整个春秋时期共同的人口思想倾向之外，这一时期的许多政治家、哲学家、教育家在谈及他们系统的思想观念时，也都对人口、人性等进行了比较全面的阐释。

---

① 李梦生：《左传·襄公十四年》，上海古籍出版社 1998 年版，第 715 页。
② 李梦生：《左传·昭公三十二年》，上海古籍出版社 1998 年版，第 1205 页。

第二节 管子的人口思想

管子，生时不详，卒于公元前 645 年。名夷吾，字仲，春秋时齐国人。少时家贫，以经商为生，公元前 685 年即周庄王十二年开始辅佐齐桓公为相，在任 40 年，他为了使齐桓公"通货积财，富国强兵"，赢得兼并战争的胜利，曾针对齐国的具体情况，大力进行了改革，结果使齐国国力大振，齐桓公也因此得以"九合诸侯，一匡天下"。① 即集结了九大诸侯，号令天下，成了春秋时期第一个霸主。管子的思想十分丰富，涉及政治、经济、军事、人口等方面，而这些丰富的思想都存于《管子》一书中，下面我们从以下几个方面来阐述他的人口思想。

一 主张重民、亲民、养民

综上所述，重民及爱民的"德政"思想在西周及之前的先祖那里都已经提及，但管子将其系统化和丰富化了，这是他的一大贡献。《管子》一书中，有多处关于重民、亲民和养民的论述。如"畜之以道，则民和；养之以德，则民合。和合故能谐，谐故能辑，谐辑以悉，莫之能伤。"②其意为：以道养民，人民就和睦；以德养民，人民就团结。和睦团结就协调，协调就能一致，能协调一致，就谁也不能伤害。"齐国百姓，公之本也。"③ 大意为：齐国老百姓可是国之根本啊。"夫霸王之所始也，以人为本。本治则国固，本乱则国危。"④ 大意为：霸王之业的开始，要以人民为根本，本治国家就稳固，本乱国家就危险。"布政有均，民足于产，则国家丰矣，以劳受禄，则民不幸生。"⑤ 大意为：行政能够公平，人民产业富足，国家也就富裕，按功劳给俸禄，人民就不会侥幸偷生。"忧患不除，则民不安其居，民不安其居，则民望绝于上矣。"⑥ 大意为：国家的忧患不去除，则老百姓就不能安居乐业，老百姓不能安居乐业，人民就会

① 《史记·管晏列传》，中华书局 1959 年版，第 2131 页。

② 孙波注释：《管子·兵法第十七》，华夏出版社 2000 年版，第 109 页。

③ 孙波注释：《管子·霸形第二十二》，华夏出版社 2000 年版，第 151 页。

④ 孙波注释：《管子·霸言第二十三》，华夏出版社 2000 年版，第 159 页。

⑤ 孙波注释：《管子·君臣上第三十》，华夏出版社 2000 年版，第 183 页。

⑥ 孙波注释：《管子·治国第四十八》，华夏出版社 2000 年版，第 272 页。

对国君绝望啊。"是故国之所以为国者，民体以为国。"① 大意为：国家之所以能成为国家，是由于有人民这个根本。"民有三务，不布其民，非其民也，民非其民，则不可以守战。"② 大意为：人民有春、夏、秋三个季节的农活，如果君主不能按时布置好人民的生产活动，人民就不是他的人民了。不是他的人民，就不能用他们来守土和作战了。"居民于其所乐，事之于其所利，赏之于其所善，罚之于其所恶，信之于其所余财，功之于其所无诛。"③ 大意为：要将百姓安置在他们乐于居住的地方，使他们从事有利于他们的事情，奖励他们所赞美的事情，惩罚他们所厌恶的行为，保证他们的财物不受侵犯，引导他们不受刑罚。最终的意义在于："茌民如父母，则民亲爱之，道之醇厚，遇之有实，虽不言曰吾亲民，而民亲矣。"④ 大意为：统治者治理民众，如果像父母爱护子女一样，人民就会亲近和爱戴他。君主以淳厚之德引导百姓，把实惠给予百姓，君主即使不明确声明我爱护人民，人民也自然会亲近他。为什么统治者要爱民和亲民呢？因为管子延续先祖们的思想，又结合当时的现实后认为，自古以来，得民心者得天下，要想在纷乱的时代实现霸业，就必须善待百姓，顺其心意，最终在万民的拥护下扩大疆土，一统天下。管子关于这方面的论述还有："蛟龙，水虫之神者也，乘于水则神立，失于水则神废。人主，天下之有威者也，得民则威立，失民则威废，蛟龙待得水而后立其神，人主待得民而后成其威。"⑤ 大意为：蛟龙，是水虫之中的神灵。得水，神就立；失水，神就废。人主，是天下威势赫赫的人。得民，威就立；失民，威就废。蛟龙要得水，然后才有神灵，君主要得到人民归附，然后才有威势。"故德泽加于天下，惠施厚于万物，父子得以安，群生得以育，故万民欢尽其力而乐为上用。"⑥ 大意为：君主将德泽加于天下，恩惠施与万物，使父子得以安居，苍生得以养育，万民便会甘愿尽力，乐于为君主效劳。"君臣亲，上下和，万民辑，故主有令则民行之，上有禁则民不犯。君臣

---

① 孙波注释：《管子·君臣下第三十一》，华夏出版社 2000 年版，第 190 页。
② 同上书，第 192 页。
③ 孙波注释：《管子·禁藏之五十三》，华夏出版社 2000 年版，第 301 页。
④ 孙波注释：《管子·形势解第六十四》，华夏出版社 2000 年版，第 335 页。
⑤ 同上书，第 334 页。
⑥ 同上书，第 335 页。

不亲，上下不和，万民不辑，故令则不行，禁则不止。"① 大意为：君臣相亲，上下协调，万民和睦，如果君主有令，人民就照办；如果君主有禁律，人民决不违反。君臣不亲，上下不协调，万民不和睦，最终就会导致令不能行，禁不能止。"政之所兴，在顺民心；政之所废，在逆民心。"② 大意为：政令所以通行，在于顺应民心；政令所以废弛，在于违背民心。管子不仅深谙安定民心的意义，他还提出了思路，给出了具体措施，如"养长老，慈幼孤，恤鳏寡，问疾病，吊祸丧"，"饥者食之，寒者衣之"，以及改善民众的生活环境等，真可谓深思熟虑，用心良苦。

二　强调使民富裕

管子知道，爱民、重民、亲民不能只挂在嘴上，更要落在实际行动上。"使民富"就是一个正确的方向。因此，他提出了许多"使民富"的基本思路。他说："凡治国之道，必先富民，民富则易治也，民贫则难治也……故治国常富，而乱国常贫。是以善为国者，必先富民，然后治之。"③ 尽管管子的富民政策的出发点是维护齐国的统治，但客观上起到了爱护民众、保护百姓利益的作用。如何使民富呢？一是勿夺农时，使民耕田。他说："民事农则田垦，田垦则粟多，粟多则国富。国富者兵强，兵强者战胜。是以先王知众民、强兵、广地、富国之必生于粟也。故禁末作，止奇巧，而利农事。"④ 即百姓专心从事农业的话田地就会得到开垦，田地得到开垦的话粮食就会增多，粮食增多的话国家就会富强。国家富强的话兵士就会强壮，兵士强壮的话就能常打胜仗。所以先王早就知道人口增加、兵士强壮、土地广阔的希望都来自于粮食的增加。所以禁止那些不事农耕的人以投机取巧的手段生活，是非常有利于农业的发展的。同时他还认为，"养桑麻、育六畜则民富"⑤ 即种植桑麻、畜养六畜的话百姓就会富裕。二是"与民分货"。也就是分一部分劳动果实给百姓，以提高他们的劳动积极性。管子认为，分货与民，"则民尽力矣，是故不使（驱

---

① 孙波注释：《管子·形势解第六十四》，华夏出版社 2000 年版，第 344 页。

② 孙波注释：《管子·牧民第一》，华夏出版社 2000 年版，第 2 页。

③ 孙波注释：《管子·治国第四十八》，华夏出版社 2000 年版，第 273 页。

④ 同上书，第 274 页。

⑤ 刘柯、李克和：《管子译注·牧民第一》，黑龙江人民出版社 2003 年版，第 2 页。

使）而父子兄弟不忘其功"①。即将财富与百姓共享，民众就会尽力生产，即使为政者不驱使，百姓也不会忘了自己该干的事情。三是轻敛薄赋。管子当政之时，齐桓公曾根据他的建议"弛（放松）关市之征，五十而取一。赋禄以粟，案田而税。二岁而税一，上年什取三，中年什取二，下年什取一，岁饥不税"②。大意为：放宽了关市的税收，只按五十分之一的比率收取，田赋用粟计算，按土地好坏征收，两年收一次，好年景收十分之三，正常年景收十分之二，差年景收十分之一，荒年不收。管子采取的富民政策在当时取得了良好的效果，齐国财富增加，人民的生产积极性大大提高。

三　老百姓都是注重利益的

在管子的诸多论述中，都涉及民众的作用，并由此阐发了自己对于人的看法。他说："人，水也，男女精气合，而水流形。"③ 即人，是水做的骨肉。男女精气相合，由水流变成人形。同时他还对人的自然本性做了准确的说明，认为："百姓无宝，以利为首。一上一下，唯利所处。"④ 即老百姓没什么宝物，只是把财利放在首位。上下奔忙，为利所趋。"民，利之则来，害之则去，民之从利也，如水之走下，于四方无择也。故欲来民者，先起其利，虽不召而民自至。"⑤ 即民众，利之则来，害之则去。民众趋利，就像水往低处流一样，不管东南西北。所以，要招徕民众，先要创造有利于民的条件，这样，即使不招，民众也会自己来到。对于这种自然的人性，管子的主张是："欲利者利之。"⑥ 即对有利益追求的人要给他利益，并同时强调"俗之所欲，因而予之，俗之所否，因而去之"。⑦ 即普通老百姓所希望得到的，我们要给予他，老百姓不希望的事情，我们就不要做。管子从人的本性出发，认为人是水做的，而人性是高贵和诚实的，人的性格有逆有顺，这是一种唯物主义的观点，同时，他认为人都是

① 孙波注释：《管子·乘马第五》，华夏出版社 2000 年版，第 27 页。
② 孙波注释：《管子·大匡第十八》，华夏出版社 2000 年版，第 125 页。
③ 孙波注释：《管子·水地第三十九》，华夏出版社 2000 年版，第 244 页。
④ 孙波注释：《管子·侈靡第三十五》，华夏出版社 2000 年版，第 215 页。
⑤ 孙波注释：《管子·形势解第六十四》，华夏出版社 2000 年版，第 339 页。
⑥ 孙波注释：《管子·枢言第十二》，华夏出版社 2000 年版，第 74 页。
⑦ 《史记·管晏列传》，中华书局 1959 年版，第 2132 页。

趋利避害的，为政者要因势利导，调动人民生产和生活的积极性，才能达
到富国强兵的目的。

四　为政者要关注人口数量，加强人口统计

正因为管子从帝王的长远利益考虑，看到了人民的力量和人民的重要
性，因此，他在其著述中曾多次强调要增加人口，并提醒君主要进行人口
统计。他说："地大国富，人众兵强，此霸王之本也。"① 即土地面积大和
国家富裕、人多和兵力强大，这是雄霸天下的根本。"夫争天下者，必先
争人——得天下之众者王，得其半者霸。"即想要争得天下的君主，必须
先拥有老百姓——只有得到大量民众的人，才能成为真正的王者，而且，
能得到天下一半民众的人，才是真正意义上的称霸。② 对于如何增加人
口，他也有自己的一套主张。

首先是增加现有人口，方法有三：第一，"取鳏寡而和合之，予田宅
而家室之，三年然后事之（指给予职业）。"③ 即将国内的鳏夫和寡妇撮合
在一起，给以田宅和房屋，让他们共同居住，三年后给予他们正当的职
业。第二，"士民有子……有三幼者，无妇征；四幼者，尽家无征；五幼
有予之葆，受二人之什食，能事而后止。"④ 即如果老百姓生育孩子，养
三个幼儿的，免向其家中的妇女征收布帛；养四个幼儿的，全家免征；养
五个幼儿的，还配给保姆，由国家发给两份口粮，直到幼儿能生活自理为
止。"士人死，子孤幼，无父母所养，不能自生者，属之其乡党、知识
（指好友）、故人。养一孤者，一子无征；养二孤者，二子无征；养三孤
者，尽家无征。"⑤ 即士兵死后，子女幼孤，不能独立生活的，就归同乡、
熟人，或故旧抚养。代养一个孤儿的，代养者的一个儿子免除征役；抚养
两个孤儿的，两个儿子免除征役；抚养三个孤儿的，全家免除征役。第
三，"定生处死，谨贤修伍，则众。（安定生者，善置死者，恭敬贤人，
谦待同伴，才能受到民众的拥戴。）"⑥

---

①　孙波注释：《管子·重令地十五》，华夏出版社 2000 年版，第 92 页。
②　孙波注释《管子·霸言第二十三》，华夏出版社 2000 年版，第 157 页。
③　孙波注释《管子·入国第五十四》，华夏出版社 2000 年版，第 308 页。
④　同上。
⑤　同上。
⑥　孙波注释：《管子·幼官图第九》，华夏出版社 2000 年版，第 47 页。

其次，堵塞本国人口外流，同时招徕其他诸国的人口。方法有二：第一，"州有一掌，里有积五窖。民无以予正籍者，予以长假，死而不葬者，予以长度，饥者得食，寒者得衣，死者得葬，不资者得赈，则天下之归我者，如流水，此之谓致天下之民。"① 即在每州设一个粮仓，每里必须储备五窖粮食。对那些没有产业、纳不起税的人家，给予长期租贷。对那些无力埋葬死者的人家，给予安葬费用。如果国家能做到饥者得食，寒者得衣，死者得葬，穷困者得到救济，那么天下人就会像流水一样归附我们，这就叫招徕天下人民。这样的话，其他诸侯国的人就会"不推而往，不引而来"。② 即不用驱赶、不用引导，他们都会自动来到齐国。第二，大力发展农业，增加社会财富。管子认为，一国是否能吸引外来人口，同时又保证自己的国民不致外流，首要的政策就是发展农业，使民众富裕。他说："先王者善为民除害兴利，故天下之民归之。所谓兴利者，利农事也；所谓除害者，禁害农事也。"③ 即很多先王都是很善于为百姓除害以保证百姓的利益不受损失的，所以当时的很多百姓都会自觉地来归附他们。所谓保证老百姓利益的事情，就是大兴农业；所谓为民除害，就是禁止他们从事其他行业而不做农事。如果能做到这一点，齐国就会出现"远人至而不去，则有以蓄之也"④ 的局面。即远处的人来了之后都不离去，而我们也有办法养活他们的良好局面，这样，本国之民也会安定下来不往外流，最终呈现"国多财则远者来，地辟举则民留处"，⑤ 即国家拥有大量的财富致使很多远处的人奔向齐国，土地因为得到了大量开垦而完全可以留住百姓；"奔亡者无所匿，迁徙者无所容"⑥，即外出逃亡的人无所藏匿、迁徙的人没有地方可以停留的美好景象。

为了清晰地掌握本国人口的数量，管子还主张要进行专门的人口统计。他的方法是："分春曰书比（指登记户籍人口），立夏曰月程（指按当月的户籍人数进行核实），秋曰大稽（指人口总检查），与民数得（指增加的人口）亡（指减少的人口）。"即春天时进行登记，夏天时进行核

---

① 孙波注释：《管子·轻重甲第八十》，华夏出版社 2000 年版，第 426 页。
② 孙波注释：《管子·禁藏第五十三》，华夏出版社 2000 年版，第 303 页。
③ 孙波注释：《管子·治国第四十八》，华夏出版社 2000 年版，第 275 页。
④ 孙波注释：《管子·权修第三》，华夏出版社 2000 年版，第 9 页。
⑤ 孙波注释：《管子·牧民第一》，华夏出版社 2000 年版，第 1 页。
⑥ 孙波注释：《管子·禁藏第五十三》，华夏出版社 2000 年版，第 305 页。

实，秋天时进行人口总体普查，获得百姓增加或减少的准确数字。在人口普查中，除了要掌握总体人口状况，更重要的，还要查清适合服兵役的人数。即"常以秋岁末之时，阅其民，案（总检查）人比地，定什伍口数，别男女大小……并行以定甲士，当被兵之数，上其都。"① 即通常在秋季之末，计算百姓数量和人地比例，定下适合服兵役的人数，区别清楚人口的性别和年龄……将此作为确定兵士的依据，最后将汇总的数据提交给国家。国家如果掌握了有关人口数据，无论是发展农业、经商，还是派兵打仗，都会有充分的依据。

五 人民应该具有士、农、工、商四个职业

管子在其著作中还十分重视当时民众的职业划分，他按照齐国的现实情况，第一次提出了"士、农、工、商"四个不同的职业分类。在他看来，士的主要任务便是言义、言孝、言悌和事君，包括战时的当兵打仗；农的主要任务便是从事农业生产，他们应按照不同农时，使用适当农具，努力工作；工主要是指手工业者，他们的主要任务是制作满足社会需要的各种手工业品；商，指商人和商业奴隶，他们的任务是根据不同季节的需要，密切注视市场供应和行情变化，"以其所有，易其所无"，从事商品买卖。管子以敏锐的眼光和细致的观察捕捉到了春秋时期社会关系的变化和新的社会集团的出现，比较科学地划分了人口的结构，对人们认识当时的社会现实和人口构成作出了很大的贡献。

除此之外，管子还涉及了人口问题的其他方面，比如人口数量与土地数量的平衡问题、城市人口与农村人口的比例问题、人口的培养和教育问题等，可谓丰富多彩，深刻全面。尤其是他的"重民"思想在当时齐国产生了巨大的影响，以致齐国"入国四旬，五行九惠之教，一曰老老；二曰慈幼；三曰恤孤；四曰养疾；五曰合独；六曰问病；七曰通穷；八曰振困；九曰接绝"②。即立国四年，已经形成了五行九惠的基本制度，一是赡养老人；二是爱护幼儿；三是怜惜孤寡；四是赡养患有各种疾病的人；五是呵护孤独的人；六是勤问疾病；七是救济穷人；八是扶助陷入困境的人；九是接济那些没有后代的人。这些爱民、济民、惜民、赈民的主

---

① 孙波注释：《管子·度地第五十七》，华夏出版社 2000 年版，第 315 页。

② 孙波注释：《管子·入国第五十四》，华夏出版社 2000 年版，第 307 页。

张，使得齐国国力强盛，人口众多，在春秋前期成就了一番霸业。

第三节　孔子的人口思想

孔子（公元前551—公元前479），春秋末期鲁国人。我国著名的思想家、教育家。他创立的儒家思想及其文化体系，在中国古代产生了巨大而深远的影响。孔子的思想和管子一样丰富多彩，涉及政治、哲学、人文、道德、行为准则等诸多方面。

一　为政者要爱民

孔子继承了中华先祖及管子等人的爱民思想，无论是在其当政期间，还是在教育学生的过程中，都清楚而坚定地表达并实施了这一思想。众所周知，孔子爱民思想的基础是"仁"，所以他经常从这一观念出发，阐释他的这一思想。有关这方面的内容很多，如："子曰，道千乘之国，敬事而信，节用而爱人，使民以时。"① 即治理具有千乘兵车的国家，要谨慎处事而守信，节约用度、爱护他人，按时令来役使民众。"弟子入则孝，出则弟，谨而信，泛爱众，而亲仁。"② 即后辈小子在家孝顺、出外悌爱，谨慎而守信，博爱众人同时亲近仁者。在日常生活中，孔子也用自己的行为践行着这一主张。"厩焚，子退朝，问'伤人乎？'不问马。"③ 即马厩着火了，孔子退朝后只是问：伤人了吗？而不问马匹的情况。他经常教育自己的弟子说："修己以安百姓，尧舜其犹病诸？"④ 意思是说，让老百姓都得到安乐，恐怕尧舜都难做到啊。孔子认为，执政者："所重：民、食、丧、祭。宽则得众，信则民任焉。"⑤ 即执政者应该重视下列问题：人民、粮食、丧葬、祭祀。施政宽厚就会获得百姓的心，诚实就会得到百姓的信任。在爱民的前提下，孔子渴望人口众多。同时也为统治者指出了使民众和使民富的具体方案，如："子适卫，冉有仆。子曰：'庶亦哉！'冉有曰：'既庶矣，又何加焉？'曰：'富之。'曰：'既富矣，又何加

---

① 陈枫译注：《白话论语·学而第一》，三秦出版社1997年版，第3页。
② 同上书，第4页。
③ 陈枫译注：《白话论语·乡党第十》，三秦出版社1997年版，第134页。
④ 陈枫译注：《白话论语·宪问第十四》，三秦出版社1997年版，第213页。
⑤ 陈枫译注：《白话论语·尧曰第二十》，三秦出版社1997年版，第288页。

焉？'曰：'教之'。"① 即治国者应该首先要使国家人口众多，然后再使民众富裕，最后再使民众受到教育。孔子觉得卫国人口很多，很羡慕，冉有便想知道人多了之后该做什么，孔子的回答是，让老百姓富裕起来，然后教育他们。虽然孔子的爱民、富民思想的根基是为了维护奴隶主的没落统治，但他能体察到民生疾苦，提倡统治者为民众着想，还是难能可贵的。

二　人有"君子与小人"之分

在孔子的著述中，多次提到了君子与小人的区别，并且希望人们都向君子看齐。他说："君子怀德，小人怀土，君子怀刑，小人怀惠。"② 即君子关注德行，小人关注田宅；君子关注刑法，小人关注恩惠。"君子喻于义，小人喻于利。"③ 即君子只知晓义，小人只知晓利。"子谓子产有君子之道四焉：其行己也恭，其事上也敬，其养民也惠，其使民也义。"④ 即子产具有四项君子的处事准则：自身行为庄重，侍奉君主恭敬，养护民众有惠，役使民众得当。"君子博学于文，约之以礼。"⑤ 即君子广泛地学习典制，用礼仪来约束自己。"君子坦荡荡，小人长戚戚。"⑥ 即君子襟怀坦荡，小人则心常忧戚。"君子，修己以敬。"⑦ 即君子修饬自身来敬爱他人。"君子不以言举人，不以人废言。"⑧ 即君子不因为言谈而举荐人，不因为人而排斥其言谈。"君子贞而不谅。"⑨ 即君子坚守正道而不拘泥小信。"小人之过也必文。"⑩ 即小人对于自己的过错必定会加以掩饰。"君子之过也，如日月之食焉，过也，人皆见之，更也，人皆仰之。"⑪ 即君子的过错，就如同日食、月食，有过错时人人都能见到，改正时人人都会

---

①　陈枫译注：《白话论语·子路第十三》，三秦出版社 1997 年版，第 179 页。

②　陈枫译注：《白话论语·里仁第四》，三秦出版社 1997 年版，第 4 页。

③　同上。

④　陈枫译注：《白话论语·公治常第五》，三秦出版社 1997 年版，第 59 页。

⑤　陈枫译注：《白话论语·雍也第六》，三秦出版社 1997 年版，第 78 页。

⑥　陈枫译注：《白话论语·述而第七》，三秦出版社 1997 年版，第 97 页。

⑦　陈枫译注：《白话论语·宪问第十四》，三秦出版社 1997 年版，第 213 页。

⑧　陈枫译注：《白话论语·卫灵公第十五》，三秦出版社 1997 年版，第 214 页。

⑨　同上书，第 232 页。

⑩　陈枫译注：《白话论语·子张第十九》，三秦出版社 1997 年版，第 276 页。

⑪　同上书，第 282 页。

敬仰。"君子上达，小人下达。"① 即君子向上进步，小人向下沦丧。"君子有三畏：畏天命，畏大人，畏圣人之言。小人不知命而不畏也，狎大人，侮圣人之言。"② 即君子有三项敬畏，敬畏天命、敬畏有道德的人、敬畏圣人的话。小人因为不知道天命而不敬畏，轻慢有道德的人，亵渎圣人的话。在孔子看来，君子是那么的高尚和纯洁，他们忠于君王，按周礼办事，按贤人的教诲要求自己，他们重义而轻利，是"仁"的传达者和实践者，是普通民众应该追求的最高品格，而小人则追求利益，有过必饰，永远为自己打算。孔子将当时的人分为这两大类型，显示了他对人性的深刻思考，也彰显了他在儒家人学方面的主要贡献。

三　要对民众进行教育

既然孔子希望人们都向君子学习，那就必须给出学习的途径，即对民众进行教育。

首先是教育的内容。可概括为以下几个方面：1. 孝。孔子特别强调对民众进行孝道的教诲，他说："事父母几谏。见志不从，又敬不违，劳而不怨。"③ 即侍奉父母时，对父母的错误要婉转地劝谏，如果不想听从父母的意见，依然要态度恭敬，尽量不违背父母的想法，即使心里忧虑也不能怨恨父母。"父母在，不远游。"④ 即父母在世时不出远门。"三年无改于父之道，可谓孝矣。"⑤ 即三年不改变父亲的准则，可以说是孝了。"父母之年，不可不知也。一则一喜，一则一惧。"⑥ 即父母的年岁不能不记住，一则是因为喜悦，一则是因为担心。2. 道德。孔子希望人们都能被教育成有道德的人。他说："道之以德，齐之以礼，有耻且格。"⑦ 即用德行来教导，用礼仪来整治，民众就会有廉耻之心而且敬服。"德不孤，必有邻。"⑧ 即有道德的人并不孤单，必定会有伙伴。"主忠信，徙义，崇

---

①　陈枫译注：《白话论语·宪问第十四》，三秦出版社1997年版，第204页。

②　陈枫译注：《白话论语·季氏第十六》，三秦出版社1997年版，第242页。

③　陈枫译注：《白话论语·里仁第四》，三秦出版社1997年版，第4页。

④　同上。

⑤　同上。

⑥　陈枫译注：《白话论语·季氏第十六》，三秦出版社1997年版，第242页。

⑦　陈枫译注：《白话论语·为政第二》，三秦出版社1997年版，第12页。

⑧　陈枫译注：《白话论语·里仁第四》，三秦出版社1997年版，第4页。

德也。"① 即以忠诚守信为本，顺从大义，就是提高德行。3．正直，少积怨。孔子认为，人们在现实生活中，应该豪爽正直，尽量不与人发生冲突。他说："伯夷，叔齐不念旧恶，怨是用希。"② 即伯夷、叔齐不念旧恶，别人对他的怨恨就很少。"人之生也直，罔之生也幸而免。"③ 即真正的人能活着是因为正直，而欺罔他人的人能活着是因为幸免。4．仁义。孔子儒学思想的核心便是仁义。因此，在对民众的教育方面，他也特别强调这一点。他说："不义而富且贵，于我如浮云。"④ 即不义却富有、显贵，对于我就如同浮云一般。"仁以为己任，不亦重乎？死而后已，不亦远乎？"⑤ 即把仁作为自己的职责和追求，难道不是很重要的事情吗？直到死后才可停歇，道路难道不是很长吗？"博学而笃志，切问而近思，仁在其中矣。"⑥ 即学识广博，志向坚定，急切的钻研，切实的思考，仁就在其中了。"仁者先难而后获，可谓仁矣。"⑦ 即先经历艰难而后获取，这样就可以称为仁了。在孔子看来，经过教育的最理想的人应该是："志于道，据于德，依于仁，游于艺。"⑧ 即立志于道，据守于德，依傍于仁，最后学习六艺。"事父母能竭其力，事君能致其身，与朋友交言而有信。"⑨ 即侍奉父母能竭尽全力，侍奉君主能贡献出自己的生命，与朋友交往言而有信，这种人才是完美无缺的。

其次是教育的方法。孔子认为，教育民众要诲人不倦，而且民众自己也要"学而时习之"，"每日三省吾身"，"温故而知新"，这样的话，人民都能上敬君主，下孝父母，而国家也就非常有秩序了。

四 重男轻女思想

如果说中国传统文化一向重男轻女，其思想源头应在孔子这里。他曾

---

① 陈枫译注：《白话论语·颜渊第十二》，三秦出版社 1997 年版，第 165 页。
② 陈枫译注：《白话论语·公治长第五》，三秦出版社 1997 年版，第 63 页。
③ 陈枫译注：《白话论语·雍也第六》，三秦出版社 1997 年版，第 75 页。
④ 陈枫译注：《白话论语·述而第七》，三秦出版社 1997 年版，第 88 页。
⑤ 陈枫译注：《白话论语·泰伯第八》，三秦出版社 1997 年版，第 102 页。
⑥ 陈枫译注：《白话论语·雍也第六》，三秦出版社 1997 年版，第 76 页。
⑦ 同上。
⑧ 陈枫译注：《白话论语·述而第七》，三秦出版社 1997 年版，第 83 页。
⑨ 陈枫译注：《白话论语·学而第一》，三秦出版社 1997 年版，第 4 页。

非常明确地说："唯女子与小人为难养也，近之则不孙，远之则怨。"① 即只有女子和小人难以养护，亲近了就会放肆，疏远了就会抱怨。他的这一思想被西汉的董仲舒加以强调，最后形成了三纲五常的学说。

总之，孔子的人口思想虽然不能自成体系，但却涉及人及人口现象的许多方面，尤其是其爱民和以道德教化人民的思想，至今还有相当重要的现实意义。

第四节　老子的人口思想

老子，姓李名耳，字伯阳，春秋末年楚国人。曾任东周守藏室之史。著有《老子》一书，又名《道德经》。老子是春秋时期的哲学家加政治家，是先秦道家哲学的创始人。他在"轴心时代"所创立的"以无为体，以有为用，合有无为"的"道及道学"，是对世界及宇宙的一种终极把握和全新诠释。他的学说充满了辩证法，对中国人精神品格、性格的形成和日常行为应遵循的法则产生了极大的影响，如，"千里之行，始于足下"；"大器晚成"；"祸兮福之所依，福兮祸之所伏"；"金玉满堂，莫之能守，知足不辱，知止不殆"等。在其《道德经》中，也有一些关于人口的阐释，我们将其内容归纳如下。

一　愚民思想

需要说明的是，对老子是否有愚民思想目前还存有争议，笔者总括老子的哲学思想，比较倾向认定老子确有愚民之举。如《道经·第三章》曰："是以圣人之治也，虚（空虚）其心，实（填饱）其腹，弱（削弱）其志，强（强壮）其骨，恒使民无知无欲也。"② 即圣人治国，使百姓心无杂念、肚腹饱满、没有意志、筋骨强壮，最后导致民众没有思想，没有欲望。这段话强调的就是使民无知无欲，使民达到一种"无为"的境界。在《德经·第五十七章》中，老子说："民多智慧，而邪事滋起。"③ 认为如果民众有了智慧，就会滋生事端，其目的还是主张使民无知。在

① 陈枫译注：《白话论语·阳货第十七》，三秦出版社1997年版，第262页。
② 范勇胜译注：《老子·道经·第三章》，黄山书社2002年版，第5页。
③ 范勇胜译注：《老子·德经·第五十七章》，黄山书社2002年版，第134页。

《德经·第六十五章》中，老子又说："古之善为道者，非以明民，将以愚之。民之难治，以其智多。"① 即古代之善于治国者，不是让民众明智、聪明，而是让他们愚昧。民众之所以难以治理，是因为他们智慧太多。综观以上言论，可以明显地看出老子的愚民思想。当然，老子的愚民，并非要民众纯粹的愚昧无知，而是在诸侯争斗的混乱时代的一种权宜之计，在老子看来，只要国君和民众之间缩小差距，减少矛盾，国家就会远离动乱和灾难，从而恢复以往的平安宁静。

二　治国者要爱护民众

前面已经说过，老子的愚民政策也有他的正面价值，即可保民众避害趋利，在此基础上，他建立了自己的以"爱民、亲民、重民"为核心的民本主义思想。其有关这方面的论述较多，我们可归纳为以下几个方面：一是"爱民治国"。在《道经·第十章》，老子说："爱民治国"，② 即要在爱护民众的基础上治理国家。那么如何实现这一主张呢？在《德经·第五十七章》，他说："我无为，而民自化；我好静，而民自正；我无事，而民自富；我无欲，而民自朴。"③ 即我无所作为，人民就自我顺化；我好静，人民自然守规矩；我不搅扰人民，人民就自然富裕；我不贪婪，人民就自然朴实。从这些论述可以看出，老子的所谓"爱民治国"，即要求统治者要无为而治，不要因一己私利而凌驾或取代民众意愿，最终使民憎恶和反抗。二是统治者的自私自利和妄动妄为是造成人民贫苦的根源。他说："民之饥，以其上食税之多，是以饥。"④ 即人民之所以有饥荒，是因为统治者收的赋税太多。要改变这一现状，统治者应该对老百姓"无狎其所居，无厌其所生"。⑤ 即不要让百姓居无定所，不要让百姓无法生存，只有这样，统治者才能安定民心，稳固江山。三是对圣人治国理念和方略的赞赏。老子认为，圣人的治国方略是值得借鉴的。因为"圣人恒无心，以百姓之心为心。善者善之，不善者亦善之，德善矣。信者信之，不信者亦信之，德信矣。圣人之在天下歙歙焉，为天下浑浑焉，百姓皆注其耳

---

① 范勇胜译注：《老子·德经·第六十五章》，黄山书社 2002 年版，第 152 页。
② 范勇胜译注：《老子·道经·第十章》，黄山书社 2002 年版，第 20 页。
③ 范勇胜译注：《老子·德经·第五十七章》，黄山书社 2002 年版，第 134 页。
④ 范勇胜译注：《老子·德经·第七十五章》，黄山书社 2002 年版，第 173 页。
⑤ 范勇胜译注：《老子·德经·第七十二章》，黄山书社 2002 年版，第 167 页。

目，圣人皆孩之。"① 意思是说，圣人是没有恒常的意志和私心的，他以老百姓的意志作为自己的意志。无论是诚实的人还是不诚实的人，无论讲不讲信用的人，圣人都会善待他们，这样的话，整个社会就会是善良和诚实的了。

三　提倡小国寡民

老子在看到了诸侯为争夺土地和百姓所进行的战争之后，认为人们不应该为了满足自己的私欲而导致生灵涂炭，民不聊生。他认为国大并无什么好处，理想的国度应该是"小国寡民，使有什伯之器而不用，使民重死而不远徙……甘其食，美其服，安其居，乐其俗。邻国相望，鸡犬之声相闻，民至老死，不相往来。"② 即国家要小，人民要少。即使有各种各样的器具，也不随便使用；这样就可以使民众珍惜生命，看重死亡，不朝远处迁徙。统治者要让人民吃得香甜，穿得舒服，住得安适，满足于朴素宁静的生活，安于自己已有的习俗。邻国之间可以互相看得见，鸡鸣狗叫的声音彼此都能听见，但人民直到老死也不互相往来。

以上就是老子的人口观，它虽然简单却富含哲理，但其中的许多观点具有消极倾向，还有的与不断前进的历史背道而驰，这是需要特别注意的。

---

① 范勇胜译注：《老子·德经·第四十九章》，黄山书社 2002 年版，第 116 页。
② 范勇胜译注：《老子·德经·第八十章》，黄山书社 2002 年版，第 183 页。

第 四 章

战国时期的人口思想

第一节　战国时期人口思想概述

战国时期（公元前 480—公元前 222），中国进入了一个迷乱纷争的历史时期。各诸侯国为了扩大疆土，占有民众，进行了多次大规模的战争。以"战国七雄"为中心的各国之间经过你争我夺，最终由秦统一了中国。整个战国时期，与人口问题相关的政策和思想有以下几个方面。

一　人口数有了一定程度的增加

战国时期，由于经济的发展和城市数量的增加，人口数量有了一定程度的增加。以地处中原的魏国为例，"庐田庑舍，曾无所刍牧牛马之地。人民之众，车马之多，日夜行不休已，无以异于三军之众"①。即当时的魏国遍地房屋住宅，已经没有了放牧牛马的地方。老百姓、车马之多，令人惊叹。百姓和车马日夜行走，其数量已跟三军将士不相上下。东方的齐国则是"邻邑相望"②，"鸡鸣狗吠之声相闻，而达乎四境"。③ 即房屋相连，鸡鸣狗叫的声音所有人都能听见。但是，由于旷日持久的战争，战国时期，中国的人口数量减少得也非常严重。史料载："七国相争，至秦统一时，士卒死伤者至少在三百四十万以上。"④ 在每一次大的战争之后，士卒总是死伤无数，"暴骨草泽"、"百姓不足，上下相愁，民无所聊"。⑤

---

①　宋韬译注：《战国策·魏策三》，山西古籍出版社 2003 年版，第 209 页。

②　雷仲康译注：《庄子·胠箧》，辽宁民族出版社 1996 年版，第 96 页。

③　梁海明译注：《孟子·公孙丑上》，山西古籍出版社 1999 年版，第 46 页。

④　梁方仲：《中国历代户口·田地·田赋统计原论》，《学术研究》1962 年第 1 期。

⑤　宋韬译注：《战国策·秦策》，山西古籍出版社 2003 年版，第 25 页。

即尸骨遍野，整个国家民不聊生。

二　非常重视增加人口

战国时期，各国都很重视劳动力的增加，同时将"庶"作为"富"的根本前提。由于农业的发展和新兴的手工业，即采矿业的需要，各国都想尽了办法来获得奴隶。例如战国末年的秦国，就有很多被称为隶臣妾的官有奴隶、被称为臣妾或人民的私有奴隶，他们不但人数众多，而且可以在市场上依照价格标准公开买卖。湖北云梦发现的秦律竹简，就有大量的证据证明，秦国不但奴隶众多，而且还是其农业、手工业的主要劳动力。除秦国外，魏国为了增加本国人口，采取政策防止人口逃亡，还专门制定有《奔命律》、《户律》等，以图运用法律的手段巩固已有人口，增加外来人口。

三　重民思想仍然是人口思想的核心

战国时期，众多的思想家在阐释自己的学术主张时形成了具有特色的学派，史称"诸子百家"。班固的《汉书·艺文志》把他们划分为儒家、道家、阴阳家、法家、名家、墨家、纵横家、杂家、农家九家。这些自视有才的人在各国来回奔走的同时，均在治国、抚民等方面发表了许多个人见解，其中也有很多对人性、人口、人民的认识和理解。商鞅、荀子、韩非、孟子等是其中比较有代表性的人物。在他们的思想中，重民思想依然是其中一个非常重要的方面。

第二节　墨子的人口思想

墨子，名翟，鲁国人。生卒时间无法确考。大约生活在公元前480—公元前400年之间，即战国初期。墨子是中国历史上第一位集思想家、实践家为一身的"圣人"，他所创立的墨家学说和孔子所创立的儒家学说，在当时并称为"显学"。墨家的经典著作《墨子》，系西汉刘向辑墨家门徒记述墨子言行的记录编撰而成。墨子在对当时的政治、军事问题进行系统阐述的过程中，在其"兼爱"思想的大框架下，多次论述了民众、君子、人才等问题，比较鲜明地表达了他的人口思想。

一　提倡人口众多

众所周知，在整个春秋战国时期，各国为了开疆拓土，扩充兵力，敛取财富，都希望拥有众多的老百姓。作为思想家的墨子也认为作为一个国家，人口应该越多越好。他说："今者王公大人为政于国家者，皆欲国家之富，人民之众，刑政之治。"① 即现在的王公大人治理国家，都希望国家富强，百姓众多，刑事政务整肃有效。"圣人为政一国，一国可倍也；大之为政天下，天下可倍也。"② 即圣人治理一个国家，一个国家的财力可以加倍；扩大到治理天下，天下亦可以加倍。接着，他批评了当时的社会状况，并指出了由这种状况所导致的对人口增加不利的后果，"是故百姓冬不仞寒，夏不仞暑，作疾病死者，不可胜计也。此其为败男女之交多矣。以此求众，譬犹使人负剑而求其寿也。"③ 即百姓冬天无法御寒、夏天无法避暑，因为各种疾病死亡的人不可胜数。同时因为常年战争，百姓疾苦，男女没有机会交往，以此办法求得人口众多，是断然办不到的。要想增加人口，墨子的主张是：第一，尊先圣之法，增加人口。他说："丈夫年二十，毋敢不处家；女子年十五，毋敢不事人。"④ 即男子年纪20岁，不敢不结婚成家；女子年纪15岁，不敢不嫁人。第二，减免税收，增加财富，减少掠夺，使男女按时见面，最终促使人口增加。虽然墨子是在论及其他问题时涉及这一问题的，但他追求国大人众的愿望与当时的统治者是一致的。

二　主张爱护百姓

因为墨子是强调"兼爱"和"爱人"的，因此，在他的政治理论中，有许多人文主义的内涵。比之儒家，墨子无论从爱人、尚同及功利主义方面，都更加前进了一步，他深谙平民阶级的要求和疾苦，站在普通老百姓的立场上，提出了许多爱民、重民、抚民的主张。我们将其归纳如下：第一，爱护民众，不残害百姓。墨子认为，老百姓是一国之本，为政者应该

---

① 徐翠兰、王涛译注：《墨子·尚贤上》，山西古籍出版社2003年版，第30页。
② 徐翠兰、王涛译注：《墨子·节用上》，山西古籍出版社2003年版，第113页。
③ 徐翠兰、王涛译注：《墨子·节葬下》，山西古籍出版社2003年版，第127页。
④ 徐翠兰、王涛译注：《墨子·节用上》，山西古籍出版社2003年版，第115页。

善待他们，如果肆意残害百姓，会成为人人唾骂的暴君。他举例说：谁是暴君呢？"昔者三代暴王桀纣幽厉者是也。何以知其然也？其为政乎天下也，兼而憎之，从而贼之。"① 意思是说古代三代暴君为政时，兼相憎恶，残害百姓，因此留下了千古骂名。与之对比的是圣王禹汤文武，他们兼爱天下百姓，因而受到了永世赞颂。同时墨子认为，频繁地出兵打仗是对老百姓的一种残害，因为路途遥远，粮食断绝，居无定所，饥饱不能保证，因此老百姓因疾病死亡就不可避免。该如何对待百姓呢？墨子提出了以下要求："知者之事，必计国家百姓所以治者而为之，必计国家百姓之所以乱者而辟之。"② 也就是说，智者做事，必须考虑国家百姓所以治理的原因而行事，也必须考虑国家百姓所以混乱的原因而事先回避。无论如何，必须将老百姓的利益放在第一位。在做到以上一点之后，为政者还要"是以老而无妻子者，有所侍养以终其寿，幼弱孤童之无父母者，有所放依以长其身"。③ 墨子在此强调，对年老而没有妻子儿女的老者，要奉养他们，使其安享晚年；对弱小年幼没有父母的儿童，要抚养他们，使其长大成人。总而言之，为政者要真的爱民，必须做到饥者得食，寒者得衣，劳者得息。为了让人们信服他的说法，他还将爱民解释为天意。虽然墨子的爱民思想最终是为维护统治者的利益服务的，但却代表了新兴阶层的意志，对改善老百姓的生活起到了一定的促进作用。第二，使民富。在墨子看来，爱民，为民主张只是为政者要做好的第一步，他们还应该设法使民众富裕，从而使他们过安定的生活。他说："凡五谷者，民之所仰也，君之所以为养也。故民无仰，则君无养；民无食，则不可事。"④ 即世界上所有的五谷，都是人民生活的依赖，也是国君的供养。所以，人民没有五谷仰仗，则国家无法被供养；人民没有食物，就无法侍奉国君。墨子认为，一国必须重视粮食的生产和财物的储备，此为国家安定富强的根本，而国家富裕了，也就意味着民众的富裕，这是当政者不能忘记的。

三 提倡举荐贤能，重视人才

以功利主义作为出发点，墨子非常重视对贤才的发现和任用。在他的

① 徐翠兰、王涛译注：《墨子·尚贤中》，山西古籍出版社 2003 年版，第 46 页。
② 吴龙辉译注：《墨子·尚同下》，中国书店 1992 年版，第 60 页。
③ 徐翠兰、王涛译注：《墨子·兼爱下》，山西古籍出版社 2003 年版，第 85 页。
④ 徐翠兰、王涛译注：《墨子·七患》，山西古籍出版社 2003 年版，第 23 页。

著述中有大量的内容是阐述这一观点的。

首先是一定要尊重和重视人才。墨子认为，"夫尚贤者，政之本也"。也就是说，一国能否安宁富裕，与有无贤才密切相关。为什么这么说呢？他认为："自贵且智者为政乎愚且贱者则治，自愚且贱者为政乎贵且智者则乱。是以知尚贤之为政本也。"① 即由尊贵并且有智谋的人管理愚昧并且卑贱的人，国家就可以得到治理，由愚昧并且卑贱的人管理尊贵并且有智谋的人，国家就会出现动乱。所以我们知道尊崇贤才是治理国家的根本啊。他还说："良才难令，然可以致君见尊。"② 也就是说，贤才虽然难以驱使，却可以帮助君主并使他受到尊重，而"归国宝，不若献贤而进士"。③ 也就是说，与其给国君赠送国宝，不如举荐贤能，吸纳士人。为了说明举贤与不举贤的差别，墨子还列举了先王们的不同做法和不同结局，更进一步地论述了尊重和重视人才的意义。与他的爱民思想相同，墨子也认为尊崇贤才是天意如此。他说："故古圣王以审以尚贤使能为政，而取法于天。"④ 意思是古代圣王以谨慎的态度尊崇贤才使用能人从事政务，按照天意行事。"然则此尚贤者也，与尧舜禹汤文武之道同矣。"⑤ 既如此，那么这种尊崇贤才的做法，与尧舜禹汤文武的治国之道是相同的。总之，"尚贤者，天、鬼、百姓之利而政事之本也"。⑥ 即尊崇贤才，可以有利于上天、鬼神、百姓，因此是为政的根本。

其次是一定要认识到任用贤才的益处。他说，贤才治理国家，早早上朝，很晚才退，审理案件，梳理政务，因此国家得到治理，刑法公正；贤才担任官长，很晚入睡，很早起床，征收关口、市场、山林、河泽、桥梁的赋税，用来充实官府，因此官府财物不致流散。贤才治理城邑，早出晚归，耕作种植，集聚五谷，因此五谷丰登，人民生活富足。最终的结果是，对上可以用洁净的酒食器皿来祭祀上天、鬼神，对外可以用羊皮和布匹与邻国诸侯交往，对内可以使饥者有食，劳者休息，使百姓得到供养。在讲明了举贤荐能的原则和益处之后，墨子还给出了考察人才和尊重人才

① 徐翠兰、王涛译注：《墨子·尚贤中》，山西古籍出版社2003年版，第36页。
② 徐翠兰、王涛译注：《墨子·亲士》，山西古籍出版社2003年版，第5页。
③ 同上书，第3页。
④ 徐翠兰、王涛译注：《墨子·尚贤中》，山西古籍出版社2003年版，第44页。
⑤ 徐翠兰、王涛译注：《墨子·尚贤下》，山西古籍出版社2003年版，第49页。
⑥ 同上书，第55页。

的方法。墨子的主张是，贤才必须是讲求仁义和具有才能的。而国君的做法应该是有能则举之，无能则下之；"贤者举而上之，富而贵之，以为官长；不肖者抑而废之"①。也就是说，对贤者，国君应给予较高的爵位和丰厚的俸禄，使他们能充分地发挥才能，为国效力，最终使国家得到治理；对庸才，应削其官职，降为平民。总之，墨子站在平民阶层的立场上，非常系统地阐述了自己的选才思想，既有观点，又有论据，并对此问题进行了深刻的论述，可以说是极具说服力的。

四　对君子的颂扬

与孔子、老子一样，墨子也特别崇尚君子的所作所为。他认为，但凡是君子，都能够"自难而易彼，众人自易而难彼"。② 就是说君子能够自己承担艰难，将容易的事让给别人；而普通人却是自己承担容易的事，将艰难的事推给别人。他还认为，君子即使被无修为的人诋毁，也能反躬自省，这样一来别人的怨恨减少，自己的德行也就得到了修正。君子总是努力做事，志向远大，贫困之时显出廉洁，富裕之时显出道义，对于生者表示仁爱，对于死者表示哀痛。他们总是会显示出博大的胸怀和高洁的人格。对于君子的人格力量，墨子引申出了这样一个观点："君子不镜于水，而镜于人，镜于水，见面之容，镜于人，则知吉与凶。"③ 其意为君子不以水为镜，而是以人为镜，以水为镜，可以看到面容，以人为镜，可以知道吉凶。以此劝诫那些热衷战争的人要以史为戒，不要使国家陷入凶险。

墨子的人口观有其自身的特点，即论述朴实无华，说理论据充分。他的人口观虽然附着在其政治、军事思想之中，但也同样具有哲理。

第三节　商鞅的人口思想

商鞅，姓公孙，名鞅，战国时期卫国的庶出公子，所以又称卫鞅。他是战国时期著名的思想家，法家的代表人物之一。他在秦孝公时主持了历

---

① 徐翠兰、王涛译注：《墨子·尚贤中》，山西古籍出版社 2003 年版，第 37 页。
② 徐翠兰、王涛译注：《墨子·亲士》，山西古籍出版社 2003 年版，第 2 页。
③ 徐翠兰、王涛译注：《墨子·非攻中》，山西古籍出版社 2003 年版，第 103 页。

史上著名的商鞅变法，使秦国走上了富国强兵的道路，最终统一了中国。他的思想主要集中在农战和法制两个方面，而其人口观虽不够系统，却也清晰可陈。

一　认为人口众多是一国应该追求的目标

和其他许多思想家一样，商鞅也认为："善为国者，仓廪虽满，不偷于农，国大、民众，不淫于言。"[1] 也就是说，善于治理国家的君主，粮仓虽满，却不放松农耕；土地广袤，人口众多，也不散布空洞的言论。虽然商鞅在此并非专论人口，但其追求人多地广的理想却非常明确。为了帮助秦孝公实现这一宏愿，他还提出了相当具体的增加人口的对策。概括起来讲就是"徕民"。他说："今王发明惠，诸侯之士来归义者，今使复之三世，无知军事；秦四竟之内，陵坂丘隰，不起十年征者于律也。足以造作夫百万。"[2] 也就是说，秦王现在应该发布优惠政策，凡是各诸侯国前来归顺的士人，免除他们三代的徭役赋税，而且不用服兵役；秦国的国境之内，山坡、丘陵、低洼的地方，十年之内免除赋税，并将此政策以法律的形式固定下来，这样就可以招徕上百万从事农业生产的人。用招徕的民众从事生产，本国的民众就可以参军打仗，这样敌国不能休养生息，本国的农耕也不耽误，富国强兵的理想就可以实现了。

二　愚民思想

商鞅作为贵族阶级的代表，其治民方略中有反动的、残酷的成分。他认为，人的本性就是饿了就要寻找食物，累了就要寻求安逸，痛苦了就要寻找欢乐，屈辱了就要追求荣耀。人是追求个人私利的，用尺量东西的时候就会取长去短，用秤来称东西的时候就会取重弃轻，衡量个人得失的时候就会选择对自己有利的方面，羞耻、屈辱、劳累、痛苦是民众所讨厌的；显赫、荣华、安逸、快乐是民众所追求的。古代的民众淳朴而又宽厚，现在的民众机巧而又虚伪。本着对民众的这种认识，商鞅认为治民应该采取以下手段：第一，依法治理，施以重刑。商鞅认为，治理民众的首要之举就是用严格的法律来控制和约束他们的所作所为。他说："重罚轻

---

[1]　石磊译注：《商君书·农战第三》，中华书局 2011 年版，第 26 页。
[2]　石磊译注：《商君书·徕民第十五》，中华书局 2011 年版，第 113 页。

赏，则上爱民，民死上；重赏轻罚则上不爱民，民不死上。兴国行罚，民利且畏，行赏，民利且爱……怯民使以刑，必勇；勇民使以赏，则死。"① 即对老百姓要加重惩罚，不要经常赏赐他们，这样的话，君主就会爱民，而民众就会对君主非常忠诚；如果看重赏赐而从轻处罚，君主就不会爱护百姓，而百姓也不会对君主忠诚。治理国家的时候注重刑罚，民众喜欢而有所畏惧，加重赏赐，民众喜欢而难免贪图，对那些胆小的民众施以刑罚，他们就会特别勇敢；对于那些勇敢的人施以恩惠，他们就会拼死效力。"罚重，爵尊，赏轻，刑威……故兴国行罚，则民利；用赏，则上重。"② 即刑罚重，爵位才显得尊贵，赏赐轻，刑罚才能显示威严。所以治国时使用刑罚，民众才会受益；使用奖赏，君主就能得到最大的尊重。"法令者，民之命也，为治之本也，所以备民也。"③ 即一个国家的法令，是所有民众的命根子，刑罚，也是治国的根本，同时还可以用来提防民众。除此之外，他还主张对轻罪予以重刑，这样国家的实力才能强大。第二，去除空谈，耕种土地。在商鞅的思想中，耕种和作战是其要点。对待民众，他也特别强调使其务农的重要性。他说："圣人知治国之要，故令民归心于农。归心于农，则民朴而可正也，纷纷则易使也，信可以守战也……国做壹一岁者，十岁强；做壹十岁者，百岁强；做壹百岁者，千岁强；千岁强者王。"④ 即圣人是知道治国的关键的，所以他们才让所有的老百姓都专心于农业。百姓都专心于农耕，则民风淳朴正直，民众诚实就容易役使，相信他们一定可以用来守城作战。如果民众专心于农耕和作战一年，国家就能强大一百年；如果民众专心农耕和作战一百年，国家就能强大一千年；强大一千年就能称霸天下了。第三，使民愚钝。在商鞅的心目中，百姓就是用来被驱使和统治的，君王有什么策略和打算不必让他们明白，因为："民不可与虑始，而可与乐成。"⑤ 也就是说，不必和老百姓讨论变法的事，只要和他们一起欢庆事业的成功就行了。而且，商鞅还主张不要教给老百姓学问，这样他们就可因为愚昧而变得更容易管理，同时他们也不会到外国去，不去外国，国家的安全就不会有威胁。除此之外，

① 石磊译注：《商君书·去强第四》，中华书局2011年版，第41页。
② 石磊译注：《商君书·说民第五》，中华书局2011年版，第50页。
③ 石磊译注：《商君书·定分第二十六》，中华书局2011年版，第178页。
④ 石磊译注：《商君书·农战第三》，中华书局2011年版，第32页。
⑤ 石磊译注：《商君书·更法第一》，中华书局2011年版，第3页。

商鞅还认为不能让百姓随意搬迁，这样可以保持他们的愚昧无知。总之，商鞅对民众的看法和做法中都有反动和应该批判的成分。第四，加强税收，限制商品流通。由于商鞅注重农业生产，所以他一直对本国的经济活动持一种反对的态度。他要求秦孝公：“使商无得籴，农无得粜，农无得粜，则窳惰之农免疾，商不得籴，则多岁不加乐。多岁不加乐，则饥岁无裕利。”① 即商人不准卖粮食，农民不准买粮食，这样一来懒惰者就会努力从事农业生产；商人不能卖粮食，到了丰收年就不能靠卖粮来享受，饥荒之年也就没有任何利益可图了。他还提倡加重关口、集市上的商品的税收，这样农民就会讨厌经商，商贾就会对经商产生怀疑；农民讨厌经商，那么荒地就一定能得到开垦。总之，商鞅主张一定要限制商业和手工业，让人们把心思都用到农业方面，只有这样，国家才会真正的强大和富裕。

三　注重人口普查和人口分布

商鞅的人口观中有一点是特别值得赞赏的，那就是他特别注重人口与土地的基本比例，在此基础上强调要进行经常性的人口普查。他说：“凡世主之患，用兵者不量力，治草莱者不度地。故有地狭而民众者，民胜其地，地广而民少者，地胜其民。民胜其地，务开；地胜其民者，事徕。开，则行倍，民过地，则国功寡而兵力少；地过民，则山泽财物不为用。”② 即一般国君所犯的弊病是，用兵作战时不考虑自己的实力，开垦荒地时不计算土地面积。因此有地方狭小而人口众多的情况，就是说人口数量太多超过了土地面积，还有一种土地广阔而人口稀少的情况，就是说土地面积又超过了人口数量。民众数量超过了他们所拥有的土地，就必须抓紧开垦荒地；土地面积超过人口数量的，就要想办法招徕人口。开垦荒地招徕他地百姓，国力将会成倍地增长，人口数量超过了他所拥有的土地，国家取得的功绩就会很少且兵力也会不足；土地面积超过人口数量，那么国家的山林、湖泽就会得不到充分的利用。他在这里强调的是国家要准确地掌握土地和民众的基本比例，使人口与土地、山泽等国家的自然资源保持平衡。若出现了不平衡的情况，就要想办法解决，否则虽然人多地多，也不能保证国家实力的真正强大。在这种比较超前的认识支配下，他

---

① 石磊译注：《商君书·垦令第二》，中华书局 2011 年版，第 12 页。
② 石磊译注：《商君书·算地第六》，中华书局 2011 年版，第 56 页。

强调：一是要对所有商人家的人口进行登记，其家中砍柴的、驾车的、供人使役的、做童仆的都必须到官府进行注册；二是针对全体民众，要求他们活着的时候登记造册，死了的人要从户口册上注销，这样一来，君主就能随时掌握整个国民的数量，而民众也无法逃避税租，田地也不再会荒芜，国家也就富足和强大了。对君主必须要掌握的有关数据，商鞅也做了具体说明："强国知十三数：竟内仓府之数，壮男壮女之数，老弱之数，官士之数，以言说取食者之数，利民之数，马、牛、刍藁之数。欲强国，不知国十三数，地虽利，民虽众，国愈弱至削。"① 即要做强国就必须要知道十三种事物的数目：境内粮仓的数目，壮年男子和女子的数目，老人及幼儿的数目，官吏、士人的数目，靠游说吃饭的人的数目，农民的数目，马、牛及柴草的数目。要想使国家强大，不知道国家的这十三种事物的数目，土地再肥沃，人口再众多，国家也会越来越弱。

除以上思想外，商鞅还注意到了民众职业的划分，他把当时秦国的人民分为农民、商人、官吏三种，认为它们是一个国家的正常职业。他还同时分析了这三种职业容易出现的弊端，并提出了解决的对策。

第四节　孟子的人口思想

孟子，名轲，战国时期邹国人。他是儒家思想的代表人物之一，在历史上被称为"亚圣"。同其他许多先秦诸子一样，他的思想丰富、广泛，涉及当时社会生活的许多方面，而他的人口思想，也是比较明显和系统的，现就其人口思想的主要方面归纳如下。

一　提倡性善论

孟子认为，人的本性是善良的。因为人都是有良心的。他说："人皆有不忍人之心……无恻隐之心，非人也；无羞恶之心，非人也；无辞让之心，非人也；无是非之心，非人也。恻隐之心，仁之端也；羞恶之心，义之端也；辞让之心，礼之端也；是非之心，智之端也。人之有四端也，犹其有四体也。"② 大意为：人都有不忍伤害别人的心。没有同情心的人，

---

① 石磊译注：《商君书·去强第四》，中华书局 2011 年版，第 45 页。
② 鲁国尧：《孟子全译·公孙丑上》，江苏古籍出版社 1998 年版，第 53 页。

就不是人；没有羞耻心的人，就不是人；没有谦让心的人，就不是人；没有是非判断的人，就不是人。同情心是仁的开端，羞耻心是义的开端，谦让心是礼的开端，是非心是智的开端。人有了这四种开端，就像他有四肢一样。

以四肢的存在比喻人生之有善心，说明了孟子对人之本性的认识，虽然其目的在于促使统治者实行仁政，但也从一个侧面说明了他对人性的观察和体验。他的这种心性学说，为儒家的道德人本主义打下了良好的基础。

二 对君主的赞扬和对圣人的推崇

众所周知，儒家一直以来都是很推崇君子和圣人的所为的。而且还把他们高洁的情操和不懈的追求当做人生的最高规范，让人们去学习和效仿。孟子也不例外。他的著作中多次出现此类内容。首先是君子的禀性。孟子认为："君子莫大乎与人为善。"① 即君子最伟大的地方就是帮助别人培养美好的品德。"君子不以天下俭其亲。"② 即君子不会因为爱惜天下财物而从俭操办父母的丧事。同时，真正的君子既不怨天也不尤人。其次是古之君子和今之君子的对比："古之君子，过则改之；今之君子，过则顺之。古之君子，其过也，如日月之食，民皆见之；及其更也，民皆仰之。今之君子，岂徒顺之，又从为之辞。"③ 即古代的君子，有了过错就改正；现在的君子有了过错还会照样错下去。古代的君子，他的过错就像日食、月食一样，人民都能看得到；等他改正后，人民更加尊重他。现在的君子，岂止只是坚持错误，同时还会为自己的错误进行辩解。孟子对今之君子的所作所为进行了批评，希望他们以古之君子为榜样，主动改正过错，并由此受到人们的真正拥戴。

三 主张重民、爱民

周朝以来，在宇宙观方面，人们逐渐由重天思想转为重民。原因是当时的许多昏君使民众陷入了接连不断的苦难之中，人们开始怀疑"君权

---

① 鲁国尧：《孟子全译·公孙丑上》，江苏古籍出版社1998年版，第56页。
② 鲁国尧：《孟子全译·公孙丑下》，江苏古籍出版社1998年版，第66页。
③ 同上书，第69页。

神授"的合理性。加之春秋战国的兼并战争，更使诸多百姓陷入了无以为生的境地。孟子等许多有识之士，开始规劝统治者放下屠刀，以仁善治国。因此，孟子的重民和爱民，都是包含在他的"仁政"政治观的框架之内的。为了实施他的主张，他周游列国，到处宣扬自己的仁政观点。同时，他还在著述中系统全面地阐释了这一思想。第一，得民心者得天下。这是必须要重民的理由。《孟子·离娄上》中有这样一段话："桀纣之失天下也，失其民也；失其民者，失其心也。得天下有道，得其民斯得天下矣；得其民有道，得其心斯得民矣；得其心有道，所欲与之聚之，所恶勿施，尔也。"① 即桀和纣失去天下，是因为失去了人民；失去人民，是因为失去了民心。得天下有办法：得到人民，就能得到天下了；得到人民也有办法：赢得民心，就能得到人民了；得到民心也有办法：他们想要的，就帮他们积聚起来；他们厌恶的，不加给他们，如此执政就可以达到目的了。孟子从历史的角度，说明了治国的基本道理。为了使当时的统治者能从根本上认识问题，他还摆放了民、国和君主之间的位置。他说："民为贵，社稷次之，君为轻。"② 即百姓是最重要的，江山社稷次于百姓，君主的地位更轻。第二，得民心的具体措施。为了使民众的利益得到真正的保障，孟子还为统治者开出了有效的药方。首先是总的要求："施仁政于民，省刑罚，薄税敛，深耕易耨，壮者以暇日修其孝悌忠信，入以事其父兄，出以事其长上。"③ 即对百姓施行仁政，少用刑罚，减轻赋税，提倡深耕细作，勤除杂草，让年轻人在耕种之余学习孝亲、敬兄、忠诚、守信的道理，在家侍奉父母，在外尊重长者。具体说来，要使民众真正地安居乐业，统治者必须首先"治民之产"。具体办法为："五亩之宅，树之以桑，五十者可以衣帛矣。鸡豚狗彘之畜，无失其时，七十者可以食肉矣。百亩之田，勿夺其时，八口之家可以无饥矣。"④ 即贤明的君主所给予百姓的产业，必须能使他们对上足够奉养父母，对下足够养活妻儿，好年景终年能吃饱，坏年景也不至于饿死。其次，为保证天下归心，统治者还必须努力做到"与民同乐"。也就是说，要体察到百姓的痛苦和快乐，把百

---

① 鲁国尧：《孟子全译·离娄上》，江苏古籍出版社 1998 年版，第 117 页。
② 鲁国尧：《孟子全译·尽心下》，江苏古籍出版社 1998 年版，第 239 页。
③ 鲁国尧：《孟子全译·梁惠王上》，江苏古籍出版社 1998 年版，第 7 页。
④ 同上书，第 5 页。

姓的快乐当做自己的快乐，把百姓的忧患当做自己的忧患，这样他们才能真正拥戴自己。第三，为政者要省刑薄敛。具体说来，就是要以仁德之心淡化杀人之心；以周文王为榜样，只向农民收取九分之一的税，将国家的赋税制度化；不能再出现荒年死亡的事情；使民有恒产，从而拥有恒心，不能等他们犯了错误再来惩治他们。

当然，孟子的人口中的等级观念也是非常明显的。比如，"劳心者治人，劳力者治于人"。对女性，孟子也有歧视，如他说："以顺为正者，妾妇之道也。"① 即把顺从当做正理，是妇人家应该遵循的原则。同时，他还有着明显的重男轻女思想。比如，"不孝有三，无后为大"。

第五节　荀子的人口思想

荀子名况，又名孙卿，战国晚期赵国人。生卒年代约为公元前313—公元前238年。他是一位哲学家兼散文家。他的思想对我国两汉时期的哲学和学术产生了极大的影响，尤其是他的天道观对我国唯物主义哲学思想的形成和发展起到了相当积极的作用。在阐述他的丰富思想的同时，他也多次谈到了他对"人性"、"圣人"和"君子"、"民众"的认识，并由此形成了较为完整的思想体系。

一　提倡性恶论

在荀子的著作中，关于人性的论述曾多次出现。这种准确的归纳和阐释表现了他对人的存在的细致入微的观察和体味。他对人性的揭示有以下几个方面：首先，人都是有欲望的。他说："人之情，食欲有刍豢，衣欲有文绣，行欲有舆马，又欲夫余财蓄积之富也。然而穷年累世不知足，是人之情也。"② 即作为人之常情，所有人在吃饭时都希望有肉食，穿衣时希望衣服上有绣花，行走时有车马，同时还希望能够积蓄财物来致富。然而一年又一年，一代又一代总是感觉财物不足，这就是人的欲望啊。除此之外，人还有更高的欲望，即"夫贵为天子，富有天下，是人情之所同

---

① 鲁国尧：《孟子全译·滕文公下》，江苏古籍出版社1998年版，第95页。
② 孙安邦译注：《荀子·荣辱篇》，山西古籍出版社2003年版，第42页。

欲也。"① 即尊贵到成为天子，富贵到占有天下财物，这是所有人共同希望的。另外，荀子还认为，好、恶、喜、怒、哀、乐等都是人的基本情感。

其次，从人的存在来讲，人的资质、本性、智慧和才能都是一样的。他认为："材性知能，君子、小人一也。"② 即就人的资质、本性、智慧、才能而言，无论是君子还是小人，本来都是一样的，并且，好荣恶辱，好利恶害，君子和小人也是一样的。而且，人总是"饥而欲食，寒而欲暖，劳而欲息……目辨白黑美恶，耳辨音声清浊，口辨酸咸甘苦，鼻辨芬芳腥臊，骨体肤理辨寒暑疾养。是又人之所生而有也"。③ 即饥饿时就想吃饭，寒冷时就想穿暖，劳累时就想休息，眼睛能够辨别黑白美丑，耳朵能够分辨声音的清浊，口舌能够辨别酸甜咸苦，鼻子能够辨别芳香腥臭，身体肌肤能够辨别冷热痛痒，这一切都是人生下来就具有的本性。

再次，人有能力认识事物。他说："凡以知，人之性也，可以知，物之理也。"④ 也就是说，人可以认识事物，而事物可以被认知，这是事物的规律。除以上内容外，荀子还认识到了不同的人性情不同，有血气方刚之人，有思虑深沉之人，有勇猛暴戾之人，有心胸狭隘之人，有卑下迟钝之人，有庸俗平凡之人，有怠慢轻浮之人，对他们要实行不同的教育，使之遵循礼仪，爱好善行。无疑，荀子对人性的认识是准确和深刻的，他认为人出生时具有太多的欲望和不足，可以在后天的教育中使其转变性情。这种对人性的把握为他的唯物主义哲学观奠定了良好的基础。

二　对君子及圣人的赞扬

荀子和孔子、孟子一样，他也特别推崇君子和圣人。他的这一理论可概括为以下几个方面：第一，君子爱好学习且有自己的特色。荀子说："君子之学也，入乎耳，著乎心，布乎四体，形乎动静。"⑤ 也就是说，君子的学习，是把学到的知识输入耳中，记在心里，贯通到全身，落实到行动上的。在荀子看来，君子学习的目的是拥有完善的身心，因此他们很注

---

① 孙安邦译注：《荀子·荣辱篇》，山西古籍出版社 2003 年版，第 44 页。

② 同上书，第 37 页。

③ 同上书，第 39 页。

④ 同上书，第 222 页。

⑤ 孙安邦译注：《荀子·劝学篇》，山西古籍出版社 2003 年版，第 8 页。

重博览群书，融会贯通。第二，君子爱憎分明。荀子说："君子隆师而亲友，以致恶其贼。"① 也就是说，君子对老师非常崇敬，而对小人则非常的憎恨。第三，君子做人有自己的准则，因而也就有了与众不同的社会地位。荀子认为，君子即使贫困潦倒，也依然志向远大，即使荣华富贵，也依然谦虚从容，即使安逸，也精神不懈，即使疲倦，也容颜不衰，即使发怒，也不过分处罚别人，即使喜悦，也不过分奖赏别人。也就是说，君子做人做事，均有分寸，这样的话，君子就算没有官位也能得到尊重，无俸禄也很富裕，不辩说也能得到信任，不发怒也很威严，处境困窘也很荣耀。第四，圣人之所以为圣的原因是他们可以依照今日的情况推断古代的状况。荀子认为，圣人之所以为圣，有他内在的原因。即圣人是依据自己的经验来推断事理的，他能以今人推断古人，以今天的某一事物推断古代的同类事物，以流传至今的学说推断古人的功业，以事物的普遍规律推断古代的一切。

三　对"百姓、民心、民力"的认识

在荀子的诸多思想中，最有价值的思想成果是他对百姓、民心、民力的准确认识。他引用古书的内容说："君者，舟也；庶人者，水也。水则载舟，水则覆舟。"② 这是荀子对人民的力量的准确认识。他同时还说，贤人是天下的藩篱，民众是天下的围墙；没有国土，人民就不能安居，没有人民，国土就不能守卫。这一切，均说明了荀子对民众的力量的清醒意识。既然民心的力量如此巨大，统治者就必须尊民和爱民，使他们安宁和富裕。方法有：首先要规定好赋税的等级，按田亩征收十分之一的税；在关卡集市进行检查不征税；对山林湖堤按时封闭开放而不收税。其次是在国家富强之时，国家要停止用兵，慈爱百姓，使民众休养生息。再次是在平常之时，对待老百姓要宽厚、容忍和仁爱。总之，荀子认为，"故君人者，欲安，则莫若平政爱民矣；欲荣，则莫若隆礼敬事矣"③。即君主想要社会安定，没有比改善政策、爱护人民更好的办法了；想要国家繁荣，就没有比尊崇礼仪、敬重文士更好的办法了。同时，君主该如何看待自

---

① 孙安邦译注：《荀子·修身篇》，山西古籍出版社 2003 年版，第 14 页。
② 孙安邦译注：《荀子·王制篇》，山西古籍出版社 2003 年版，第 103 页。
③ 同上。

己、国家危亡和民众之间的关系呢？其基本原则是："君者，民之原也；原清则流清，原浊则流浊。故有社稷者不能爱民、不能利民，而求民之亲爱己，不可得也。民不亲不爱，而求其为己用，为己死，不可得也。民不为己用、不为己死，而求兵之劲，城之固，不可得也。兵不劲，城不固，而求敌之不至，不可得也。"① 即君主，好比民众的源头；源头清澈，流水自然清澈，源头混浊，流水必定也混浊。因此，如果掌握国家政权的人不能爱护民众，不能使民众得到利益，反过来又要求民众亲近和爱戴自己，那是不可能的。民众不亲近爱戴自己，却要求民众为自己所用，为自己而死，也是不可能的。民众不为自己所用，不为自己而死，却要求兵力强大、城防坚固，也是不可能的。兵力不强大、城防不坚固，却希望敌人不来侵犯，更是不可能的。

当然，荀子的思想中虽有极其进步、客观的内容，但他并不是普通民众的真正代言人，他的思想中还有许多歧视百姓，维护礼仪等级制度的内容，如，他要民众安于自己的地位和等级，不要欲望太强。他说："斩而齐，枉而顺，不同而一。夫是之谓人伦。"② 即有参差才有整齐，有枉曲才有顺直，有不同才有相同。这就叫作人伦等级。也就是说民众要懂得贵贱等级，长幼差别，聪明愚蠢，贤能无能，每个人都应该各执其事，各得其所，而后依据等级使俸禄的多少同各自的地位和工作相称，最终使得群体和睦协调。

总之，荀子作为儒家的代表人物之一，不光承继了儒家的仁爱道德，更加强调了儒家的等级制度和人伦关系。除此之外，他的学习和教育思想也很有特色。尤其是他的君子观和圣人观，延续了儒家的榜样伦理，为传统文化在中国几千年的传播和巩固作出了巨大的贡献。

第六节　韩非的人口思想

韩非（公元前280—公元前233），战国末期韩国贵族，法家学说的主要代表和集大成者，曾师承荀子。他的思想吸纳了当时儒、墨、名等家思想的合理成分，形成了自己的一套思想体系。在他的人口思想中，有两

---

① 孙安邦译注：《荀子·君道篇》，山西古籍出版社2003年版，第143页。
② 孙安邦译注：《荀子·荣辱篇》，山西古籍出版社2003年版，第44页。

个方面非常突出。

一　主张人性恶

韩非的人性论思想基本属于人性恶的范畴。因为他的人性论思想的最大基础是人都有"自为心"。在阐释这一思想时，他先是从宏观角度论述了人性的本质，然后从当时社会所存在的几种关系出发，对此进行了系统的阐释。

首先是他对人性的说明和认识。他说："民之政计，皆就安利如避危穷。"① 即所有的老百姓都是喜欢追求安全和利益而躲避危险和穷困的。"且人所急，无如其身。"② 即人的本性都是非常关心自己的身体的。人对待别人的态度是"爱则亲，不爱则疏"。③ 即人对待他人的态度是谁爱他就和谁亲近，谁不爱他就和谁疏远。人"皆挟私为心也"。④ 即人的本质，都是善于为自己打算。"人行事施与，以利为之心"。⑤ 即人们行事或施舍他人，都是以利为中心的。同时"民固骄于爱，听于威矣"。⑥ 是说人的本性是受到疼爱容易骄傲，受到威胁容易服从。以上就是韩非对人性的总体认识。其次是他对社会中存在的几种关系的说明：首先是父母与孩子。他说："人为婴儿也，父母养之简，子长而怨。子盛壮成人，其供养薄，父母怒而诮之。"⑦ 即人在婴儿时期，父母如果不尽心抚养他，他长大成人后就会怨恨。孩子成家立业后，如果对父母的赡养不丰厚，父母就会气愤并且责骂他。其次是夫妻之间。他认为，夫妻关系是最为典型的"爱则亲，不爱则疏"。更有甚者，他发现甚至有些女子贵为后、妃、夫人之后，为了避免因自己的美色衰败而失宠，"欲其君之早死"。再次是君臣关系。他认为，君臣之间永远都是一种利害关系。他的证据是："害身而利国，臣弗为也；富国而利臣，君不行也。"⑧ 即牺牲自己的利益而为国

---

① 徐翠兰译注：《韩非子·五蠹》，山西古籍出版社 2006 年版，第 238 页。
② 徐翠兰译注：《韩非子·外储说左上》，山西古籍出版社 2006 年版，第 157 页。
③ 陈奇猷校注：《韩非子·备内》，上海古籍出版社 2000 年版，第 322 页。
④ 陈奇猷校注：《韩非子·外诸说左上》，上海古籍出版社 2000 年版，第 160 页。
⑤ 同上。
⑥ 陈奇猷校注：《韩非子·五蠹》，上海古籍出版社 2000 年版，第 228 页。
⑦ 陈奇猷校注：《韩非子·外储说左上》，上海古籍出版社 2000 年版，第 160 页。
⑧ 秦惠斌译注：《韩非子·饰邪》，辽宁教育出版社 1997 年版，第 46 页。

奉献，大臣是不会同意的；使国家富裕的同时还能顾及大臣的利益，君主也是不会去做的。以此作为基础，他将所有的君臣关系都纳入了彼此算计的利益关系当中。最后是雇佣关系等。韩非认为，雇主款待雇工，是为了让其尽心耕作，而"非爱佣客也"雇工努力耕耘，"非爱主人也"，也是为了获得更大的利益。总之，韩非从他的人性恶出发，既正面阐释了自己的观点，又从一个侧面批判了儒家的伦理道德，这在当时是难能可贵的。

二 人口与财物及经济发展水平必须均衡

韩非以他对现实生活的观察，得出了这样一个结论，与古代相比，现代的人口与土地的矛盾特别突出，以致影响到了人的本性。他说："古者丈夫不耕，草木之实足食也；妇女不织，禽兽之皮足衣也。不事力而养足，人民少而财有余，故民不争。是以厚赏不行，重罚不用，而民自治。今人有五子不为多，子又有五子，大父未死而有二十五孙，是以人民众而货财寡，事力劳而供养薄，故民争。虽倍赏累罚而不免于乱。"[①] 即古代时男子不用耕田，自然界生长的草木果实足够人们食用；女子不用纺织，自然界已有的野兽的皮革足够提供人们穿衣。不用太过劳作就能得到充足的衣服食物，加之人民数量少而且财物有余，所以当时的人民不用为衣食争抢。不用给予丰厚的奖赏，也不用实行严酷的刑罚，民众也能相安无事。今天的人，生育五个孩子也不算多，五个儿子再生五个儿子，如此一来，祖父还未去世就已经有了二十五个子孙了。最后就造成了人口众多而财物贫乏，人们努力劳动但获取的报酬很少，所以老百姓开始了对财物的争夺。即使当政者加倍赏赐、重重惩罚，社会依然动荡不安。虽然韩非是从谈论人性的角度说明古今人口数之差别的，但他确实看到了这样的社会现实，即现今的人口已大大多于过去，造成了老百姓"事力劳而供养薄"的残酷现实，同时使得本来就人多地狭的矛盾更加突出。另外，他突破了许多人只从土地和人口的关系看待问题的做法，而将人口与财物进行对比。这在人口问题的阐释上是一大进步。众所周知，谈论人口的多寡，需从许多关系入手，而财物是人类生存的基本生活资料，从这一方面来考察人口再生产与物质资料再生产之间的关系，是一大拓展。但他将古今做如此简单的对比和说明，则有着极大的主观臆断的成分。

---

① 陈奇猷校注：《韩非子·五蠹》，上海古籍出版社 2000 年版，第 219 页。

　　除了以上重要思想外，韩非和先秦的其他许多学者一样，还有着鲜明的重男轻女思想。比如他在论及危及国家灭亡的几种情况时说："后妻淫乱，主母畜秽，外内混通，男女无别，是谓两主，两主者，可亡也。——不顾社稷之利，而听主母之令，女子用国，刑余用事者，可亡也。"① 意思是说，如果皇后淫乱，太后私养姘夫，宫外宫内混乱私通，男女之间没有尊卑之分，形成了皇后和太后两个权力中心，国家就要灭亡了。同时，如果国君不顾及国家利益，听从太后的命令，让女子来执掌大权，让宦官来决断事务，国家就要灭亡。历史研究表明，在先秦时期，男女关系的被认知、被区分、被定位经历了一个明晰的过程，到了战国后期，这种男尊女卑的思想已经基本定型。因此，韩非如此看待女性，是完全可以理解的。

---

① 陈奇猷校注：《韩非子·亡征》，上海古籍出版社 2000 年版，第 58 页。

第 五 章

秦汉时期的人口思想

第一节　秦汉时期人口政策概述

　　总体而论，"中国封建社会的历史很长，大致可分为两个时期，四个阶段。从秦汉至隋唐之际为前期，秦汉为其第一阶段，魏晋南北朝为其第二阶段。隋和唐开始了由前期向后期的过渡，唐中叶两税法的颁行是这一过渡的转折点。唐中叶至明嘉靖（即16世纪）为后期的第一阶段，明中叶至公元1840年为后期的第二个阶段"。① 秦汉时期，也是中国封建社会建立和逐步稳固的时期。在这一阶段，由于封建制大一统国家建立，生产关系出现了深层次的转化，因而整个思想界也出现了相应的变化。首先是秦以法治国，焚书坑儒，接着是西汉初期流行黄老学说，到汉武帝时又"罢黜百家，独尊儒术"，思想领域才出现了比较统一的局面。在定儒学为一尊之后，至两汉之际，又形成了今文经学与古文经学两个派别，今文经学更与谶纬合流，到了东汉，经学和谶纬已经合在一起。而思想界的这种现象，直接影响了两汉许多哲学家，使得他们的人口思想也带上了鲜明的时代特征。如董仲舒就形成了自己唯心主义的公羊春秋学。从人口方面而言，这个阶段有五种现象值得关注。

一　人口数在建朝之初急遽减少

　　史载西汉初年，"天下初定，故大城名都散亡，户口可得而数者十二三。是以大侯不过万家，小者五六百户。后数世，民咸归乡里，户益

---

　　①　侯外庐：《中国思想史纲》，上海世纪出版集团2008年版，第119页。

息"。① 即天下刚刚平定之时，很多大城市和有名的古都都破败了，户口中记载的人数只剩下了十之二三。那时大的诸侯不过万家，小诸侯只有五六百家。到了后期的各朝，民众都回归乡里了，人口才渐渐多了起来。同样在东汉初年，全国人口比起西汉人口最多时，也几乎少了十之七八。据史载，"世祖中兴，海内人民可得而数，裁（才）十二三"。② 即到世祖中兴之时，中国境内能计算清楚户口的人，才十之二三。

二　颁发了诸多增加人口的政策和诏令

如，西汉高祖七年（公元前 200）就曾下令："民产子，复勿事二岁。"③ 即如果老百姓有人生子，可免除两年的赋役。惠帝六年（公元前189）规定："女子年十五以上至三十不嫁，五算。"④ 即如果女子从十五岁到三十岁不嫁的，要征收五倍的人口税。东汉章帝元和二年（公元85），除规定民"产子"免除算赋三年外，还规定："怀妊者"，奖给粮食，同时免除其丈夫一年的算赋。元和三年又规定："其婴儿无父母亲属，及有子不能养食者，禀给如律。"⑤ 即一个婴儿无父母亲人，以及那些不能养活自己儿子的人，由国家来供养。

三　奖励在增殖人口方面的有功之臣

如西汉时，南阳太守召信臣，就因"户口增倍"⑥，即户口成倍增长，而升迁为河南太守。而颍川太守黄霸，也因"户口岁增，治为天下第一"⑦，即户口每年都在增加，治理事务非常有效而升迁为京兆尹。

四　采取有效措施，增加农业人口

西汉建立后，刘邦即令："民以饥饿自卖为奴婢者，皆免为庶人。"⑧

①　《史记·高祖功臣候者年表》，中华书局 1959 年版，第 877 页。
②　《后汉书·郡国志》，中华书局 2012 年版，第 2737 页。
③　《汉书·高帝纪》，中华书局 1984 年版，第 63 页。
④　《汉书·惠帝纪》，中华书局 1984 年版，第 91 页。
⑤　《后汉书·章帝纪》，中华书局 2012 年版，第 125 页。
⑥　《汉书·召信臣传》，中华书局 1984 年版，第 3631 页。
⑦　《汉书·黄霸传》，中华书局 1984 年版，第 3642 页。
⑧　《汉书·高帝纪》，中华书局 1984 年版，第 54 页。

即民众因为贫寒而自卖为奴者，全部免为庶人。

而东汉建立后，刘秀除多次下令减轻田租外，也一再下令释放奴婢，如建武二年（公元26），下诏曰："民有嫁妻卖子欲归父母者，恣听之。敢拘执，论如律。"① 即民众有嫁妻卖子愿回父母家的，都予以同意，如果有敢拘禁者，按律令论处。建武十三年又诏："益州民自八年以来被掠为奴婢者，皆一切免为庶人；后依托为人下妻，欲去者，恣听之；敢拘留者，比青徐二州以掠人法从事。"② 即益州之地八年以来被卖为奴婢的，全部免为庶人；一些愿意在当地嫁为人妻者，均同意；有敢拘禁者，比照青州、徐州的律令以抢掠人的法令处置。

五　加强户口管理，确切掌握人口数量

西汉时期，在县和道都设有户曹来管理户籍和统计人口。每年阴历的八月收获完毕时，县道都要进行户口登记，"仲秋之月，县道皆按户比民"。③ 即每年秋天，各县各道都会按户口计算人口数量。然后汇总上报，于每年末报送朝廷，"岁尽遣使上计"。④ 即每年都要派人汇总上报朝廷。以上措施确实起到了增加人口数的作用，因为在武帝元始二年和和帝元兴元年，中国人口数都接近6000万。

六　实施人口迁移

从秦汉两朝在人口方面的作为来看，有一个很重要的方面是不能忽略的，那就是人口迁移。据史料记载，秦汉两朝，在人口迁移方面都是做了大量工作的。首先是秦朝。秦朝在北方驻军是显而易见的，如始皇三十二年（公元前215），派大将蒙恬率三十万大军北伐匈奴。第二年在榆中（今内蒙古鄂尔多斯市）以东、黄河以北直到阴山这一广大地区内设置了三十四县重置九原郡，"徙谪实之初县"。即将贬谪的官吏和内地人民迁往新设置的郡县。除此之外，秦还派将军常颚征调巴蜀士卒，经略"西南夷"开筑"五尺道"，一直延伸到今云南曲靖，把关中和四、云贵连成

---

① 《后汉书·光武帝纪》，中华书局2012年版，第25页。
② 同上书，第51页。
③ 《后汉书·礼仪志》，中华书局2012年版，第2495页。
④ 《后汉书·百官志》，中华书局2012年版，第2873页。

一片。他还非常注重岭南地区的人口迁移和开发。始皇三十年（公元前217），刚统一六国不久，就派尉屠睢率兵五十万进军岭南。用了三年时间才统一了岭南广大地区，设置了南海、桂林、象三郡。在秦始皇三十三年（公元前214），朝廷便"发诸尝逋亡人、赘婿、贾人略取陆梁地，为桂林、象郡、南海，以适遣戍"。① 即集中逃亡者、入赘的女婿、商人等攻取梁地，之后又往桂林、象郡、南海等合适的地方遣送。始皇三十四年（公元前213），朝廷又命"谪治狱吏不殖者，筑长城及南越地"。② 即发配那些为官无能者去筑长城或者到南越之地。随后，又在南海尉赵佗的请求下，发派15000名未婚女子到岭南，说是为士卒补衣，实是解决驻守在岭南的士卒的婚配问题。汉武帝也是如此。他北击匈奴，设置朔方郡，夺得了祁连山和河西走廊，在那里设置了酒泉、武威、张掖、敦煌四郡。除此之外，他还在武帝元朔二年（公元前127）、元狩四年（公元前119）两次徙关东贫民八十多万人到河套和河西走廊一带定居。于公元前111年平定南越后，在岭南地区设置九郡，"后颇徙中国罪人，使杂居其间，渐见礼化"。③ 说的是汉武帝命汉人与越人杂处，使他们也接受了礼仪的教化。而王莽篡权后，也曾两次下令把罪人"投诸四夷"。④ 即将有罪之人发配到边远地区。除了朝廷的人口迁移，民间自发的迁移也不能忽视。据史料载："士燮字威彦，苍梧广信人也。其先本鲁国汶阳人，至王莽之乱，避地交州，六世至燮父赐，桓帝时为日南太守。"⑤ 即士燮字威彦，苍梧广信人，其祖先本是鲁国汶阳人，到王莽之乱时，逃避到交州之地，过了六世后其父被赐官，到桓帝时成了日南太守。除此之外，史料还有这样的记载："李贲，其先北人，西汉末苦于征伐，避居南土，七世遂为南人。"⑥ 即李贲，其祖先本是北方人，西汉末期为了躲避战争的痛苦，逃避到了南方，过了七世之后变成了真正的南方人。以上朝廷所做出的迁移行动，使得中国的人口分布出现了新的变化。而这种与北方和南方的民族

---

① 《史记·秦始皇本纪》，中华书局1959年版，第253页。

② 同上。

③ 《后汉书·南蛮传》，中华书局2012年版，第2273页。

④ 《汉书·食货志》，中华书局1984年版，第1183页。

⑤ 《三国志·士燮传》，浙江古籍出版社2007年版，第731页。

⑥ 张春龙：《秦汉时期中原移民对岭南的开发及影响》，《乌鲁木齐职业大学学报》2005年第4期。

融合，也使得中原地区先进的文化和农耕方式传到了其他落后地区，促进了那里的农业生产和技术进步。

第二节　贾谊的人口思想

贾谊（公元前 200—公元前 168），河南洛阳人。西汉初年著名的政治家、思想家和文学家。贾谊年少时便以才气闻名乡里，后被河南郡守吴公招至门下，又经吴公推荐，被文帝招为博士，不到一年又被破格提为太中大夫。为梁怀王太傅时，因梁怀王坠马死亡而深感歉疚，最终抑郁而亡。在贾谊短暂的一生中，他留下了许多深刻的政论思想和史观，人口思想也是其中的一部分。

一　强调民为邦本

在贾谊不多的人口论述中，其民本思想还是很突出的。在他的《大政上》一文中，他从许多方面强调了为政者必须重民的观点，显示了他对先秦儒家的"民为邦本"思想的继承和强调。他说："闻之于政也，民无不为本也。国以为本，君以为本，吏以为本，故国以民为安危，君以民为威武，吏以民为贵贱，此之谓民无不为本也。"① 意思是我听说对于国家的治理而言，没有不视民为国家的根本的。从古至今，因为国家要以民为本、君主以民为本、官吏以民为本的原因在于国家的安危系于民、君主的威武系于民、官吏的贵贱系于民，这就是我们所说的没有不把民众看做根本的。从"根本"这一理念出发，它又强调了民为生命、民为功绩、民为力量的重要观点，非常认真地强调了爱民、重民的执政观念。从该理念出发，他又表明了对待民众的态度："夫民者，万世之本也，不可欺。凡居于上位者，简士苦民者，是谓愚；敬士爱民者，是谓智。夫愚智者，士民命之也。"② 意为民众是国家延续千秋万代的根本，是不能欺骗的。所有地位较高的人，虐待士民使其苦不堪言者，是极其愚笨的人；那些懂得尊敬和爱护百姓的人，才是具有智慧的人。因此，为政者是聪明还是愚笨，要靠士和老百姓来评判。"故夫士民者，国家之所树而诸侯之本也，

---

① 于智荣译注：《贾谊新书·大政上》，黑龙江人民出版社 2003 年版，第 256 页。
② 同上书，第 263 页。

不可轻也。"① 意思是士及老百姓，是国家的根基和诸侯的根本，是不能轻视的。在表述了他的重民思想和执政者应有的对待民众的态度之后，他还对民之作用做了说明。他说："夫民者，诸侯之本也。教者，政之本也；道者，教之本也，有道，然后教也；有教，然后政治也。政治，然后民劝之；民劝之，然后国丰富也；国丰且富，然后君乐也。"② 即民众是诸侯的根本，教化是从政的根本；修道又是教化的根本。修道到了一定的程度，才能对其进行教化工作；教化工作做得好了，国家才能治理得好。国家治理好了，人民才会为国效力；人民为国效力了，国家才会富足；国家富足了，君主才能安乐。既然民众如此重要，我们该如何对待他们呢？贾谊说："治国之道，上忠于主，而中敬其士，而下爱其民。"③ 即治国之道，必须是对上要忠于君主，对中要尊重各类士人，对下要爱护广大民众。他建议统治者要"建国立君以礼天下"。④ 即对老百姓应该广施仁义，爱民、富民并对他们进行礼仪教化。除此之外，他还要求统治者要对民众"约法省刑、发仓廪，散财帛，以振孤苦贫困"。因为他发现，"自古至于今，与民为仇者，或迟或速而民必胜之"⑤。即自古以来，凡是与人民为仇敌者，无论早晚，人民都会战胜他。

二　主张大力增加农业人口

贾谊认为，汉朝已建立几十年了，但国家和人民都很贫困，究其原因，主要是"今背本而以末食者甚众，是天下之大贼也"。⑥ 即今天的民众很多人都不从事农业，而是追逐其他利益，形成了为国的一大祸害。怎样改变这一局面，而增加农业人口呢？他提出了以下几条措施。第一，反对奢侈。他说："生之有时而用之无节，则财力必屈。"⑦ 即生产财富有一定时间，如果没有节制地消费财富，那么再多的财富也会用尽。同时，

---

① 于智荣译注：《贾谊新书·大政上》，黑龙江人民出版社 2003 年版，第 265 页。
② 于智荣译注：《贾谊新书·大政下》，黑龙江人民出版社 2003 年版，第 271 页。
③ 于智荣译注：《贾谊新书·修政语下》，黑龙江人民出版社 2003 年版，第 292 页。
④ 于智荣译注：《贾谊新书·过秦中》，黑龙江人民出版社 2003 年版，第 11 页。
⑤ 于智荣译注：《贾谊新书·大政上》，黑龙江人民出版社 2003 年版，第 258 页。
⑥ 于智荣译注：《贾谊新书·无蓄》，黑龙江人民出版社 2003 年版，第 132 页。
⑦ 同上。

"汰流、淫佚、奢靡之俗日以长，是天下之大残也。"① 即骄纵淫佚、奢侈浪费的风气日渐增长的话，也必然成为国家的祸害。第二，发展农业，抑制工商。他认为，民众从事农业劳动，是国家之本。所以他说："今驱民而归之农，皆著于本，则天下各食于力。"② 也就是说，如果国家大力发展农业，老百姓就会依靠自己的辛勤耕作来养活自己。"故以末予民，民大贫，以本予民，民大富。"③ 即国家如果鼓励百姓去从事工商业，百姓就会陷入贫困；国家如果鼓励百姓从事农业，百姓就会特别富裕。对于商人，贾谊的看法是："背本而趋末，食者甚众，是天下之大残也。"④ 即他们是违背本业而去追逐其他利益的一群，他们不从事生产，浪费粮食，他们的人数过多不利于国家财富的积蓄。第三，是将铸钱大权收归中央政府所有，并由封建国家垄断铸造钱币的原材料铜。汉文帝初年，为了改变货币大量贬值的现状，朝廷曾公开宣布了"除盗铸钱令"，允许私人铸钱，但是这一政策导致了一系列不良的后果，贾谊看到了这一现象，对此政策提出了自己的看法。他说："铜布于下，采铜者弃其田畴，家铸者损其农事，谷不为则邻于饥。"⑤ 就是说，铜是分散于民间的，为了铸钱，采铜人就会放弃耕田；家庭铸钱也会耽误农耕，如此则会使庄稼歉收，人民就会挨饿。如果"铜布天下，不得采铜，不得铸钱，则民反耕田矣"。⑥ 即如果铜不在民间流散，私人不得采铜，也不准私自铸钱，百姓就会转而去耕田。在其《铸钱》一篇中，他进一步论述了允许民间铸钱的种种危害，如：会危害社会安危，会危害农业生产，破坏币制，导致老百姓偷奸取巧和犯罪等。他说："夫农事不为，采铜日番，释其耒耨，冶熔炉炭，奸钱日繁，正钱日亡，善人怵而为奸邪，原民陷而之刑戮。"⑦ 即如果一个国家不从事农业生产，开矿采铜的事情就会非常普遍，农民们如果都放下农具去采铜铸钱的话，私铸的成色不足的铜钱就会大量增加，而国家所铸的成色很足的钱就会越来越少，最终导致的结果是善良的人们为利益所诱去

---

① 于智荣译注：《贾谊新书·无蓄》，黑龙江人民出版社 2003 年版，第 132 页。

② 于智荣译注：《贾谊新书·瑰玮》，黑龙江人民出版社 2003 年版，第 84 页。

③ 同上书，第 82 页。

④ 《汉书·艺文志》，中华书局 1984 年版，第 1128 页。

⑤ 于智荣译注：《贾谊新书·铜布》，黑龙江人民出版社 2003 年版，第 89 页。

⑥ 同上书，第 90 页。

⑦ 于智荣译注：《贾谊新书·铸钱》，黑龙江人民出版社 2003 年版，第 136 页。

做投机取巧之事，朴实的百姓也会因此而陷入遭受刑罚的境地。要改变这一现状，就必须"上收铜勿令布"于天下，由封建国家控制铸造钱币的原材料铜，使"采铜耕作者反于耕田"，迅速增加农业人口。贾谊的民本思想和增加农业人口的思想虽然都不是他的新创，但在当时的封建社会还是有一定的进步意义的。

第三节　晁错的人口思想

晁错（公元前200—公元前154），河南洛阳人。西汉前期著名的政治家和文学家。汉文帝时，任太子家令，汉景帝时，历任内史、御史大夫等职。由于他力主削弱诸侯权势，在景帝三年（公元前154）被处死。

晁错在人口方面的最大贡献就是他的人口迁徙思想。虽然人口的迁徙不是西汉首创，但将迁徙的意义以及与前代不同的具体措施做出如此系统的论述的，晁错却是第一人。他曾上书汉文帝说："陛下幸忧边境，遣将吏发卒以治塞，甚大惠也。"[1] 即国君担心边境安全，调遣官吏带兵去治理边患，这是极好的事情啊。那么，遣吏充塞有什么意义呢？他认为，起码有两大好处：一是：可"使屯戍之事益省，输将之费益寡"。[2] 即如果能使兵将长期驻守边关，就可以省去朝廷派兵的耗费，二是："居则习民以射法，出则教民以应敌。"[3] 即民众可以在家时练习骑射，在外时应对敌患。具体办法为：第一，"选常居者，家室田作，且以备之，以便为之高城深堑，具蔺石，布渠答……要害之处，通川之道，调立城邑，毋下千家。"[4] 即选择那些常住之人，以家庭的方式耕田劳作，平时让他们居住在高墙之内，在外深挖沟壑，准备御敌的工具，挖各种沟渠，在关键的地域建立通川之道，建立城邑，一城之内不少于一千家。第二，"予冬夏衣，廪食，能自给而止。"[5] 即朝廷发放冬夏衣物，提供食物，直到他们能自行生产为止。第三，"其亡夫若妻者，县官买予之。人性非有匹敌，

---

① 《汉书选·晁错传》，中华书局1984年版，第152页。
② 同上书，第153页。
③ 同上书，第152页。
④ 同上。
⑤ 同上。

不能久安其处。"① 即如果出现夫妻一方丧偶的，县官负责买人补充，人的本性决定了如果没有伙伴的话，在一个地方是待不长的。第四，"胡人入驱而能止其所驱者，以其半予之。"② 即如果能有效抵御胡人入侵的人，再给他加一半的田产。第五，"为置医巫，以救疾病；以修祭祀；男女有婚，生死相恤，坟墓相从。"③ 即在迁徙人口聚集的地方，安排专门的医生和巫师，为他们治病；为他们提供祭祀的场所；男女之间如果是夫妻，一定要让他们生死都在一起，死后埋葬在同一墓穴。最后的结果是，"种树畜长，室屋完安，此所以使民乐其处而有常居之心"。④ 即让边民们多多种树、养育牲畜、有安全的房屋避寒保暖，只有这样才能使得人们有长居于此的决心。

总之，晁错的迁移思想为后世君王"宽乡迁窄乡"的做法提供了有益的借鉴，打下了良好的思想基础。

第四节　董仲舒的人口思想

董仲舒（公元前179—公元前104），广川（今河北枣强）人，西汉著名的封建地主阶级理论家。专治《公羊传》，曾任博士、江都相和胶西王相。汉武帝举贤良文学士，他建议"诸不在六艺之科，孔子之术者，皆绝其道，勿使并进"，为汉武帝采纳。主要著作为《春秋繁露》等，其说以儒学宗法学说为中心，杂以阴阳五行说，将神、君、父、夫等权贯穿在一起，形成了一套封建神学体系。由于他的人口思想也是建立在他的哲学即神学思想基础上的，因此也带上了许多神秘的色彩。

一　天人合一思想

董仲舒对天人关系有着自己独到的见解。他说："为生不能为人，为人者天也。人之人本于天，天亦人之曾祖父也。此人之所以乃上类天也。人之形体，化天数而成；人之血气，化天志而仁；人之德行，化天理而

---

① 《汉书选·晁错传》，中华书局1984年版，第153页。
② 同上。
③ 同上。
④ 同上。

义。人之好恶，化天之暖清；人之喜怒，化天之寒暑；人之受命，化天之四时。"① 即能够生育后代的父母不能管理人，只有上天才有能力管理人。人的本源来自于上天，上天是人类的曾祖父也。此为人之所以与上天相类似的原因。人的身体，是依据上天的法则变化而形成的；人的血气，是按照上天的仁的要求而形成的；人的德行，是按照上天的义的要求而形成的；人的好恶，是按照上天的温暖和清爽的要求而形成的；人的喜怒，是与上天的寒暑变化相对应的；人要完成的使命，是按照上天的四时变化的要求而形成的。如果将人和天分开来看，他认为："人之超然万物之上，而最为天下贵也。" 即人类是超越万物而生存的，是天下最为贵重的生命。② "天者，百神之君也，王者之所最尊也。"③ 即上天，是各种神灵的君王，是所有君王中最尊贵的。在他看来，"天"是万物之祖，也是人的创造者。天不仅创造了人，而且万物也是天有目的的安排，"天地之生万物也，以养人，故其可食者以养身体，其可威者以为容服"。④ 即天地之所以生出万物，是为了养活人类，万物中可以食用的东西是为了养育人的身体，而其中可以显示威仪的东西点缀到了人类的服饰之上。同时，董仲舒认为，"天子"是天在人间的代表，"唯天子受命于天，天下受命于天子"。⑤ 即只有天子是受上天的命令来管理老百姓的，天下人又都从天子那里接受使命。总之，董仲舒从他的视角出发，对天、人、天子、民众的关系做了系统的归纳和阐释，是彻头彻尾的唯心主义，其最终目的是为了加强和巩固封建专制主义的皇权，加强君主对百姓的统治。

二 主张人有三性

董仲舒认为，人有三性，即"圣人之性"、"中民之性"、"斗筲之性"。他认为，"中民之性"是人们普遍的本性，"名性者，中民之性"。⑥ 即说到名性的话，基本上指的就是中民之性。因中民之性中有善有恶，所以他认为应将人性中本原的"善质、善端"转化为现实的善，这就要对

① 阎丽译注：《春秋繁露·为人者天》，黑龙江人民出版社 2003 年版，第 188 页。
② 阎丽译注：《春秋繁露·天地阴阳》，黑龙江人民出版社 2003 年版，第 314 页。
③ 阎丽译注：《春秋繁露·郊义》，黑龙江人民出版社 2003 年版，第 260 页。
④ 阎丽译注：《春秋繁露·服制象》，黑龙江人民出版社 2003 年版，第 85 页。
⑤ 阎丽译注：《春秋繁露·为人者天》，黑龙江人民出版社 2003 年版，第 188 页。
⑥ 阎丽译注：《春秋繁露·实性》，黑龙江人民出版社 2003 年版，第 182 页。

人民进行教化和启发。董仲舒的"中民之性"表面上看来是在否定孟子性善论的基础上形成的，但实质上是杂糅了孟子和荀子的人性论后得出的结论。另外，他的人性论中也融合了他的天人同类思想。

三　提倡三纲五常学说

董仲舒认为，阴阳五行的生克运转是"天"的意志的表现，而且具有封建伦常的意义。他说："阳贵而阴贱，天之制也。"① 即向阳的方向尊贵而向阴的地方低贱，是上天制定的规矩。上天还规定："丈夫虽贱皆为阳，妇人虽贵皆为阴。"② 即男人中即使是身份低贱的人也都是向阳的，妇女中即使是身份贵重的人也是向阴的。"君臣父子夫妇之义，皆取诸阴阳之道，王道之三纲可求于天。"③ 即君臣、父、子、夫妇的区别和规矩，都来自于阴阳之道，王道之中的三纲均可在天意中得到确认。既是天意，人们就必须遵循三纲，即："君为臣纲，父为子纲，夫为妻纲。"董仲舒又在《举贤良对策》一文中提出了五种重要的道德原则，即仁义礼智信，谓之"五常之道"，后世学者将两者结合形成了封建社会伦理关系中基本的道德原则。

四　提倡要"宽民力"

和其他许多思想家一样，董仲舒也清楚地看到了社会生活中民众的巨大力量，加之他本身所宣扬的儒家思想，他对人民和君王之间的关系以及君王如何对待人民做了比较清晰的说明。他说："君者，民之心也；民者，君之体也。心之所好，体必安之；君之所好，民必从之。"④ 即君主是人民的中心，人民是君主的肢体。中心有什么需求，肢体必然会让他满足；君主所喜欢的，人民也必然喜欢。"王者，民之所往，君者，不失其群者也。故能使万民往之，而得天下之群者，无敌于天下。"⑤ 即为王者是天下人所敬仰的，而君主则必须是不失去百姓的人。是故如果君主能做到使万民敬仰、使百姓追随，就天下无敌了。在梳理了君臣之间的关系之

① 阎丽译注：《春秋繁露·天辩在人》，黑龙江人民出版社2003年版，第213页。
② 阎丽译注：《春秋繁露·阳尊阴卑》，黑龙江人民出版社2003年版，第194页。
③ 阎丽译注：《春秋繁露·基义》，黑龙江人民出版社2003年版，第223页。
④ 阎丽译注：《春秋繁露·为人者天》，黑龙江人民出版社2003年版，第189页。
⑤ 阎丽译注：《春秋繁露·灭国上》，黑龙江人民出版社2003年版，第69页。

后，根据现实需要，他对统治者提出了如下要求：第一，"不夺民时，使民不过岁三日"。① 即不占用百姓耕作的时间，每年役使百姓的时间不超过三天。他认为："木春者，生之性，农之本也。劝农事，无夺民时，使民岁不过三日。行什一之税……挺群禁，出轻系，去稽留，除桎梏。"② 即春天是万物生长的季节，是农业的根本，君王要善待百姓，要鼓励农耕，不要错过农业活动的季节，役使百姓一年不要超过三天，实行十分纳一分的税制，放宽各种禁令，放出犯人，除去刑具，疏通障碍。第二，为政者要向古法学习，省徭役、宽民力。董仲舒提出："古井田法虽难卒行，宜少近古，限民名田，以赡不足。盐铁皆归于民，去奴婢、除专杀之威，薄赋敛、省徭役，以宽民力。"③ 即为君者要遵循古法，限制私人拥有的田地、去除奴婢减轻赋税，使得民众能够休养生息，生活富足。需要注意的是，董仲舒的这些主张，并不是真正地体恤人民，而是为了让统治者更好地获得民心，为其皇权的巩固打下良好的基础。

第五节　王吉的人口思想

王吉（？—公元前48），字子扬，琅琊皋虞人（今山东即墨人），主要活动于西汉昭帝及宣帝时期。其官职从郡吏、云阳令、益州刺史一直做到了博士谏大夫。曾与贡禹交好。王吉的政论思想很丰富，但也有论及人口的思想。

一　批评结婚太早、彩礼过重的社会现象

王吉认为："夫妇，人伦大纲，夭寿之盟也。世俗嫁娶太早，未知为人父母之道而有子，是以教化不明而民多夭。"④ 意思是说当时的人们结婚太早，不知怎样做父母，所以许多孩子都死了。另外，当地社会"聘妻送礼无节，则贫人不及，故不举子"。⑤ 是说当时的娶妻送礼没有节制，过程太过繁琐，于是很多穷人没钱办婚事，就不结婚了。这一方面的论述

---

①　阎丽译注：《春秋繁露·王道》，黑龙江人民出版社2003年版，第53页。

②　阎丽译注：《春秋繁露·五行顺逆》，黑龙江人民出版社2003年版，第242页。

③　《汉书·食货志上》，中华书局1984年版，第1137页。

④　《汉书·王吉传》，中华书局1984年版，第3064页。

⑤　同上。

说明王吉很早就关注到了早婚早育导致的社会问题，包括人口死亡、家庭负担加重等。在西汉时期，能有此见识实属不易。

二　强调民众的力量

王吉对老百姓有一套他自己的看法。他说："民者，弱而不可胜，愚而不可欺也。"[1]　就是说，民众虽弱小但不能随意就战胜了，虽愚昧但不能随意欺骗。他还引孔子的话说："孔子曰，安上治民，莫善于礼。"[2]　即孔子认为，有见识的君王治理民众，最高明的手段就是教化他们礼仪。

三　主张男尊女卑

王吉认为："汉家列侯尚公主，诸侯则国人承翁主，使男事女，夫诎于妇，逆阴阳之位，故多女乱。"[3]　是说汉代娇宠公主，男人侍奉女人，男子屈从女子，因而女子经常作乱。

王吉的人口思想虽然不甚丰富，但他能观察到人口婚龄的问题，这是相当难能可贵的。

第六节　贡禹的人口思想

贡禹（公元前124—公元前44），字少翁，琅琊人（今山东诸城）人。王吉好友。西汉元帝前历任博士、凉州刺史、河南令等职。元帝初元元年（公元前48）征为谏大夫，后又升为御史大夫等。在任期间，他多次上书元帝，陈述自己治国安民的主张，均被皇帝采纳。他的文字中也有涉及人口思想的内容。

一　主张统治者要关注民生疾苦

贡禹首先指出，古代的圣王"任贤使能，什一而税，亡它赋敛徭戍之役，使民岁不过三日"。[4]　即任用贤能之人，只收十分之一的赋税，再

---

[1]　《汉书·王吉传》，中华书局1984年版，第3064页。
[2]　同上。
[3]　同上。
[4]　同上书，第3069页。

无其他的徭役戍边的事务，使用民力一年不超过三天。与西汉时期的大多数有识之士一样，贡禹关注到了当时的民生状况，发现了他生活的时代老百姓的苦难处境，对当时的惨状，他做了如此描述："天下之民所为大饥饿死者，是也。"① 即是朝廷和诸侯的浪费与奢靡导致了老百姓的饥饿和死亡。"今民大饥而死，死又不葬，为犬猪食。"② 即因饥饿死亡的百姓无钱安葬，只能被猪狗啃食。另外，由于宫廷内美女无数，统治者的生活极其奢靡，致使"内多怨女，外多旷夫"。③ 鉴于上述情况，他要求统治者一定要认识到："天生圣人，盖为万民，非独使自娱乐而已也。"④ 即上天生下圣人，是为了让他服务万民，不是为了让他独自享乐的。为了改变这一现状，他建议朝廷"自城西南至山西至鄂皆复其田，以与贫民"。⑤ 即自城西南至鄂地的田地皆恢复生产，田地归于贫民。"起武帝征伐四夷，重赋于民，民产子三岁则出口钱，故民重困，至于生子辄杀，甚可悲痛。宜令儿七岁去齿乃出口钱，年二十乃算。"⑥ 即自从汉武帝四处征伐开始，老百姓如果有儿子，从三岁起就得缴纳人头费，因而老百姓生活困顿，以至于发展到老百姓生完儿子就杀死的地步，实在是太令人悲痛了。今天应该让百姓有儿子的七岁再出人头费，到二十岁就终止。"诸离宫及长乐宫卫可减其太半，以宽徭役。"⑦ 即可令朝廷诸宫及长乐宫的侍卫减去一半，以减轻百姓的徭役。以上措施说明贡禹还是相当关注社会下层，关注民生疾苦，劝诫君主要厉行节俭，体恤民情，宽缓民力。

二 主张增加农业人口，抑制工商

和先秦的许多思想家一样，贡禹也非常重视增加农业人口。他说："故一夫不耕，必有受其饥者。"⑧ 即一个农夫不耕作，必然会有人忍受饥饿。所以："古者不以金钱为币，专意于农。"⑨ 即古代的人不追求金钱的

---

① 《汉书·王吉传》，中华书局 1984 年版，第 3070 页。
② 同上。
③ 同上书，第 3071 页。
④ 同上书，第 3072 页。
⑤ 同上。
⑥ 同上书，第 3075 页。
⑦ 同上书，第 3076 页。
⑧ 《汉书·贡禹传》，中华书局 1984 年版，第 3075 页。
⑨ 同上。

多寡，一心专注于农事。历代统治者都应该"驱天下之民皆归于农"。①
即教育和诱导天下的老百姓都去从事农业劳动。说到环境问题，他也有自
己的看法："斩伐林木亡有时禁，水旱之灾未必系此也。"② 是说，如果
砍伐林木没有时间限制，水旱灾害就会不期而至。总之，统治者要"贵
孝弟、贱贾人、举实廉，而天下治矣"。③ 即一定要看重贤德孝弟之人，
轻贱商贾，推举有文化之人，最终天下才能治理好。

　　总之，贡禹承袭汉代的民本思想，关注下层老百姓的生活、提倡节
俭、反对奢靡浪费，而且在分析的基础上提出了自己的治国方略，对当时
的劳动者的休养生息起到了一定的作用。

第七节　王符的人口思想

　　王符（约85—162），字节信。安定临泾（今甘肃镇原人）人，一生
不仕，布衣终生。他的童年和青年时代在东汉兴盛的章、和年间度过，中
年正值东汉走向衰败的安、顺年间。晚年时东汉已经进入衰亡阶段。著有
《潜夫论》十卷三十五篇。其内容主要是对东汉后期社会政治的批判和一
些哲学问题的思考。其中多处涉及人口思想。

一　主张人民是国家之本

　　王符是汉代著名的民本主义者。他的民本思想自成体系。其中有观
点、有态度、有措施。首先是他对人和民的认识。他说："天地之所贵
者，人也。"④ 即天地间最贵重的生命，是人。"帝王之所尊敬、天之所甚
爱者，民也。"⑤ 即帝王所尊敬、上天所敬爱的，是民众。"帝以天为治，
天以民为心，民之所欲，天必从之。"⑥ 即君主为了顺上天的旨意而对国
家进行治理，上天的旨意来自民众的心意，民众有什么需要，上天肯定会

---

　　① 《汉书·贡禹传》，中华书局1984年版，第3079页。
　　② 同上书，第3075页。
　　③ 同上书，第3078页。
　　④ 王符：《潜夫论·赞学》，龚祖培校点，辽宁教育出版社2001年版，第1页。
　　⑤ 王符：《潜夫论·忠贵》，龚祖培校点，辽宁教育出版社2001年版，第19页。
　　⑥ 王符：《潜夫论·遏利》，龚祖培校点，辽宁教育出版社2001年版，第5页。

满足他们。"国之所以为国者，以有民也；民之所以为民者，以有谷也。"① 即国家存在的基础在于拥有民众；民众之所以能在这个世界上存在，是因为有谷物。"国以民为基，贵以贱为本。愿察开辟以来，民危而国安者谁也？下贫而上富者谁也？"② 即国家以民众的存在为基础，富贵的人是靠贫贱的人供养起来的。我愿意考察自有国家以来，民众处于危难而国家却安宁的何曾有过？老百姓贫穷至极而上面的人极端富裕的情况何曾有过呢？"民安乐则天心顺，民愁苦则天心逆。"③ 即只有民众生活得安宁快乐上天才会心安，民众愁苦的话上天的心也会很愁苦。除此之外，他还将民之安乐与否与其他安邦治国之术结合起来进行论述，以说明"民"的重要性。他说："故君臣法令善则民安乐，民安乐则天心总，天心总则阴阳和；阴阳和则五谷丰，五谷丰而民眉寿，民眉寿则义于兴，义于兴则无奸行，无奸行则世平而国安宁，社稷安而君尊荣矣。"④ 即一个国家的君臣所制定的法令比较合理，则民众就会安乐，民众安乐，天心就会顺畅，天心顺畅了阴阳就会和合，阴阳和合了五谷就会丰登，五谷丰登了民众就会长寿，民众长寿了整个社会就会比较提倡仁义，而仁义盛行了就少了奸佞的行为，没有太多奸佞的行为世界就会太平，国家就会安宁，而社稷安宁了君主才能享受尊荣。如果民"饥寒并致，下民亡聊，则国危矣"。以上是王符对民众地位的认识。以上面的论述为基础，王符还用大量的篇幅论述了统治者对民应有的态度和应该采取的措施，总括起来为富民、恤民、要尽量授民以时、不扰民。他说："君以恤民为本。"⑤ 即君主要体恤民众。"以四海为一家，以兆民为通计。"⑥ 即对所有的民众一视同仁，为老百姓做通盘安排。"是故明王之养民也，忧之劳之，教之诲之，慎微防萌，以断其邪。"⑦ 即所以圣明的君王在对待民众时，会为他们担忧和辛劳，会孜孜不倦地教育他们，以极其谨慎的态度观察和了解他们，以此来阻断他们的邪恶。"是以圣王爱民，爱之如子，忧之如家，危者安

① 王符：《潜夫论·爱日》，龚祖培校点，辽宁教育出版社 2001 年版，第 34 页。
② 王符：《潜夫论·边议》，龚祖培校点，辽宁教育出版社 2001 年版，第 44 页。
③ 王符：《潜夫论·本政》，龚祖培校点，辽宁教育出版社 2001 年版，第 15 页。
④ 同上。
⑤ 同上。
⑥ 王符：《潜夫论·浮侈》，龚祖培校点，辽宁教育出版社 2001 年版，第 21 页。
⑦ 同上。

之，亡者存之，救其灾患，除其祸乱。"① 即所以圣明的君主是把民众当做自己的儿子来对待的，担心他们就像担心自己的家人，对遇到危难的民众安抚他们，对失去亲人的民众养育他们的后代，救其于水火之中，能消除其引发的祸乱。"故贤人君子，推其仁义之心，爱之君犹父母也，爱居世之民犹子弟也。"② 即历史上的圣人君子，都会以其仁爱之心，像爱自己的父母一样爱戴君主，像爱自己的兄弟一样爱戴自己的老百姓。在这种思想意识的驱使下，所有的君主都应该做到"勤恤民事"，为老百姓多做善事。在诸多的措施当中，使民富最为重要。因为："民富乃可教，民贫则背善。"③ 即民众富裕了才好教导他，民众太贫穷了就会背离善道。"礼仪生于富足，盗窃起于贫穷。"④ 即富足的人才会讲究礼仪，人们太贫困了就会变成强盗。"夫为国者，以富民为本，以正学为基。"⑤ 即治理国家的人，要将富民作为最根本的原则，要将讲仁义、做善事作为治国的基础。然而，要真正地使民富裕，必须给予农民土地，并保证他们有足够的时日耕作。他说："夫富民者，以农桑为本，以游业为末；百工者，以致用为本，以巧饰为末。"⑥ 即要想使民众富裕，必须将农业作为根本，将商业等看做末流；从事其他行业的人，要以致用为本，将粉饰奢华看做末流。因为"夫土地者，民之本也，诚不可久荒以开垦"。⑦ 即土地是人民的根本，绝对不能让它们一直荒芜，要及时开垦。"苟有土地，百姓可富也。"⑧ 即如果有了土地，老百姓就可以过上富裕的生活了。"夫用天之道，分地之利，六畜生于时，百物聚于野，此富国之本。"⑨ 即顺应上天的安排，充分利用土地的益处，让六畜按时生长、让各种收获集于田野，这才是富国之策。"故为政者，明督工商，勿使淫伪，困辱游业，勿使擅利，宽假本农，而宠遂学士，则民富而国平矣。"⑩ 即因此治理国家的人

① 王符：《潜夫论·救边》，龚祖培校点，辽宁教育出版社2001年版，第43页。
② 王符：《潜夫论·释难》，龚祖培校点，辽宁教育出版社2001年版，第56页。
③ 王符：《潜夫论·务本》，龚祖培校点，辽宁教育出版社2001年版，第3页。
④ 王符：《潜夫论·爱日》，龚祖培校点，辽宁教育出版社2001年版，第34页。
⑤ 王符：《潜夫论·务本》，龚祖培校点，辽宁教育出版社2001年版，第3页。
⑥ 同上。
⑦ 同上。
⑧ 王符：《潜夫论·劝将》，龚祖培校点，辽宁教育出版社2001年版，第40页。
⑨ 王符：《潜夫论·务本》，龚祖培校点，辽宁教育出版社2001年版，第3页。
⑩ 同上。

要明确监督工商业者，不要使他们沉溺于技巧、无所事事和获取不当利益，要发展农工业，尊重有学问的人，这样才能使国家富裕而平静。王符还对当时的统治者由于不爱民、不限制工商业给民众造成的困境进行了批判。他说："令长守相，不思立功，贪残专恣，不奉法令，侵冤小民。"[①]即各类基层官员，不想着为国立功，而是飞扬跋扈，不遵守法令，随意侵害百姓。"刺史、守相，率多怠慢，违背法律，废忽诏令，专情务利，不恤公事，细民冤结，无所控告。"[②]即各级刺史等大多怠惰手头的公务，违背法律，废除为君者的诏令，一心谋取一己私利，根本无心于公事，致使百姓不满，却又无处投诉。"冻馁之所在，民不得不去也。"[③]百姓感觉自己生活的地方太苦，不得不迁往他地寻求活路。

二　民众应有合理的分工，要多增加农业人口

除了多方面阐发重民、爱民、使民富思想以外，在对社会生活的观察中，王符也看到当时人口分工的不合理，就此提出了自己的见解。他说："一夫不耕，天下必受其饥者；一妇不织，天下必受其寒者。今举世舍农桑，趋商贾。牛马车舆，填塞道路；游手为功，充盈都邑。治本者少，浮食者众。"[④]即根据以往的历史教训，如果一个农夫不耕作，天下就必然会有忍受饥饿的人；一个妇女不织布，天下就必然会有忍受寒冷的人。今天的社会，人们纷纷舍弃农业，去追逐商贾利益。用牛马所拉的车辆，充盈道路；游手好闲的人，充满了城邑。从事本业的人少，浮食者众多。除此之外，"今民奢衣服，侈饮食，事口舌，而习调欺，以相诈绐，比肩是也。或以谋奸合任为业。或以游敖博弈为事。或丁夫世不传犁锄，怀丸携弹，携手遨游"。[⑤]即今天的百姓喜欢穿绮丽的衣服，喜欢吃奢靡的饮食，喜好搬弄口舌是非，习惯利用欺诈、相面之术者，随处可见。有的以玩弄阴谋诡计为业。有的以游玩赌博为要务。有的男丁整年不摸耕犁和锄头，怀揣弹弓，四处转悠。这种不合理的社会分工，已经导致了国家的混乱和贫穷。"今察洛阳，浮末者什于农夫，虚伪游手者什于浮末。是则一夫

---

① 王符：《潜夫论·务本》，龚祖培校点，辽宁教育出版社 2001 年版，第 4 页。
② 王符：《潜夫论·三式》，龚祖培校点，辽宁教育出版社 2001 年版，第 34 页。
③ 王符：《潜夫论·务本》，龚祖培校点，辽宁教育出版社 2001 年版，第 4 页。
④ 王符：《潜夫论·浮侈》，龚祖培校点，辽宁教育出版社 2001 年版，第 21 页。
⑤ 同上。

耕，百人食之；一妇桑，百人衣之。以一奉百，孰能供之？天下百郡千县，市邑万数，类皆如此，本末何足相供？则民安得不饥寒？饥寒并至，则安能不为非？"①即今天的洛阳，从事其他非农事务的人口比从事农业的人口多了十倍，而游手好闲者又比从事其他行业的人多了十倍。最后导致的结果是，一个农夫耕作，一百个人来吃；一个妇女织布，一百个人来穿。以一人之力供养百人，怎能供养过来？天下的城邑数以百千计，若都如此，农耕者哪有那么多食物提供给那些非农之人？如果这样，群众怎能不饥寒交迫？饥寒到了一定程度，怎能不去当强盗？沿着这样的思路，王符强调，如果长此以往，国家就会产生奸佞，而奸佞必然导致酷吏，酷吏用刑过多，老百姓就会怨愤，怨愤过多，那么国家就会因不安宁而导致危亡。由此可见，在一个社会当中，一定要把人口的分工安排得比较合理，否则农耕的人太少，手工业者和商贾、闲散人员太多，必然导致巨大的社会问题。事实证明，东汉王朝此后不久，就因为各种社会矛盾的激化而导致了农民起义的发生，最终也导致了东汉王朝的灭亡。

三　提倡人口要适当迁移

东汉时期，羌族等少数民族经常犯边，给广大人民群众带来了极大的灾难。统治者采取的政策是让边民内迁，结果每一次战争之后都会出现边民既被其他民族骚扰又被汉朝官吏驱使的悲惨局面。面对这一社会现实，王符怀着较大的同情心描述道："至遣吏兵，发民禾稼，发彻屋室，夷其营壁，破其生业，强劫驱掠，与其内入，捐弃羸弱，使死其处。当此之时，万民怨痛，泣血叫号，诚愁鬼神而感天心。"②即每每看到王朝的统治者派兵驱使边民内迁之时，都会破坏他们的庄稼，毁坏他们的房屋，夷平他们用来阻挡外敌的壁垒，破坏他们用于谋生的手艺，强盗般地巧取豪夺。等到他们即将内迁之时，又要求他们将老弱病残的亲人丢弃，任他们死在原地。每当这样的时刻，人民都会非常怨恨痛苦，他们会泣血般的哭叫，真是能令鬼神愁苦，让上天的心灵震撼。针对这一天怒人怨的举措，王符提出了自己的主张，那就是改内迁为外迁，使人民安宁、国家太平。他在给出具体措施时还说明了这样做的益处：一是可以满足边民不愿向内

①　王符：《潜夫论·浮侈》，龚祖培校点，辽宁教育出版社2001年版，第21页。
②　王符：《潜夫论·实边》，龚祖培校点，辽宁教育出版社2001年版，第46页。

地迁移的要求。他说："且夫士重迁，恋慕坟墓，贤不肖之所同也。民之于徙，甚于伏法，伏法不过家一人死尔。诸亡失财货，夺土远移，不习风俗，不便水土，类夺灭门，少能还者。"① 即人们都是很重视迁移的，大都会留恋故土，这一点贤士和不肖之人都一样。民众对待迁徙的恐惧，甚至高过伏法，伏法不过是家中一人死亡而已。而迁移则会导致财物散失，土地不保，而且很多人不服水土，在他们看来，这种搬迁会使整个家庭遭受灭顶之灾，没有人能生还。二是可以使国家的人口和土地相适应。三是可以确保国家的边防安然无恙。他说："《周书》'土多人少，莫出其材，是谓虚土，可袭伐也。土少人众，民非其民，可匮竭也。'"② 即《周书》说，土地多而人民少，不用太费财富，是一片旷土，可以侵略它。土地少而人民多，人民就不是他自己的人民了，这个国家就会因为争夺而格外匮乏。因此，为了国家的安全，必须使土地和人民的数量相称。否则国家就会被侵略。有了这样充实的论述做基础，王符提出了他移民实边的具体措施："今诚宜权时，令边境举孝一人，廉吏世举一人，益置明经百石一人。内郡人将妻子来占著，五岁以上，与居民同均，皆得选举。又募运民耕边入谷，远郡千斛，近郡二千斛，拜爵五大夫。可不欲爵者，使食倍贾于内郡。如此，君子小人各有所利，则虽欲令无往，弗能止也。此均苦乐，平徭役，充边境，安中国之要术也。"③ 即今天的权宜之计，是令边境的百姓选举出一名孝子；选举廉洁的官吏各一人，明文规定给他们一人一百石粮食。内地人如果偕妻儿来边地，其子只要是五岁以上的，就与其他民众一样可以参与选举。还可招募欲来者自己耕自己收，居住在附近的可获得一千斛谷物，居住在远处愿意去边境耕地的可获得两千斛谷物。同时可以官拜五大夫。如有不愿获取官爵的，买卖粮食时价格比内地贵一倍。这样的话，君子和小人各获其利，即使没有强制他们戍边，也不能制止他们迁往边地。这种平均苦乐、平均徭役、充实边境的做法，是使国家安全的重要措施。因为王符坚定地认为："边无患，中国乃得安宁。"

总之，王符站在地主阶级的立场上，对民众的作用、地位和君主应该对待民众的态度及应采取的措施做了系统深刻的阐述，说明他还是深谙下

---

① 王符：《潜夫论·实边》，龚祖培校点，辽宁教育出版社 2001 年版，第 46 页。

② 同上。

③ 同上。

层民众的疾苦和艰难的。他和其他思想家的民本观点对当时宫廷的腐败起到了一定的限制作用，对民众的休养生息也起到了一定的积极作用。仅从当时人口数量的增加便可窥见一斑。光武帝末年（57），当时的人口为2100多万，到明帝末年（75），人口增加到了3400多万，到章帝末年（88），人口达到了5300多万。另外，在东汉时期，各代君王都发出过罪己诏，检讨自己在治理国家方面的失误和不足。这与当时思想家们的批判和呼吁是分不开的。同时，王符的人口合理分工的思想、人口迁移的思想、对人口进行教育的思想等，都是对儒家人口观的一种继承和发展。

第八节　徐干的人口思想

徐干（170—217），字伟长，北海（今山东寿光）人。"建安七子"之一。曾做过曹操幕僚。著有《中论》二十篇。其内容主要是针对当时的政治形势、社会风气以及儒家思想精髓所做的论述。其中有些篇章也涉及他对历史事件的评析。但总体思想未出东汉正统的儒家范畴。

一　君子说

众所周知，儒家是非常崇尚君子风范的，徐干也不例外。在他的著述中有着大量的关于君子的见解。"君子者，无尺土之封，而万民尊之；无刑罚之威，而万民畏之；无羽龠之乐，而万民乐之；无爵禄之赏，而万民怀之。"[1] 即真正被称作君子的人，没有一尺的封地，但老百姓尊敬他们；没有行使刑罚的权力，但很多人畏惧他们；没有在生活中娱乐的表现，但很多人喜欢他们；没有获得高官厚禄，但有很多人怀念他们。"是故君子敬孤独而慎幽微，虽在隐蔽，鬼神不得见其隙也。"[2] 即因此君子很享受孤独，而且言行举止谨慎坦荡，虽然不显于世，但即使鬼神也无法找到他们的错处。"君子口无戏谑之言，言必有防；身无戏谑之行，行必有检。"[3] 即君子的作为是嘴里没有轻薄的言语，言行一致；做派没有轻浮的样子，行为都非常检点。"故君子之交人也，欢而不渎（轻慢的意思），

---

① 徐干：《中论·法象第二》，龚祖培校点，辽宁教育出版社2001年版，第3页。
② 同上。
③ 同上。

和而不同，好而不佞诈，学而不虚行，易亲而难媚，多怨而寡非，故无绝交，无畔朋。"① 即君子与人交往，尊敬人而不轻慢人，与人们很相近但又有自己的特色，总是学习好的东西而不学习欺诈之术，学习认真不虚度年华，容易亲近而难以谄媚，心中即使有许多苦楚也不搬弄是非，因此他们不会与人绝交，也不会结党营私。君子与小人的区别在于，"君子自强其所重，以取福；小人日安其所轻，以取祸"②。即君子以自强不息的精神追求他所渴望的境界，最后获得心灵的幸福；小人日日算计他所想得到的蝇头小利，因而最后导致灾祸。"故君子常虚其心志，恭其容貌，不以逸群之才，加乎众人之上，视彼犹贤，自视犹不足也。"③ 即君子经常虚怀若谷，容貌恭敬，不会以自己才智过人而轻视他人，看待他人时会觉得别人更有贤德，而自己总是存在不足。"君子之所贵者，迁善惧其不及，改恶恐其有余。"④ 即君子所看重的是追求仁善不遗余力，唯恐自己不能改掉恶习。"君子必贵其言。贵其言则尊其身，尊其身则重其道，重其道所以立其教。"⑤ 即君子非常重视自己的言语，重视自己的言语因而尊重其自身，尊重其自身因而重视自己所追求的道理，重视自己所追求的道理因而建立起了仁义教化。"故大禹善治水，君子善导人。"⑥ 即大禹善于治水，君子善于引导人。"是以君子之为论也，必原事类之宜而循理焉。"⑦ 即君子的所有言论，必然符合事物的规则和原理啊。总之，徐干从内心深处是渴望成为君子的，因此他教导人们要向君子学习，从心智、品行、学问等多方面提升自己。之前也有许多人对君子的作风、气度、精神、境界等做过论述，但徐干的论述更加系统深刻。

二　为政者要正确掌握人口数量

对人口数量的关注和研究，西方是从英国的格兰特开始的。他不但关注到了这个问题，还对人口数量的重要性做了较为深入的研究和说明。但

---

① 徐干：《中论·法象第二》，龚祖培校点，辽宁教育出版社 2001 年版，第 4 页。
② 徐干：《中论·修本第三》，龚祖培校点，辽宁教育出版社 2001 年版，第 6 页。
③ 徐干：《中论·虚道地四》，龚祖培校点，辽宁教育出版社 2001 年版，第 6 页。
④ 同上书，第 7 页。
⑤ 徐干：《中论·贵言第六》，龚祖培校点，辽宁教育出版社 2001 年版，第 10 页。
⑥ 同上。
⑦ 徐干：《中论·夭寿第十四》，龚祖培校点，辽宁教育出版社 2001 年版，第 25 页。

在东汉时期，徐干也关注到了这个问题，并提出了自己的看法，实在是难能可贵。仅从关注的角度来说，徐干比格兰特早了近1500年。他说："民数周，为国之本也。"① 即他认为，对民众数字的清晰可了解，是一国的治国之本。他还说："故先王周知其王民众寡之数，乃分九职焉。"② 即所以先王周知他们的人民数量，因此划分了九州。他还引用《周礼》说："孟冬，司寇献民数于王，王拜而受之。遂登于天府。内史、司会、冢宰贰之。其重之如是也。"③ 即冬天的时候，司寇会将民众的数量奉献给君王，君王会在参拜后接受。接受之后会登记在天府，由内史、司会、冢宰共同保管。在说明了知民数量的重要性及先王的做法后，他又把能否熟悉民众数目与昏君治国联系起来，说出了自己的看法："迨及乱君之为政也，户口漏于国版，夫家脱于联伍，避役者有之，弃捐者有之，浮食者有之，于是奸心竞生，伪端并作矣，小则盗窃，大则攻劫，严刑峻法不能救也。故民数者，庶事之所自出也，莫不取正焉。以分田里，以令贡赋，以造器用，以制禄食，以起田役，以作军旅。国以之建典，家以之立度。五礼用修，九刑用措者，其唯审民数乎！"④ 即遇到那些昏君治国的时候，他们会使户口隐漏，每个家庭都脱离于联伍之外，在这种情况下，有人躲避徭役，有人不交捐税，有人游手好闲。于是整个社会人人生出奸佞之心，各种社会乱象纷纷出现，小则盗窃、大则抢掠，即使是国家使用严酷的法令也不能制止。所以，老百姓的数量，是我们处理国家事务的基础，必须弄清楚。它可以帮助我们划分田地、让人上交贡赋、让人们制作器物、让他们提供食物、让他们参军戍边。一个国家，必须有关于户口的典章制度，每个家庭都要有人口数的清晰说明。国家教化五礼、对犯错的人用刑，不是都需要弄清楚民众的人数吗？在这里，徐干运用古今对比的方法，对政府掌握人口数量之重要做了极其深刻的说明。也就是说，知民数量不光能够使老百姓安居乐业，而且能使国家在很多方面做到心中有数，在中国思想史上，如此明晰地说明人口数量的重要性的，徐干可谓第一人。最后还要说明的一点是，和孟子一样，徐干也有着明显的等级观念。

---

① 徐干：《中论·民数第二十》，龚祖培校点，辽宁教育出版社2001年版，第35页。
② 同上。
③ 同上。
④ 同上书，第36页。

他说："昔之圣王，制为礼法，贵有常尊，贱有等差，君子小人，各司分职。"① 即过去的圣王，在制定礼法的时候，经常有尊卑贵贱的差别，他们会把君子和小人分开，给他们安排不同的职务。他还说："士者劳心，工农商者劳力。劳力之谓君子，劳心之谓小人。君子者治人，小人者治于人。治人者食人，治于人者食于人。"② 即儒士是劳心的人，工农商贾等人是劳力的人。劳心的人是君子，劳力的人一般都是小人。君子生来就是治理人的，而小人生来就是要被人治理的。治理人的人是给人饭食的人，而被治理的人是从别人那里获取食物的人。在徐干看来，只有士阶层才是真正的人上人，而其他任何的职业和分工都是要被人统治的。这些思想从另一个侧面说明了他维护封建统治阶级的立场和鲜明的儒家立场。

---

① 徐干:《中论·补遗》，龚祖培校点，辽宁教育出版社 2001 年版，第 37 页。

② 同上。

第 六 章

魏晋南北朝时期的人口思想

第一节　魏晋南北朝时期人口政策概述

　　魏晋南北朝时期，是我国历史上分裂、混乱时间最长的时期。其时中原民众大量南迁，而北方各民族杂处，从一定意义上来讲也促进了民族之间的经济、文化交流。但是，由于各民族之间和各利益集团之间的长期争夺，对生产力起到了极大的破坏作用。尤其是广大的老百姓，在这样的动乱年代，颠沛流离，民不聊生。据史载，当时的状况是："生民道尽，或死于干戈，或毙于饥馑。"① 即活着的人非常少，人们或死于战火，或死于饥馑。人民不得不背井离乡，远徙他方。正所谓："京洛倾覆，中州士女避乱江左者十六七。"② 即京城洛阳陷落后，中原地区士族女眷等逃往江南避祸的人达到了百分之六七十。为了生存，大量的民众一部分求庇于地方豪强之家，成为浮客，"时百姓遭难，流移此境，流民多庇大姓以为客"。③ 即当时百姓遭遇灾难，流落到了此地，流民大都寻找大姓为其门客或家奴。还有一部分人被迫出家，成为僧尼。这一现实情况被《世说新语》概括为："自中原丧乱，民离本域，江左造创，豪族并兼，或客寓流离，名籍不立。"由此造成的后果是民众大量死亡和户口的大量隐蔽。史载当时的情况是"或百室合户，或千丁共籍"。④ 即或者近乎百家合为一户，或者近乎千人共用一个户籍。除了政象的纷乱之外，当时统治阶级采取的占田制逐渐衰亡和进行官僚选拔的"九品中正制"也在一定程度

---

① 《魏书·食货志》，中华书局 1974 年版，第 2849 页。
② 《晋书·王导传》，中华书局 1974 年版，第 1746 页。
③ 《南齐书·州郡志》，中华书局 1974 年版，第 255 页。
④ 《晋书·慕容德载记》，中华书局 1974 年版，第 3170 页。

上加速了豪族地主把持国家政权的速度，由此玄学兴起并与佛学结合，最终形成了儒、佛、道三教并立的局面。这种特殊的历史背景，成为当时的思想家们发表政论、宣扬治国方略的思想基础。值得关注的是，这一时期著名的思想家傅玄、皇甫谧、李冲、周朗和郭祖深等都在忧国忧民的同时阐发了比较准确深刻的人口思想，虽然他们的出发点仍然是为了巩固封建王朝的统治，但在一定程度上督促当权者对民众生活开始有了一些关注，同时也在一定程度上丰富和发展了我国古代的人口思想。总括他们的观点，有以下几个方面值得关注：一是让民休养生息；二是注重发展农桑，增加农业人口；三是想方设法摸清人口数量，使大量的人口信息掌握在朝廷手中。四是认为应对民众进行明确分工。这些观点有的与先秦诸子的思想一脉相承，有的则是他们根据社会现实提出的新的见解，它们都为中国古代人口思想的内在发展起到了继承和推动的作用。

这一时期还需要关注的是，当时的统治者也看到了严酷的社会现实，为了巩固自己的政权，他们也在有限的范围内采纳了这些思想家的建议，采取了一系列促使人口增殖、掌握人口数量的官方政策。

一　实行早婚，增加人口数量

比如晋武帝泰始九年（1273）就曾下令："女年十七父母不嫁者，使长吏配之。"① 即如果女子到了十七岁父母还没有为她们安排婚姻，政府就要选取合适的男子与她们婚配。而北魏的孝文帝即多次"以宫人赐贫民无妻者"②。即那些鳏夫和贫困者可以配给他们宫女。在太和二十年（496）即下诏说："夫妇之道，生民所先，仲春奔会，礼有大式，男女失时者以礼会之。"③ 即夫妇的主要任务，就是生育孩子，春天的时候要给青年男女安排专门的相会机会，使那些没有及时结婚的人们相互建立关系。北周的武帝在建德三年也曾下诏说："自今以后，男年十五，女年十三以上，爰及鳏寡，所在军民，以时嫁娶，务以节俭，勿为财币羁留。"④ 即从今以后，男子年满十五，女子年满十三岁以上，以及鳏夫寡妇、戍边

---

① 《晋书·武帝纪》，中华书局 1974 年版，第 63 页。
② 《魏书·高祖纪》，中华书局 1974 年版，第 145 页。
③ 同上书，第 180 页。
④ 《周书·武帝纪》，中华书局 1974 年版，第 83 页。

的军人，都要在规定的年龄嫁娶，婚礼要尽量节俭，不要为了财物而不嫁或不娶。

二　清理隐漏人口，掌握人口数量

这一点魏晋南北朝时期的很多朝代都比较重视。他们采取的措施有以下几点：首先是惩罚大量拥有奴仆的官员。如晋武帝咸宁三年（277），中山王司马睦因"私占"及"诈冒复除者七百余户"，① 即私自拥有户口数七百多户被贬为丹水县侯。北周时武帝规定："正长隐五户及十丁以上、隐地三顷以上者，至死。"② 即正长（官名）如果隐瞒五户或十个人以上、隐瞒土地三顷以上者，要判处死刑。其次是派员清查户口。如前燕主慕容玮时，王公贵戚私占民众成风，以致"国之户口，少于私家"。于是朝廷便命尚书左仆射悦绾"厘校户籍"，结果，"出户二十余万"。③ 即又统计出了应该属于国家户口的人二十多万。东魏孝静帝武定二年（544），也曾令孙腾、高隆之等"为扩户大使，分性诸州"。④ 即任命他们为统计户口的官员，分派到各州去廓清户口数量。结果是"分扩无籍之户，得六十余万"。⑤ 即统计了没有户籍的人口，达六十多万。再次，采用"土断"、"均田"和"三长"制来帮助朝廷统计和掌握人口数。如在东晋、南朝，都采用了不分中原和当地土著，均由政府统一编制户口的方法，加强了户口管理。而北朝则往往以均田和三长制结合的方法来掌握人口，主要目的是从地方豪强手中夺取劳动力，增加朝廷的在籍人口。最后，有的朝代还使用了逼迫僧尼还俗的办法来增加农业人口。

虽然无论思想家还是有见识的统治者在人口的增殖方面做了很大的努力，而人口数量在这一时期也确实比三国时期增加了一倍以上，所谓："明帝正光以前，时唯全盛，户口之数，比夫西晋太康，倍而余矣。"⑥ 即在明帝正光年之前，国势强盛，户口的数量比西晋太康年间多了一倍还多。但由于总的社会现实是战争频繁、劳役繁重、人民流离失所，人民群

---

① 《晋书·高阳王睦传》，中华书局1974年版，第1113页。
② 《周书·武帝纪》，中华书局1974年版，第105页。
③ 《资治通鉴·晋海西公太和三年》，陕西人民出版社1998年版，第3420页。
④ 《资治通鉴·梁武帝大同十年》，陕西人民出版社1998年版，第5188页。
⑤ 同上。
⑥ 杜佑：《通典·食货典·历代盛衰户口》，中华书局1984年版，第40页。

众不得不"残形剪发，要求复除，生儿不复举养，鳏寡不敢娶妻"①，即自毁形象，要求庇护，生了儿子养不起，鳏夫众多，不敢娶妻，所以整个社会的人口数也还是比较少的。至于户口隐漏问题，可以说从东汉末年直到清代雍正以前，都是历代王朝难以解决的比较突出的人口问题之一。

三　政府为充实都城进行人口迁移

这一时期的 320 余年间，各割据政权不断更替，几乎都有过掠夺人口充实都城的经历。如西晋"八王之乱"时期，诸王就在争夺王位的斗争中，利用内迁的匈奴、羯、鲜卑、氐、羌等少数民族的贵族为自己作战。而这些贵族又趁西晋势衰，纷纷自立为王，建立割据政权，史称"五胡十六国"。各国互相争夺土地，抢掠对方人口，民众被各个政权拉锯式地迁来迁去。其后在南北朝相互对峙的二百多年中，各个朝代为了巩固自己的统治，都曾移民充实都城地区，以发展经济和扩充兵源。如西魏文帝大统十二年（546），独孤信平凉州，擒宇文仲并迁其民六千余家于长安。后周武帝建德六年行幸并州宫，同时移并州军人四万库于关中。而南朝文帝元嘉二十二年（445）武陵王骏讨伐缘沔蛮，迁移一万四千余口于京师。元嘉二十七年（450），自彭城迁徙流民数千家于瓜步。二十八年（451），又迁徙彭城流民于瓜步，迁淮西流民约万家于姑苏。

四　注重屯垦戍边

两晋南北朝三百余年间，中原大地陷于连绵不断的封建割据战争之中，此时北方和黄河下游的人民大量逃往长江下游北岸至淮水以南一带。这是我国历史上的又一次人口大迁移。各朝封建割据势力为了解决军需民食，安置难民，恢复生产，也都沿边界与江淮流域兴办屯垦。如西晋时令所有军士凡没有值勤任务的都必须参加屯田。北魏曾规定，各州郡要有十分之一的居民进行屯田。除此之外，北魏还曾进行远距离屯田。如在今宁夏永宁县境内曾设立弘静镇，迁徙关东汉族人们去屯田。如前凉也在今吐鲁番、哈密、罗布泊西北一带进行屯田戍守以控制西域门户，致使当时大批内地的汉人移居西域。

---

① 《晋书·范汪传附子范宁传》，中华书局 1974 年版，第 1986 页。

五　群众逃避战乱的流徙

有代表性的为西晋"永嘉之乱"引发的第一次北民南移。这是秦统一中国后第一次规模最大、数量最多、时间最长的人口迁移。此次迁移对当时的社会经济发展产生了极大的影响。这场持续了170多年的人口迁徙，官方文献记载总人口达到了90万人左右。有些史家估计可能在一二百万人。除了南下，有些民众还迁徙到了广东、湘、川、青海、凉州一带。这种长时期的北民南移，促进了南方的经济发展和耕作方式的演变。除了以上的人口迁移类型，在南北朝时，由于内地战争连绵，人民不胜徭役之苦，大量人民向云南境内迁移，与土著互相融合，以致当时南中（指四川大渡河以南）和云贵两省大姓中，谁是汉，谁是夷，难以分辨。

第二节　傅玄的人口思想

傅玄（217—278），字休奕，北地泥阳（今陕西耀县）人。西晋时期著名的思想家。史载其："少孤贫，博学善属文，解钟律。性刚劲亮直，不能容人之短。"[①] 即少年时孤苦贫穷，学识渊博并善写文章，懂得古代钟律之音。性格刚正不阿，不能容忍他人的短处。曹魏末年曾任弘农太守，领典农校尉。晋武帝为晋王时，升为散骑常侍，西晋王朝建立后封为子爵，后加驸马都尉。再后来又任御史中丞、太仆、司隶校尉等职。他的一生著述颇丰，均收集在他的《傅子》和《傅鹑觚集》之中。在论述他的政治观点时，他还多次涉及人口问题，并且提出了非常有益的见解。

一　一国对其所辖民众要有明确分工

与先秦时的管子一样，西晋时的傅玄也在现实生活中看到了人口合理分工的重要性。他说："臣闻先王分士、农、工、商以经国制事，各一其业而殊其务。"[②] 即我听闻先前的君王，会把自己的国民分为士、农、工、商，让他们为国家效力，每一阶层都只能从事一种职业而不能兼顾其他。古人论事，好引经据典，来增加自己观点的说服力。傅玄也说，先王注重

---

① 《晋书·傅玄传》，中华书局1974年版，第1317页。
② 同上书，第1318页。

的是将人民进行四个方面的分工，让他们各司其职。其中，"自士以上子弟，为之立太学以教之，选明师以训之，各随其才优劣而授用之。农以丰其食，工以足其器，商贾以通其货。故虽天下之大，爪庶之众，无有一人游手。分数之法，周备如此"①。也就是说，自士以上弟子，要为他们设立太学，以教育他们，筛选有学识的老师教化他们，然后按照他们的才能和特长而安排好适合他们的事情让他们去做。擅长农耕的让他们种地，擅长手工的让他们做各种器皿，擅长商业的让他们经商。所以虽然天下很大，人口众多，却无一个游手好闲之人。古人对人的分工，是如此的完备啊。也就是说，天下之人，必须让其明确自己的任务和职责，这样，人人有事干，朝野之中就没有游手好闲之人了。在讲明了社会分工的意义之后，他对汉代以来的社会现实进行了批评。"汉魏不定其分，百官子弟不修经艺而务交游，未知莅事而坐享天禄；农工之业多废，或逐淫利而离其事；徒系名于太学，然不闻先王之风。今圣明之政资始，而汉魏之失未改，散官众而学校未设，游手多而亲农者少，工器不尽其宜。"② 即汉魏以来，不给人以妥善的分工，百官子弟不学习典籍六艺而只喜欢交游，没有任何贡献却坐享俸禄；农业和手工业大多荒废，很多人追逐利益而不做自己分内之事；有些人虽然名义上在学习，却看不出一点先圣的风范。今天，君王圣明的政治刚开始，但是整个社会汉魏的风气犹存，很多人无所事事而学校还未设立，游手好闲者多而真正从事农耕的人极少，手工业者所生产的器皿也不够用。针对这种情况，傅玄提出了自己的建议。他说："臣以为及定其制，通计天下若干人为士，足以副在官之吏；若干人为农，三年足有一年之储；若干人为工，足其器用；若干人为商贾，足以通货而已。尊儒尚学，贵农贱商，此皆事业之要务也。"③ 即我个人认为如果要合理安排人口及其分工的话，一定要在总体上安排一部分人为士，使为官为吏的人比较富足；一部分人从事农业，三年的耕作足以节省一年的储备；一部分人为手工业者，保证各类器皿的生产；一部分人为商贾，使得生活中所需要的货物能够流通顺畅。尊重儒家学术，看重农业抑制商业，这是所有国家事务中最重要的。最后他强调："为政之要，计人而置

---

①《晋书·傅玄传》，中华书局 1974 年版，第 1318 页。

② 同上。

③ 同上书，第 1319 页。

官，分人而授事，士农工商之分不可斯须废也。"① 即一国政治的根本，是按每个人的情况给他安排官职，看人的特长而给他安排事情，从事士、农、工、商的人必须合理安排，这些事情是不能忽略的。他的思想虽然有些理想的成分，但他看到了明确的社会分工可在相当程度上推进封建经济的发展，并同时安定社会秩序，这是非常难能可贵的。

二　发展农业，使国内闲散人员皆归于农

与其他很多的思想家一样，傅玄也是很注重发展农业的。他说："前皇甫陶上事，欲令赐拜散官皆课使亲耕，天下享足食之利。禹稷躬稼，祚流后世……伊尹古之名臣，耕于有莘；晏婴齐之大夫，避庄公之难，亦耕于海滨。昔者圣帝明王，贤佐俊士，皆尝从事于农矣。"② 即前代皇甫陶上书说，应该让那些即将做官的人们都从事一些农业劳动，这样天下就能享受粮食的富足。大禹后稷都曾亲自劳动，此举流芳后世。伊尹作为古代的名臣，曾耕作于莘地；晏婴作为齐国的大夫，为了躲避庄公的残害，也曾在海滨耕作。过去的圣明帝王，贤良之士，都曾经从事过农业生产。在回顾了历史之后，他指出："王人赐官，冗散无事者，不督使学，则当使耕，无缘放之使坐食百姓也。今文武之官既众，而拜赐不在职者又多，加以服役为兵，不得耕稼，当农者之半，南面食禄者三倍于前。使冗散之官农，而收其租税，家得其实，而天下之穀可以无乏矣。夫家足实，为子则孝，为父则慈，为兄则友，为弟则悌。天下足食，则仁义之教可不令而行也。"③ 即那些世袭官职的人，若有无所事事者，要么让他进学校学习，要么让他学习耕作，没有理由让他们坐享老百姓辛苦的成果。今天，朝中的文官武官人数不少，而拜辞之后不参与事务的人更多，加之一些人要服兵役，不能耕作，其总数已占全国人口的一半，因为官职而只拿俸禄的比以前多了三倍。可以让那些闲散之人从事农业劳动，收取他们的租子，多余的收获归其所有，这样天下的谷物就不会太缺乏了。如果家底殷实，儿子就会孝顺，父亲就会慈祥，兄弟就会友好，弟弟就会谦恭。天下真正不缺乏粮食了，仁义教化即使不专门推行也会在社会上流行的。在罗列了重

---

① 《晋书·傅玄传》，中华书局1974年版，第1319页。
② 同上。
③ 同上。

农的一系列现实意义之后，他又说："若百工商贾有长者，亦皆归之于农。"① 即如果从事手工业和商业的人中有多余的，应该让他们全部从事农业。

三　建议选良吏统管水利事务

和封建时代的许多时期一样，西晋时也时有水旱灾害。傅玄看到了这一点，从巩固封建统治者的利益出发，他指出："臣闻圣帝明王受命，天时未必无灾，是以尧有九年之水，汤有七年之旱，惟能济之以人事耳。故洪水滔天而免沉溺，野无生草而无困匮。魏初未留意于水事，先帝统百揆，分河堤为四部，并本凡五谒者，以水功至大，与农事并兴，非一人所周顾也。今谒者一人之力，行天下诸水，无时得偏。伏见河堤谒者，车谊不知水势，转为他职，更选知水者代之。可分为五部，使各精其方宜。"② 即我听说圣明的帝王顺应天命管理国家和民众，天下未必就没有灾害，所以尧执政时九年遇见水患，商汤执政时有七年大旱，能解决自然灾害的唯有利用人自身的智慧，所以虽然洪水滔天而民众并未深受其害，土地寸草不生之时天下也不是匮乏异常。魏初没有留意水利的事情，直到先帝治理国家，才把河堤的事务分为四个方面，在五种应该管理的事务中，水利的事情最大，而且它还关系到农事的根本，一个人是顾不过来的。今天管理水务的只有一个人，要管理天下这么多的水务，难免顾此失彼。我个人认为要更换现在的水官，选择懂得水务的人来取代他。可将水利之事让五个官吏来管理，使其各司其职。意思是说洪水之事仅靠一人之功是不行的，况且现在的水官并不懂水事，应该选良才来治理水患，同时应有五个方面的官员同时管理水务，使他们专心致力于其所管辖的范围，这样才能收到良好的效果。傅玄对水利及环境问题的关注，在那时是极其可贵的。

第三节　皇甫谧的人口思想

皇甫谧（215—282），字士安，安定朝那（即今宁夏固原）人。西晋

---

① 《晋书·傅玄传》，中华书局1974年版，第1319页。
② 同上。

时期的著名学者。史载其"年二十，不好学，游荡无度，或以为痴"。①
即年近二十的时候，不好好学习，四处游荡，有人认为他是痴呆。后经叔
母王氏批评，开始读书。随后他"躬自稼穑，带经而农，遂博综典籍百
家之言。沉静寡欲，始有高尚之志，以著述为务，自号玄安先生。著礼
乐、圣真之论。后得风痹疾，犹手不辍卷"。② 即亲自参加农耕，一边读
书，一边务农，随后阅读了大量的古代典籍，了解了百家之言。读书之后
变得清心寡欲，看起来很有远大的抱负，开始以著述为主要事务，自称玄
安先生。写了许多礼乐、圣人箴言的内容。后来得了风疾和麻痹症，仍然
手不释卷。他一生以著述为乐，朝廷虽多次征诏，却从不愿出仕为官。著
有《帝王世纪》、《列女传》、《高士传》、《逸士传》、《玄晏春秋》等。在
这些著作中他阐释了丰富的历史及政治思想。其中《帝王世纪》中大量
涉及人口数量的统计和人口减少的原因分析。此书原文虽已佚失，但从后
人整理的内容中我们仍然能清晰地看到其中的基本脉络。

一　系统地整理了夏至三国时期的人口数量

皇甫谧认为："禹平水土，还为九州……民口，千三百五十五万三千
九百二十三人"③；即大禹治水之后，全国分为九州，有人口 1355.3923
万人。"周公相成王，致治刑错，民口千三百七十一万四千九百二十三
人，多禹十六万一千人。周之极盛也。"④ 即周公辅佐成王之时，纠正各
种错误刑罚，以致当时的人口达到了 1371.4923 万人，比大禹时多了
16.1 万人。周朝达到了极盛时期。"周庄王之十三年……自世子公侯以
下，至于庶民，凡千百八十四万七千人。"⑤ 即周庄王十三年时，从王公
贵族到平民百姓，共有人口 1814.7000 人。"西汉平帝元始二年……民户
千三百二十三万三千六百一十二，口五千九百一十九万四千九百七十八

---

①　《晋书·皇甫谧传》，中华书局 1974 年版，第 1409 页。

②　同上。

③　徐宗元：《帝王世纪辑存·星辰及历代垦田户口数》，中华书局 1964 年版，第 118—
121 页。

④　同上。

⑤　同上。

人，多周成王四千五百四十八万五十五人，汉之极盛也。"① 即西汉平帝元始二年，老百姓的户口为 1323.3612 万人，人口数为 5919.4978 万人，比周成王多 4548.55 万人，汉代达到了极盛时期。东汉桓帝永寿二年，民户 "二千六百七十万九百六，口五千六万六千八百五十六人。"② 即在东汉桓帝永寿二年的时候，老百姓的户口数为 2670.960 万户，人口数为 5600.6856 万人。在他的著作中所涉及的人口数字，尽管有不够准确的地方，尤其是秦汉以前的人口数量，但他对西汉时期的人口数的结论还是相当正确的。他的这种对人口数量的连续整理，在我国古代历史上还是第一次。他的这种做法，为后来杜佑著《通典》，郑樵著《通志》，马端临著《文献通考》，提供了很好的借鉴。在中国古代人口数量的研究中，人们通常还以他的统计作为依据。

二　对人口减少的主要原因进行了分析

在皇甫谧看来，整个古代人口数量不断减少，有以下几个方面的原因：首先是连年劳役深重。如秦始皇统一中国后，不仅推行严法酷刑，而且 "收大半之赋"，大量征发徭役，筑长城、戍五岭、修骊山、修阿房宫等，致使 "十余年间，百姓死没，相踵于路"。③ 即大约十年的时间，老百姓死亡无数，尸体相陈于道。如此繁重的劳役，使得国中之民众大量死亡，人口急剧减少。而相反的是："霍光秉政，乃务省役，民户又息。"④ 即到霍光执政之时，省去了许多徭役，民众的户口又有了一些增加。同时到东汉 "永平（汉明帝年号）、建初（汉章帝年号）之际，天下无事，务在养民，迄于元和（汉章帝年号），民户滋殖"⑤。即永平、建初之际，天下没有太多战事，统治者的主要任务是养民，到了元和年间，老百姓的户口数又有了较大增加。

其次是连年的战争所致。据他的观察，凡是社会比较安定、没有战争的情况下，人口就会较快繁衍，数量就会明显增加。如西汉，"自孝惠至

---

① 徐宗元：《帝王世纪辑存·星辰及历代垦田户口数》，中华书局 1964 年版，第 118—121 页。

② 同上。

③ 同上。

④ 同上。

⑤ 同上。

文景，与民休息，六十余岁，民众大增"。① 即自孝帝惠帝到文帝景帝，让老百姓休养生息，才六十来年的时间，民众的数量就有了很大的增加。相反，有战争来临，人口数就会明显减少。如汉武帝"军征三十余岁，地广万里，天下之众亦减半矣"。② 即征伐三十多年，范围大至万里，天下的老百姓减少了一半。还有在东汉末年，"灵帝遭黄巾，献帝即位，而董卓兴乱"，"豪杰并争"，"是以兴平、建安（均为汉献帝年号）之际，海内凶荒，天下弃流，白骨盈野"③，即灵帝时遭到黄巾起义的影响，汉献帝即位，而那时董卓乱政，豪杰纷争，使得兴平、建安之际，海内发生了大的凶荒，天下百姓疲于奔命，白骨盈野。人口数自然会大量减少。由以上的分析可以看出，皇甫谧由于身处民间，对老百姓的生活疾苦还是比较了解的，而他提出的人口上升的原因也是具有明显的说服力的。这一思想应该还是长久以来民本思想的延续。与他关注人口数量一样，他对人口数减少原因的分析也是前无古人的。

第四节　束皙的人口思想

束皙（263—302），字广微，阳平元城（今河北大名）人。是汉代太子太傅疏广的后代。其祖父、父亲都做过太守。史载束皙"博学多闻……尝为《劝农》及《进诸赋》"。④ 即学问渊博，曾经著有《劝农》、《进诸赋》等。曾官至司空、著作郎、博士、尚书郎等。但其一生专心于学问，著有《三魏人士传》、《七代通计》、《晋书纪、志》等，均已散失。其《五经通论》、《发蒙记》、《补亡诗》等相传于世，同时也考证了许多出土的竹简，为其做注。其论涉及政治、历史、、人志向、时下风气等诸多方面，也有一部分涉及了人口问题。我们对此归纳如下：

一　提倡发展农业，增加农业人口

在束皙生活的时期，一度有统治者提出要注重农业，他应诏说："伏

---

① 徐宗元：《帝王世纪辑存·星辰及历代垦田户口数》，中华书局 1964 年版，第 118—121 页。

② 同上。

③ 同上。

④ 《晋书·束皙传》，中华书局 1974 年版，第 1428 页。

见诏书，以仓廪不实，关右饥穷，欲大兴田农，以蕃嘉谷，此诚有虞戒大禹尽力之谓。然农穰可致，所由者三：一曰天时不愆，二曰地利无失，三曰人力咸用。若必春无脉沐之润，秋繁滂沱之患，水旱失中，雩穰有请。虽使义和平秩，后稷亲农，理疆圳于原隰，勤衮于中田，犹不足以致仓庾盈溢之积也。然地利可以计生，人力可以课致，诏书之旨，亦将欲尽此理乎？"[1] 即我看见了皇帝的诏书，以仓廪亏空、关右之地又饥又穷为理由，准备大兴田地农业，以增加国家的粮食储存，此举颇有当时虞告诫大禹一定要尽力的气势啊。但是农业减产，有三个方面的原因：一是天时不利，二是地利不存，三是人力没有尽到。如果一个国家总是春天没有阳光雨露，秋天总是大雨滂沱，水旱都不值季节，灾祸频繁，就算我们尽了最大的努力，也难以保证仓库殷实。然而地利可以寻求，人力可以主观发挥，诏书所讲的道理，也是要努力告诉大家这个道理吧？他认为，客观上虽说天时、地利、人和在追求粮食丰收时缺一不可，而天时不好也确实会给我们带来诸多困难，但在这三者当中，地利可以制造，人力也可以集中。有了这两点，广农的大业还是可以实现的。但现实情况又如何呢？他说："今天下千城，人多游食，废业占空，无田课之实。较计九州，数过万计。可申严此防，令监司精查，一人失课，负及郡县，此人力之可致也。"[2] 即今天下城郭众多，人们大多游手好闲，无意义的事情占据了很多人的精力，已经没有务农之实际。如果计算一下九州的民众，不事农业的人超过了万人之众。可以加强这方面的教育和引导，令监司官严查，若发现有一人不事农桑，就要追究各郡县的责任，这样，人力的问题就解决了。接着，他又谈到了地利问题，他说："又州司十郡，土狭人繁，三魏尤甚，而猪羊马牧，布其境内，宜悉破废，以供无业。业少之人，虽颇割徙，在者犹多，田诸笡牧，不乐旷野，贪在人间。故谓北土不宜畜牧，此诚不然。按古今之语，以为马之所生，实在冀北，大贾养羊，取之清勃，放豕之歌，起于钜鹿，是其效也。可悉徙诸牧，以充其地，使马牛猪羊吃草于空虚之田，游食之人受业于赋给之赐，此地利之可致也。"[3] 即现在我们拥有的州司等地，土地少而人口众多，三魏之地更加严重，而且猪羊

---

[1] 《晋书·束皙传》，中华书局 1974 年版，第 1431 页。

[2] 同上。

[3] 同上书，第 1432 页。

马等家畜和可以放牧之物，在其境内遍布，应该将放牧的事务，交给那些没有正经营生的人。目前不务正业的人，虽然多次迁徙，人数还是较多，本来他们应该在旷野放牧，但他们却不愿身处野外，而一定要在闹市生活。过去认为的北边的土地不宜放牧，是不准确的说法。按历史的记载，马的出生地，实际上是在冀北之地，大的商人养羊，都是取之清勃，养猪的传统，起自钜鹿，这是历史事实。可以全部将从事畜牧业的人口迁移到北边，把马牛猪羊都放到空旷之地去吃草，赐与游手好闲的人以田地，这样就可以解决土地不足的问题。除了这些措施之外，他还批评了目前的豪门大族对国家良田的占有，并要求统治者颁发诏令，命各地官员明白朝廷的良苦用心，严格照此办理。

二 注重人口的迁徙

束晳发现了当时内地人口众多，而边关人少地广的现象，他给当政者提出了如下建议："昔魏氏徙三郡人在阳平顿丘界，今者繁盛，合五六千家。二郡田地逼狭，谓可徙远西州，以充边土，赐其十年之复，以慰重迁之情。一举两得，外实内宽，增广穷人之业，以辟西郊之田，此又农事之大益也。"[1] 即昔日魏氏政权迁徙了三个州郡的人口在阳平顿丘之地生活，今天繁衍得很繁盛，已经有五六千家之多。此二郡田地稀少，可以将他们远徙西边的州郡，以充实那里的边疆土地，恩赐他们十年之后可以返乡，以表彰他们迁徙的功劳。这样做的话可以一举两得，外面的土地宽广，内地的土地宽松，既让无业的穷人有地可种，又能开辟西边的土地，对发展农业大有裨益。

三 主张婚嫁应有时间要求

他说："《春秋》二百四十年，鲁女出嫁，夫人来归，大夫迎女，天王娶后，自正月至十二月，悉不以得时失时为褒贬，何限于仲春季秋以相非哉！夫《春秋》举秋毫之善，贬纤芥之物，故春狩于郎，书时，礼也；夏城中丘，书不时也。此人间小事，犹书得时失时，况婚姻人伦端始。礼之大者，不讥得时失时不善者邪！若婚姻季秋，期尽仲春，则隐二年冬十月，夏之八月，未及季秋，伯姬归于纪；周之季春，夏之正月也。桓九年

---

① 《晋书·束晳传》，中华书局 1974 年版，第 1432 页。

春，季姜归于京师；庄二十五年六月，夏之四月也，已过仲春。伯姬归于纪，或出盛时之前，或在期尽之后，而经无贬文，三传不讥，何哉？凡诗人之兴，取义繁广，或举譬类，或称所见，不必皆可以定侯也。又案《桃夭篇》叙美婚姻以时，盖谓壮盛之时，二非日月之时，故'灼灼其华'喻盛壮，非为嫁娶当用桃夭之月。其次章云'其叶蓁蓁，有贲其实，之子于归'此岂在仲春之月乎？又《标有梅》三章注曰'夏之向晚，迨冰未泮，正月以前。草虫吩吩'，末秋之时。或言嫁娶，或美男女及时，然咏各异矣。《周礼》以仲春会男女之无夫家者，盖一切相配合之时，而非常人之节。《曲礼》曰：'男女非有行媒，不相知名。故日月以告君，斋戒以告鬼神。'若常人必在仲春，则其日月有常，不得前却，何复日月以告君乎？夫冠婚笄嫁，男女之节，冠以二十为限，而无春秋之期，笄以嫁而设，不以日月为断，何独嫁娶当系于十月乎？王肃云：'婚姻始于季秋，止于仲春。'不言春不可以嫁也。而马昭多引《春秋》之证，以为反《诗》，相难错矣。两家俱失，义皆不通。通年听婚，盖古正礼也。"[1] 即《春秋》共记载了240年的历史，其中有记载曰，鲁国的女子出嫁，夫人归来，大夫娶女子为妻，天王迎娶后妃，自正月到十二月，都不会对他们所选的时间及季节进行褒贬，也不会仅限于仲春秋季等时间。所以，《春秋》提倡细微的善举，贬斥极小的得失，有时说明春天男女相会，能记载在书中的，不过是一般的礼仪。在以上的文字中，束皙旁征博引，说明了人们结婚的时间问题，他的观点是一年当中的任何时间都可以婚嫁，不是只能在仲春和季秋才可以进行。这些观点说明了他的人道主义思想和不拘泥于旧的礼治、礼法的叛逆精神。

束皙的人口思想虽然不甚丰富，但他能细致地观察现实情况，能看到农业人口的增加和人口迁徙对当时的经济发展、社会稳固所起的明显作用，并因地制宜地提出人口政策，还是比较有远见的。

第五节　李冲的人口思想

李冲（450—498），字思顺，陇西狄道（今甘肃省临洮县）人。其父曾为敦煌公。史载他少时"沉雅有大量——清简姣然，无所求取，时人

---

[1] 《全晋文》，商务印书馆1999年版，第936页。

美焉。善交游，不妄戏杂，流辈重之"①。即举止优雅而且为人大度，生活简单质朴，没有太多奢求，时人对他赞誉颇多。喜欢结交朋友，不与那些三教九流、不务正业的人交往。为官后，曾做过中书学生、秘书中散、南部给事中、中书令、侍中、尚书仆射等职。他的人口思想可以归纳为以下几个方面。

一　政府应该掌握准确的人口数

在李冲生活的前期，北方少数民族大量内迁，很多汉人颠沛流离。许多人为了生存，不得不依附于地方豪强，有些豪强所拥有的户数多达千家，较少的也有三五十家，致使国家所掌握的人口数非常有限。北魏统一中国后，为了发展自身的经济，加强农耕，需要大量的劳动力。但史书记载当时的现实情况是"诸州户口，籍贯不实，包藏隐漏"。② 即各州的户口数、老百姓的籍贯都不准确，均存在包藏遗漏的情况。同时北魏的统治者也意识到，豪强地主长期霸占人口，不但会影响国家的财政收入，而且会在政治上对自己的统治形成威胁。于是，当务之急是查清人口，将他们掌握在朝廷手中。李冲看到了这一情况，针对"旧无三长，惟立宗主督护，所以民多隐冒，五十、三十家方为一户"。③ 即之前没有按照三长制的方法管理老百姓，只设立了宗主来庇护人口，所以民众多数被隐漏，五十、三十家才是一户的现实提出了"三长制"的管理理念。他说："民者，冥也，可使由之，不可使知之。如不因调时，百姓徒知立长校户之勤，未见均徭省赋之益，心必生怨。宜及课调之月，令知赋税之均。既识其事，又得其利，因民之欲，为之易行。"④ 即过去的人们认为，老百姓是比较糊涂的人，只可以役使他们，但不能让他们知道得太多。如果我们也这样做，老百姓就会只知道设立了长吏，清查了户口，而看不见减轻徭役的益处，心中必生怨恨。应该在收取租税之时，让他们知道赋税的均等和公平。他们既知道了赋税收取的原则，又看到了减负的好处，国家收取赋税就会容易得多。也就是说，过去的户口管理漏洞太多，三十，甚至五

---

① 《魏书·李冲传》，中华书局1974年版，第1179页。

② 《魏书·食货志》，中华书局1974年版，第2856页。

③ 《魏书·李冲传》，中华书局1974年版，第1180页。

④ 同上。

十户方为一家。应该首先查明老百姓的户口数，然后告诉他们国家的赋税状况。这样，老百姓就会心中有数，更加努力地去耕种土地。李冲认为，应该采取这样的赋税制度："一夫一妇帛一匹，粟二十。民年十五以上未娶者，四人出一夫一妇之调。"① 即一对夫妇应该征收帛一匹，谷物二十石。老百姓年满十五以上没有娶妻的，四人出一对夫妇的赋税。李冲认为这样的赋税收取比老百姓在豪强手中时的负担要轻得多，所以民众一定会为利所趋，从地主富豪的庇护之下解放出来的。

二　按照分层管理的原则进行人口管理

为了改革以往人口管理的弊端，李冲提出了三长制的管理方法，具体内容为：以五家为邻，立一邻长，五邻为里，立一里长，五里为党，立一党长。邻长、里长、党长在其各自的管辖范围内具有查清户口、审定户籍、分配土地、征发徭役、委派兵役等职责。这样，就可以健全基层行政组织，加强人口管理。事实证明，李冲的三长制效果明显，它改变了"魏初不立三长制，故民多隐附"的局面，从世族豪强手中夺取了大批劳动力，增加了国家的在职人口，使得"包荫之户可出，幸幸之人可止"。② 即被包庇的户口可以清理出来，那些依靠他人庇护而不去劳作和交赋税的人就可以停止他们的行为。长此以往，就可以有效地巩固封建王朝的统治。

第六节　周朗的人口思想

周朗（425—460），字义利，汝南安成人，即江西吉安人。其父兄皆为官，可谓官宦世家。史载其"少而爱奇，雅有风气"。③ 即年少时喜爱新奇的事物，风度儒雅。主要生活在南朝宋文帝时期。曾任太子舍人、司徒主簿、通直郎等。宋孝武帝时，一度出任中军录事参军。后来因"书奏忤旨，字解去职"。④ 即上书内容忤逆了圣旨，被解职处理。其后又任

① 《魏书·李冲传》，中华书局 1974 年版，第 2855 页。
② 同上书，第 1180 页。
③ 《宋书·周朗传》，中华书局 1974 年版，第 2089 页。
④ 同上书，第 2101 页。

卢陵内史，不久也称疾去职。周朗虽然是至孝之人，却不大遵循礼法，其母死后，终被他人诟病，在遣送宁州的途中被杀。周朗曾上书谈论国事，对政治、经济、战争以及对百姓的态度和教化等均有涉及，而且论述深刻准确。同时，他的文章文采斐然，用词华丽对仗，堪称美文。在谈及国事时，也涉及了许多关于人口的看法。

一　要对民众进行教育

周朗在对现实的观察中切身体会到了对民众进行教育的重要性。他不光在文中提出了办法，而且很难得地分析了之所以如此执行的意义，可谓思考全面。他说："凡治者何哉？为教而已。"① 即治国之人主要的任务是什么呢？在于教育国人。在提出了教育在治国过程中的重要性之后，他又指出了现状："今教衰已久，民不知则，又遂以刑逐之，岂为政之道欤？"② 即今天对人民的教育已经不受重视，老百姓不知道最基本的规矩，为官的人又以刑罚的方式处罚他们，这难道是治理国家的原则吗？面对这种状况，他首先提出了实施教育的具体措施："欲为教者，宜二十五家选一长，百家置一师。男子十三至十七，皆令学经；十八至二十，尽使修武。训以书记图律，忠孝仁义之礼，廉让勤恭之则；授以兵经战略，军部舟骑之容，挽强击刺之法。官长皆月至学所，以课其能（即考察其能力）。习经五年有立，则言之司徒；用武者三年善艺，亦升之司马。若七年而经不明，五年而勇不达，则更求其言政置谋，迹其心术行履，复不足取者，虽公卿子孙，长归农亩，终身不得为吏。其国学则宜详考占数，部定子史。令书不烦行，习无糜力。"③ 即如果打算教育人民，应该在二十五家里面选一个组长，够一百家之后给他们安排一位教师。年龄在十三到十七岁之间的男子，都让他们学习经文；十八到二十岁的人，都让他们习武。教育内容包括一般的学问知识，忠孝仁义的基本礼仪，谦恭勤劳的原则和品格；教授他们一般的战事规律和出奇制胜的战略，部队的管理规范和兵士的仪容，面对不同的敌人时与他们对阵的常用方法。管理此事的官吏应该定期地到他们学习的地方，以合理的方式，考察他们所掌握的知

---

① 《宋书·周朗传》，中华书局 1974 年版，第 2093 页。
② 同上。
③ 同上。

识，以及运用知识的能力。如果学习经文到了五年之上，可以让他们担当司徒之职；习武的人三年后武艺很高强，就升他们为司马。如果学习了七年而对经文的掌握还不到位，习武达到了五年还没有效果，就要让他们阐发对治国谋政的看法，同时让他们展示所学武艺，如果还是不能达到要求，纵然是公卿世祖的后代，也必须永远归田务农，终身不能担任官吏。那些习经的人，要给他们规定学习的典籍和科目，规定清楚经子史集，做到学习不重复，不白费力气。在这里，周朗不仅划分了读书习武的年龄和考核办法，而且把这些与人们的仕途联系起来，以此引起人们的高度重视。就连读书的内容，也做了详细的规定。其次，除了以上提到的教育内容和措施外，周朗还多次提到了对民众进行教育的其他方面。即要教育人们学会与家人和邻里和睦相处。他说："又教之不敦，一至于是。今士大夫以下，父母在而兄弟异计，十家而七矣。庶人父子殊产，亦八家而五矣。凡甚者，危亡不相知，饥寒不相恤，又嫉谤谗害，其间不可称数。宜明其禁，以革其风，先有善于家者，即务其赏，自今不改，则没其财。"①即一直以来由于没有重视对民众的教育，以致出现了许多问题。今天我们所看到的士大夫以下的许多人，父母还在世就与兄弟相互算计父母的财产，这样的人家竟达到十分之七。正出与庶出之间争夺家产者，八家也有五家。更为严重的是，家人中有人生活出现了危难家里竟不知情，有人饥寒交迫却做不到相互体恤，不但如此，相互之间还诋毁残害，这样的情况在民间不计其数。应该在全社会公开老百姓必须遵守的行为规范，变革现有的社会风气，如果有人改变了以往的做法，懂得了善待家人，我们就鼓励他们并奖赏他们，对那些屡教不改之人，则没收其全部家产。在这里，周朗看到了世风日下，人们不再相亲相爱，建议要时常教育他们知书达礼，孝敬父母，关怀兄弟。再次，他提倡要教育民众远离迷信，相信医学。他说："凡鬼道惑众，妖巫破俗，触木而言怪者不可数，寓采而称神者非可算。是乱不诛，为害未息。凡一苑始立，一神初兴，淫风辄以之而甚。今修堤以北，置园百里，峻山以右，居灵十房，糜财败俗，其可称限。又针药之数，世寡复修，诊脉之计，人鲜能达，民因是益征于鬼，逐药于医，重令耗惑不反，死夭复半。今太医宜男女习教在所应遣吏受业，

---

① 《宋书·周朗传》，中华书局 1974 年版，第 2097 页。

如此故当愈于媚神之愚，征艾縢理之弊矣。"① 即当今社会，迷信巫术横行，对已有的民风良俗产生了极大的损害，这样的现象不革除的话，其危害巨大。人们只要设立一处苑囿，就会搬出一位神鬼之人进行宣传，迷信神怪的风气马上就会变得更加严重。今天在修堤以北的地方，百里之内都有各种苑囿，峻山右面的地方，有为各种传教之人设立的房屋庙宇十座以上，既浪费国家的资材，又伤风败俗，此种状况在今日可谓达到了极限。加之用针药和诊脉看病的方法老百姓难以弄懂，于是遇见疾病就求助于鬼神，而拒绝药剂与医者，对那些民间巫术深信不疑，以致耽误了病情，死伤过半。今天的医者应该分别男女教其简单的医术，这样就可以在一定程度上去除人们对鬼神媚术的追逐和依赖，改变社会的风气。在此，周朗对太医提出了要求，最终目的是让民众远离迷信，掌握中医的诊脉之术，以保证人民的身体健康，同时也能保证封建统治的长治久安。以上就是他提出的教育民众的三个主要方面，真可谓用心良苦，殚精竭虑。在那样的时代，像周朗这样对现实问题观察入微的官员是很少的，而他的大部分主张都带有明显的唯物主义色彩。

二　全社会要重视和鼓励农桑

鼓励农桑是当时很多思想者都谈到的问题，周朗也不例外。他看到了连年的战争对农业造成的破坏，也在其政论中全面而深刻地论述了种植农桑的重要性。他说："农桑者，实民之命，为国之本，有一不足，则礼节不兴。如重之，宜罢金钱，以谷帛为赏罚。然愚民不达其权，议者好增其异。凡自淮以北，万匹为市；从江以南，千斛为货。亦不患其难也。今且听市至千钱以远者用钱，余皆用绢布及米，其不中度者坐之。如此，则垦田自广，民资必繁，盗铸者罢，人死必息。又田非畛水，皆播麦菽，地堪滋养，悉艺苎麻，荫巷缘藩，必树桑柘，列庭接宇，唯植竹栗。若此令既行，而善其事者，庶民则叙之以爵，有司亦从而加赏。若田在草间，木物不植，则挞之而伐其余树，在所以次坐之。"② 即农业和种植，是老百姓的生命，一个国家的根本，如果一个方面出现不足，那么儒家的礼仪就无法在社会上流行。如果为政者能重视这个问题，最好在征税时将金钱变为

---

① 《宋书·周朗传》，中华书局 1974 年版，第 2100 页。
② 同上书，第 2094 页。

谷子和布帛。只是老百姓不知其中的奥妙，而那些清议之人又善于标新立异。如果我们能做到自淮河以北形成较大的布匹市场；长江以南形成大的粮食市场，那么国家在治理方面也就不会遇到太大的问题了。今天我听到的比较理想的情况是，在市场交易的过程中，凡是超过一千钱以上的物品用钱交换，不足一千钱的用绢布或谷米等交换，不遵守这一规定的家族予以连坐。如此，必定会使人们广泛垦田，老百姓的生活用品富裕，能让一心想用铸钱之法发财的人偃旗息鼓，人死后会得到较好的安置。另外，田地如果不是太需要水源灌溉的，可以全部种植麦子和高粱，地力非常肥沃的，可以种植蓖麻等物，人们生活的街巷，可以种植桑树和柘树，家庭院落，可以种植竹子等。如果这项措施能够得到推广，那么在这方面做出成绩者，即使是庶民也可以加官晋爵，管理他们的有司也可以得到嘉奖。如果我们看到的情景是田间长满了野草，没有种植任何植物，则要受到鞭挞的刑罚，拔除其在田间种植的树木，相关人等以连坐之刑予以惩罚。在这里，周朗不仅全面地讲述了种植的种种好处，而且把它们和商贾及法律官职相联系，详细地阐释了自己的主张。他还在文中描绘了一幅遍地桑麻，绿树成荫的美好图景，雅俗共赏，入情入理，具有极强的说服力。

三 为政者要注重增加人口

增加人口在我国古代一直是一个传统的话题，许多思想家都看到了这一点，而且都明确地坚持了这一主张。可以说传统文化思想中的这一观点为几千年后中国人口的增长奠定了一定的理论基础。在以农业经济占主导地位的封建社会，人口的多寡，确实是一国能否强大和稳固的重要基础。所以，几乎所有的思想家都强调了这一点。而周朗的增加人口的观点更是非常的丰富和全面。

首先是人口数量与治国的关系。他说："凡为国，不患威之不立，患恩之不下；不患土之不广，患民之不育。"[1] 即治理国家，不担心国家的权威没有树立，应该担心的是国家的恩惠没有涉及老百姓；不必担心国土面积不够大，而应该担心老百姓数量的不足。

其次是现状："自华夷争杀，戎夏兢威，破国则积尸竟邑，屠将则覆军满野，海内遗生，盖不余半。重以急政严刑，天灾岁疫，贫者但供吏，

---

① 《宋书·周朗传》，中华书局1974年版，第2094页。

死者弗望埋，鳏居有不愿娶，生子每不敢举。又戍淹徭久，妻老嗣绝，及淫奔所孕，皆复不收。是杀人之日有数途，生人之岁无一理，不知复百年间，将尽以草木为世也，此最是惊心悲魂恸哭太息者。法虽有禁杀子之科，设备娶之令，然触刑罪，忍悼痛而为之，岂不有酷甚处也。"① 即自中国各民族争斗杀伐，失败的国家都会死亡很多的人口，包括老百姓和打仗的将士，每当这个时候，能够活下来的人口，还不足之前的一半。再遇见天灾人祸的话，贫苦的人要养活各类官吏，以致死亡的人无法埋葬，鳏居之人无法娶妻，生育儿子的家庭不敢让官家知晓。加上国家征收徭役时间长久，那些年迈无子的老百姓只能颠沛流离，无法生存。这便是，杀人时有千万条理由，老百姓在生活当中却无说理之处。人生一世，草木一秋，此时才是最令人悲痛叹息的时刻啊。虽然法令中有禁止毒杀亲子的律令，也有必须娶妻的要求，但碰到相互矛盾的情况时，人们还会毒杀亲子，这不是人间最残酷的事情吗？周朗站在人道主义的立场上，对民众的苦难做了准确的描绘，读来使人触目惊心。

最后是增加人口的措施。一是放宽赋税。他说："今宜家宽其役，户减其税。"② 即今天国家应该减轻赋役，让每户都能减少赋税。二是提倡早婚早育。他说："女子十五不嫁，家人坐之。特雄可以聘妻妾，大布可以事舅姑，如待礼足而行，则有司加纠；凡宫中女隶，必择不复字者；庶家内役，皆令各有所配。要使天下不得有终独之生，无子之老。所谓十年存育，十年教训，如此，则二十年间，长户胜兵，必数倍亦。"③ 即女子如果十五岁还没有嫁人，其家人按连坐之罪处罚。一般家境殷实之人可以聘娶妻妾，亡夫或亡妻之人可以再婚，如要等待彩礼充足才行嫁娶之事，管理他们的有司要被追究责任；只要是宫中的女奴，必须嫁与他人为妻；一般家庭的仆役，都要各自配婚。要使天下任何人都不能孤独一生，也不能没有儿子养老。这就是所谓的十年生育，十年教育，如果能坚持下来的话，二十年后，国家肯定会出现人口众多的大户、年轻力壮的兵士，整个国家的人口数会增加数倍。三是广收流浪人口。他说："又亡者乱郊，馑人盈甸，皆是不为其存计，而任之迁流，故饥寒一至，慈母不能保其子，

---

① 《宋书·周朗传》，中华书局1974年版，第2094页。
② 同上。
③ 同上。

欲其不为寇盗,岂可得也?既御之使然,复止之以杀,彼于有司,何酷至是。且草树既死,皮叶皆枯,是其粱肉尽矣。冰霜已厚,毡盖难资,是其衣裘败矣。比至阳春,生其余岁。"① 即目前我们能够看到的情况是,死亡的人被抛弃在郊外,饱受饥馑的人到处都是,如果我们不为其生计打算,而是任其流亡漂泊,那么饥寒到了极点的时候,慈祥的母亲不能保全自己的孩子,即使我们不愿让他们沦为贼寇,恐怕也难以制止他们的行为吧?如果是因为我们放纵了他们的行为,又以杀伐的手段制止他们去做流寇,这对于有司来说,岂不太冷酷了吗?并且花草树木既已死亡,树皮和树叶都会干枯,说明它们的内核已经死亡。冰霜已经太厚的话,即使毛毡都难以盖住,是其衣服已经不能遮寒。我们也只能等到仲春来临,使其重新焕发生机了。在这里,周朗细致地说明了为政者必须关注流民问题,指出给老百姓提供安身之所的重要性,否则,他们就会为盗、为寇,并在极其悲惨的生活状态下死亡。我们应该给他们一丝活路,使他们为国效力。在对流浪民众的苦难生活做了一番详细的描述后,他说:"今自江以南,在所皆穰,有食之处,须官兴役,宜募远近能食五十口一年者,赏爵一级。不过千家,故近食十万口矣。使其受食者,悉令就佃淮南,多其长帅,给其粮种。凡公私游手,岁发佐农,令堤湖尽修,原陆并起。仍量家立舍,计地设闾,检其出入,督其游惰。须待大熟,可移之复旧。淮以北悉使南过江,东旅客尽令西归。②" 即今天,自长江以南,很多地方出现了粮食的短缺,在有能力供养人口的地方,应该设立特定的官职,对流民进行管理。如果某人能在一年当中招募养活五十口人,赏赐官爵一级。不超过一千户人家,就能招募养活近十万口人。可以让那些被招募养活的人,就近在淮南之地垦田,多给其优惠政策,同时多给其粮食种子。凡是那些没有田地之人,可以让他们辅佐农耕之人,命令他们修建河堤湖泊,改善原来的湖海状况。还需要给他们丈量土地,分给他们自己的农舍,按田地的状况计算其收入和应交的赋税,监督他们不让他们懒惰和游手好闲。必须等到粮食成熟之后,再放弃对他们的监管。凡是淮河以北的人都让他们越过长江,东边的游民全部让他们往西边迁移。在这里,周朗还是本着解民危难的情愫,提出了收留流浪之人使不致冻馁饿死,让其劳作自

---

① 《宋书·周朗传》,中华书局 1974 年版,第 2094 页。

② 同上书,第 2095 页。

养的政策。这些观点和措施均体现了他体恤人民苦难的人道主义思想。

四　对于人才的看法

周朗对于人才有着自己的一套看法。他说："凡天下所需者才，而才诚难知也。有深居而寡言，则蕴学而无由知；有卑处而事隔，则怀奇而无由进；或复见忌于亲故，或亦遭谗于贵党，其欲致车右而动御席，语天下而辨治乱，焉叮得哉？"[1] 即治理天下最需要的就是人才了，但人才也是非常难以获得的。有的人深居简出且少言寡语，其才学就无法知道了；有的人处事低调且不善与人交往，因此其奇异的才能也无法施展；有的人或者与其同门故交存有嫌隙，有的人会遭谗言于一些党锢，他们想要站立君侧为国效力，分析天下形势而辨别治乱之策，又怎么能实现呢？意思是说由于人才的特点不同，寻觅起来并不是那么容易的，而他们想要为国出力有时也没有那么方便。接着，他批评了目前广揽人才的现状："漫言举贤，则斯人固未得矣。"[2] 到处都在说荐举贤能之人，但这些人到现在也没得到几个。那么，要真正得到人才，有效的措施应该是什么？他说："宜使世之所称通经达史、辩词精数、吏能将谋、偏术小道者，使猎缨危膝，播求其用。制内外官与官之远近及仕之类，令各以所能而造其室，降情以诱之，卑身以安之，然后察其擢唇吻，树颊胲，动精神，发意气，语之所至，意之所执，不过数四间，不亦尽可知哉？"[3] 即应该将那些自称通达经史、善于辩论、有做官的谋略、又颇通奇异法术的人，用招徕之术为国所用。为他们设立管理的官职，令他们发挥各自的所能，先用谦卑的态度将他们安顿下来，然后观察其言行、精神状态、远大志向，因为言语所表达的，往往是他们真实的气度和意向。这样的话，不过数年，我们对他们的基本情况不就可以掌握了吗？也就是说，可以对一些人们认为有才的人进行言行方面的细致观察，然后知其可用与否。除此之外，他还提出了更加具体的对不同类型的人才进行考察的方法，以此来保证为国家选出真正的人才。到了这一阶段，人们对人才的认识已从圣人到达了普通人本身，可以说到了平民的层面。这应该是一种认识上的进步。

---

① 《宋书·周朗传》，中华书局 1974 年版，第 2099 页。

② 同上。

③ 同上。

总之，周朗作为封建社会的有识之士，有着非常明显的人道主义精神。他夸赞当时的统治者，能做到"基之以孝，审之以仁"。[①] 即能以孝心待人，仁义之心审视己之所为。关注民生疾苦。时常批评统治者课税太重。他曾气愤地质问道："岂有剥善害民，禁衣恶食，若此苦者？"[②] 即哪里有这样残害民众，使他们无衣无食，苦到如此地步的统治者呢？在那样的时代，能站在劳动人民的立场上，如此为老百姓呐喊，实属难能可贵。

第七节　郭祖深的人口思想

郭祖深，南朝时襄阳（今湖北襄樊）人。生卒年月不详。主要活动于梁武帝当政时期（502—549），曾任南梁郡丞、南津校尉、云骑将军等职。史载他做官时"公严清刻、不避强御。常服故布襦，素木案，食不过一肉"。[③] 即公正严明、不畏强势。经常穿素布衣衫，用最便宜的木头做成的桌椅，吃饭每天不超过一个肉菜。他在任职期间，多次上奏谈论国家大事，对当时的官宦风气、边境军事、人口问题等均发表了自己的见解，其中不乏真知灼见。

一　大力发展农业

在郭祖深的思想中，重农是其中一个非常鲜明的方面。他说："臣闻人为国本，食为人命，故《礼》曰国无六年之储，谓非其国也。推此而言，农为急务。"[④] 即我听说老百姓是国家的根本，饭食是人能否生存的关键所在，所以《礼》这本书里说一个国家如果没有六年的粮食储备，就不能算是一个国家。照此推理，农业是最重要和最迫切的事务。在这里，他将国之本定为人，而人之本在食，因此来阐释农业的重要性。并认为《礼》之所言无六年积蓄不能为国是非常正确的。以此为基点，他批评了当时的现实情况："而郡县苛暴，不加劝奖，今年丰岁稔，尤人有饥色，设遇水旱，何以救之？陛下昔岁尚学，置立五馆，行吟坐咏，诵声溢

---

① 《宋书·周朗传》，中华书局 1974 年版，第 2093 页。
② 同上书，第 99 页。
③ 《南史·郭祖深传》，中华书局 1975 年版，第 1723 页。
④ 同上书，第 1720 页。

境。比来慕法，普天信向，家家斋戒，人人忏礼，不务农桑，空谈彼岸。"① 即目前的情况是，各郡各县为政残暴，对农业之事不加促进，以致今年虽然粮食丰收，却依然有人挨饿，如果遇到大的水旱，拿什么拯救这些人？陛下自少时就很好学，无论行走休息，都在诵读诗书，大家都能听到你读书的声音。加之我们一直以来都比较推崇各种宗教，普天之下都在信佛，家家都在斋戒，人人都在空谈，没有人在乎农桑之事。意思是说由于统治的大力提倡，全国的民众人人都在空谈。他对此问题的见解是："夫农桑者今日济育，功德者将来胜因，岂可堕本勤末，置迩效赊也。"② 就是说农桑的实绩是现在就能看得到的，而功德圆满是来世的事情。不该舍本求末，忘了根本。除了统治者的影响之外，整个国家商贾流行，也是弃除农桑的主要原因，为此，他又提出了一些解决的方案。他说："今商旅转繁，游食转众，耕夫日少，杼轴日空。陛下若广兴屯田，贱金贵粟，勤农桑者擢以阶级，惰耕织者告以明刑，如此数年则家给人足，廉让可生。"③ 即今天经商之事繁盛，游手好闲之人众多，而农夫日少，国库渐空。陛下如果能够广泛提倡屯田垦田，让金钱贬值谷物升值，勤于农桑的擢升官职，不愿耕织的人处以刑罚，这样数年之后，每家都会积蓄丰厚，清廉礼让之风就会盛行。在这里，他建议将农耕和官职的提升、法律的惩处结合起来，以真正实现以农耕治国的目的。

二 提倡民众各司其职，不能角色互换乱政

郭祖深认为："夫君子小人，智计不同，君子志于道，小人谋于利。志于道者安国济人，志于利者损物图己……臣见疾者诣道士则劝奏章，僧尼则令斋讲，俗师则鬼祸须解，医诊则汤熨散丸，皆先自为也。臣谓为国之本，与疗病相类，疗病当去巫鬼，寻华、扁，为国当黜佞邪，用管、晏。今之所任，腹背之毛耳。"④ 君子与小人的智略是不同的。君子一心向道，而小人志在谋利。一心向道的人能安国济民，志在谋利的人会损人利己。拨弄是非者是害国的小人，忠诚善良者是爱国的君子。我看到病人

---

① 《南史·郭祖深传》，中华书局1975年版，第1720页。
② 同上。
③ 同上。
④ 同上。

拜访道士，道士劝他向上苍悔过；拜访僧尼，僧尼让他吃斋念佛；拜访巫士，巫士说是鬼怪缠身，需要化解；去看医生，医生则说需要针灸吃药。其实这些都是事先设定好的。我认为治国的根本，与治病很相似。治病应当抛弃巫者而去找华佗、扁鹊这样的名医，治国应当罢黜佞臣而重用管仲、晏子这样的名臣。现在所任用的大臣，就像人前胸后背上长的汗毛一样。他还在文章中大胆建议国君要知人善任，使人们各司其职，不要被一些人扰乱视听，妖言惑众。

三　减少僧尼人数，加强户口管理

在郭祖深生活的时代，佛教流行，僧侣众多，他们不光自己不劳动，还要剥削其他劳动者的劳动成果，而且这种情况在当时非常严重。针对这一问题，郭祖深不但分析了问题的严重性，而且提出了自己的解决办法。他说："都下佛寺五百余所，穷极宏丽。僧尼十余万，资产丰沃。所在郡县，不可胜言。道人又有白徒，尼则皆畜养女，皆不贯人籍，天下户口几亡其半。而僧尼多非法，养女皆服罗纨，其蠹俗伤法，抑由于此。请精加检括，若无道行，四十以下，皆使还俗附农。罢白徒养女，听（停）畜奴婢。婢唯著青布衣，僧尼皆令蔬食。如此，则法兴俗盛，国富人殷。不然，恐方来处处成寺，家家剃落，尺土一人，非复国有。"[①] 即目前的都城我们有佛寺五百多所，非常富丽堂皇。有僧人和尼姑十余万人，他们资产非常丰厚。其他郡县，也是此种情况。那些道士又养有徒弟，尼姑都有养女，他们的户口不在国家的管辖之列，天下的户口几乎少了一半。同时，那些僧人和尼姑大多不顾及国家法令，那些养女大都锦衣玉食，他们的行为破坏了社会的风气良俗。希望朝廷能对他们认真调查，如果没有太高的道行，四十岁以下的人，都让他们还俗并从事农耕。驱赶那些徒弟和养女，停止他们蓄养奴婢。那些奴婢让他们全部穿上布衣，而那些僧人和尼姑都让他们自己丰衣足食。这样，就会出现法令严明、良俗兴盛的社会风气，最后保证国家富裕，老百姓家家殷实。不然的话，恐怕将来的国家会处处都是寺庙，家家都剃发修行，所有的土地都归那些人所有，而国家没有一分的土地可言。在这里，郭祖深对佛寺的大量出现、信佛人数的大量增加、寺庙中人的不劳而获以及他们大量拥有徒弟和养女的情形非常忧

---

① 《南史·郭祖深传》，中华书局 1975 年版，第 1722 页。

虑，他认为如果不采取措施加以限制的话，最终的结果不但是影响国家的供赋和税收，抑制封建经济的发展，而且会大量隐漏人口数，同时会给当时的封建统治带来致命的破坏。由此，他提出了限制僧尼数量的主张，并对他们的衣食标准等做出了规定。当然，他这样做的主要贡献在于使得人口数得以明确，并最终维护了封建国家的安定和发展。

第七章

隋唐时期的人口思想

第一节　隋唐时期人口政策概述

众所周知，隋唐，尤其是唐朝，是我国封建社会由前期向后期过渡的一个转折点，更是封建史上两个比较强盛的时期之一。中国封建社会的经济、政治、文化、商业、交通等在此时期都有了长足的发展，后人称这一时期为"大唐盛世"。有文字记载武则天统治时期的繁盛景象为："天下诸津，舟航所聚，旁通巴汉，前指闽越，七泽十薮，三江五湖，控引河洛，兼包淮海。弘舸巨舰，千轴万艘，交货往还，昧旦永日。"① 即天下渡口众多，舟楫无数，其航道往旁边直通巴蜀汉中，往前面直通闽越，七个大的水泽，数十个大的湖泊，三江五湖相连，既可控制河洛，又可包括淮海。大船巨舰，千艘万艘，来往转运货物，通宵达旦。

但是，和任何封建时代一样，王朝的兴旺发达和经济繁荣，无一不是广大劳动人民辛勤劳作的结果，更是劳动人民被压榨和剥削的证明。如隋文帝开皇十三年（593），曾令杨素在岐州北造仁寿宫，"素遂夷山堙谷，营构观宇，崇台累榭，苑转相属。役使严急，丁夫多死，疲蔽颠仆者，推填坑坎，覆以土石，因而筑为平地。死者以万数。宫成，帝行幸焉，时方暑月，而死人相次于道，素乃一切焚除之。"② 即杨素就将山推平，填埋深谷，在其上营造亭台楼阁，那些台榭画廊，婉转相连。由于役使百姓太急太重，致使丁夫大多死亡，那些疲惫至极的将死之人，被他们推到深坑里填埋，最后再把深坑填平，如此死者超过万人。等仁寿宫修建成功，隋

---

① 《旧唐书·崔融传》，中华书局 1975 年版，第 2998 页。
② 《隋书·食货志》，中华书局 1975 年版，第 682 页。

炀帝要来行幸之时，时间正好是暑热天气，那时死亡的人布满了道路，杨素就一把火烧了这些人的尸体，除去了死人的所有痕迹。又史载隋炀帝在修建东都洛阳时，每月役使的民众竟高达二百多万人。沉重的劳役，导致惨死者不计其数："始建东都，以尚书令杨素为营作大监，每月役丁二百万人。徙洛州郭内人及天下诸州富商大贾数万家，以实之。新置兴洛及回洛仓。又于阜涧营显仁宫，苑囿连接，北至新安，南及飞山，西至渑池，周围数百里。课天下诸州，各贡草木花果，奇禽异兽于其中……东都役使促迫，僵仆而毙者，十四五焉。每月载死丁，东至城皋，北至河阳，车相望于道。"① 即开始建设东都时，以尚书令杨素为营造监工，每月役使的兵丁达到了二百万人之多。还迁徙了洛阳城内和各个州县的富商大贾数万家，以充实东都。又新建了兴洛及回洛仓。之后又在阜涧兴修显仁宫，园林建筑相互连接，北边到了新安，南边到了飞山，西边到了渑池，方圆达到了数百里。课征天下各州，令其各贡草木花果，奇禽异兽放在园林当中。东都的建设役使百姓非常残酷，劳累毙命的，达到了十分之四五。每月都有车辆运送死去的兵丁，从东面的城皋，到北面的河阳，车辆布满了整个道路。"明年，帝北巡狩，又兴众百万，北筑长城，西距榆林，东至紫河，绵亘千余里，死者太半。"② 即第二年，隋炀帝到北边巡守，又一次动用了兵丁百万，北至长城，西到榆林，东到紫河，绵延一千余里，死亡的人达到了一半以上。在其后修建沁水渠的工程中，甚至征用女人作为兵丁，又在亲征吐谷浑的时候，导致士卒死者十之二三。接着"又于西域之地，置西海、鄯善、且末等郡，谪天下罪人，配为戍卒，大开屯田，发西方诸郡运粮以给之，道里悬远，兼遇寇抄，死者相续"。③ 即又在西边的地方，设置了西海、鄯善、且末等郡，迁移天下有罪之人，发配为戍边的士卒，让他们在那里屯田，命令西边现有各郡运送粮食给新去的人，由于道路遥远、加之盗寇袭击，人们相继死亡。最终造成的结果是"强者聚而为盗，弱者自卖为奴婢"。④ 即有力气的人聚在一起成为强盗，柔弱者卖与他人做奴婢。除此之外，劳动人民在遇到水旱之灾时，生活也会

---

①　《隋书·食货志》，中华书局 1975 年版，第 686 页。

②　同上书，第 687 页。

③　同上书，第 686 页。

④　同上书，第 688 页。

陷入极端的困苦，死者不计其数。史载曰："初皆剥树皮以食之，渐及于叶，皮叶皆尽，乃煮土或捣蒿为末而食之。其后人乃相食。"①即开始时人们都剥树皮充饥，后来开始吃叶子，树皮和叶子吃尽之后，就煮那些观音土或者将草蒿捣碎成末而食之，最后就发展成人吃人了。同时，他们还要饱受战争的折磨和承担亲人流离失所的痛苦。广大民众在各朝所承受的灾难，在许多文人的作品中都有表现，如杜甫的"三吏"等。在这样的生存压力下，广大劳动人民或背井离乡，或遁入空门，或依附豪强，总之是生活动荡不安，处境艰难。

这种连年的战争和苛捐杂税，使得隋唐之初的人口数锐减。如隋文帝开皇三年（582），全国民户只有 360 万，在经历了一场战争后，武德年间的民户只有 200 多万。而到了唐太宗初年，民户还不到 300 万。人口的大量减少，使得国家"邦赋不入，人伪斯甚"。②即赋税不足，人数极少。在这种状况下，两朝统治者都采取了一些措施来增加和廓清人口。如隋文帝开皇五年（585），就在全国"大索貌阅"按人查对户口。同时，两朝的统治者也采取了一些措施来增加人口。

一　大力发展农业，使民休养生息

这一方面，两个王朝的统治者都做出了一定的努力。如隋文帝开皇三年（583）规定，男丁每年服役的时间，由北周规定的三十天减为二十天；男丁服役的年龄，也由 18 岁改为 21 岁；男女丁口每人每年应缴纳的捐，由一匹（四丈）减为两丈。史载曰："开皇三年正月，帝入新宫。初令军人以二十一成丁，减十二番每岁为二十日役。减调绢一匹为二丈……罢酒坊，通盐池盐井与百姓共之。远近大悦。"③即开皇三年正月，隋文帝入住新宫。第一次命令服役的军人年龄需达到 21 岁，将一年当中的服役时间减为 20 天。应该缴纳的捐税减少为二丈。关闭酒肆，让百姓开发盐池的食盐。远近的人听见后都很高兴。这一措施所取得的结果是："时百姓承平日久，虽数遭水旱，而户口岁增。"④即由于这时百姓太平了一

①　《隋书·食货志》，中华书局 1975 年版，第 688 页。
②　赵克尧：《汉唐史论集》，复旦大学出版社 1993 年版，第 285 页。
③　《隋书·食货志》，中华书局 1975 年版，第 681 页。
④　同上。

段时间，虽然也遭受了几次水旱，但每年的户口都得到了增加。史载到了大业五年（609），全国的户数已达 8907546 户，人口数为 46019956 人。同时，隋文帝又采取了一系列措施减免赋税，还大修义仓赈济灾民，均取得了明显的效果。即便是暴君隋炀帝，也在即位之初，看到了户口益多、府库盈溢的情况，"乃除妇人及奴婢部曲之课。男子以二十二成丁"。而到了唐朝，赋税又有所减轻。如男丁每年服役的时间虽然还是 20 天，但可以用物代替；如果发生自然灾害，减产十分之四以上可以免租，减产十分之六以上可以免租调；而减产十分之七以上则赋税全免。除此之外，唐朝从太宗开始，就十分重视发展农业，这种重农政策的实施，一方面增加了国家的收入，更重要的是，使人民群众能够安居乐业。具有"唯思稼穑之艰"思想基础的唐太宗，认为"夫治国犹如栽树，本根不摇，则枝叶茂荣"。① 即治国就像栽树，根本不动摇，枝叶就茂盛。于是唐太宗在贞观之时采取了一系列措施来发展农业。归纳起来有以下几条：首先是抑怠惰，务耕农。由于地方官员的贯彻执行，这一措施收到了良好的效果。其次是恢复籍田仪式。唐太宗从鼓励人尽其力出发，自贞观三年（629）开始恢复了自东晋以来被废弃已达四个世纪之久的籍田仪式。除了发诏书进行动员以外，他还亲自耕田，以做表率。史载："太宗贞观三年正月，亲祭先农，躬御耒耜，籍于千亩之甸。初，晋时南迁，后魏来自云、朔，中原分裂，又杂以獯戎，代历周、隋，此礼久废，而今始行之，观者莫不骇跃。"② 即贞观三年的正月，唐太宗亲自祭奠祖先，亲自耕作，劳作于农田之间。从晋室南迁开始，后面又经历了北魏等来自北方民族的统治，之后又经历了中原分裂，其间又夹杂着戎族统治和经历北周、隋朝的统治，皇帝勤耕的惯例早已废除，而今天唐太宗又开始实施该项传统，围观者非常踊跃。当然，太宗之举意在提倡举国上下务必尽力农作。第三是规定禁杀耕牛。太宗为了贯彻"恣其耕稼"的重农措施，以便人尽其力于陇亩之中，于是革除了汉魏以来皇帝每逢庆典必杀牛"赐（脯）"的陋习，贞观十七年颁诏云："朕嗣守宗祧，夙夜（寅）畏，忧勤在于政道，抚育遍于苍生……今和乐之庆，宜被率土，可赐（脯）三日，自汉魏以来，或赐牛酒。牛之为用，耕稼所资，多有宰杀，深乖恻隐。其男子年七

---

① 《贞观政要·卷一·政体》，内蒙古人民出版社 1998 年版，第 33 页。
② 《旧唐书·礼仪志》，中华书局 1975 年版，第 912 页。

十以上，量给酒米面。"① 即朕守护宗庙，每到夜晚就很恐惧，忧愁不能勤勉于政务，极好地抚育苍生。今天是喜庆的日子，可让大家吃喝三天，自汉魏以来，一直都会恩赐给官员酒水和耕牛，牛的作用，在于耕种，杀得太多，令人惋惜。从现在开始，男子如果到了七十岁以上，就要赐给他们酒水和米面。这些措施的实施，很好地发展了封建国家的经济，同时也使人民群众的生活条件有了明显的改善。

二　采取综合治理措施，大力增殖人口

唐朝不仅采取了一系列措施增殖人口，还把户口的增减作为考核地方官员政绩的主要标准。如太宗贞观元年就曾下诏说："宜令有司，所有劝勉，其庶人男女无家室者，并仰州县官人，以礼聘娶，皆任其同类相求，不得抑娶。男年二十，女年十五以上，及丧妻达制之后，孀居服纪已除，并须申以媒媾，令其好合……刺史县令以下官人，若能婚姻及时，鳏寡数少，量准户口增多，以进考第。"② 即应该让有司时时提醒和劝勉所管理的民众，如果一般人等男女都没有成家的，通报给各州各县的为官者，让他们准备礼金，帮助男方到女方家里提亲，应该提倡民众达到年龄时就行聘娶之礼，不能对此有所限制。一般男子年满二十，女子年满十五以上的人，以及丧妻已达一定天数、孀居也已出服的人，都可以求之媒妁，让他们再婚……刺史、县令以下的为官者，如果能保证自己所管辖区域的人及时婚娶，鳏寡者人数极少，同时能增加户口数的，可以提拔。唐玄宗开元四年（716）也规定："其县令在任，户口增益，界内丰稔，清勤著称，赋役均平者，先与上考，不在当州考额之限。"③ 即如果那些在任的县令，能够做到户口不断增加，管辖范围内粮食丰收，勤于政务，赋役收取公平，提拔时会优先考虑，不受当时提拔数额的影响。

三　严密基层组织，廓清隐漏人口

隋文帝开皇三年（583），就已开始廓清人口。史料记载："是时山东尚承齐俗，机巧奸伪，避役惰游者十六七。四方疲人，或诈老诈小，规免

---

① 赵克尧：《汉唐史论集》，复旦大学出版社 1993 年版，第 270 页。
② 《唐会要》卷 83《嫁娶》，中华书局 1998 年版，第 1527 页。
③ 《唐会要》卷 69《县令》，中华书局 1998 年版，第 1216 页。

租赋。高祖令州县大索貌阅，户口不实者，正长远配，而又开相纠之科。大功已下，兼令析籍，各为户头，以防容隐。于是计账进四十四万三千丁，新附一百六十四万一千五百口。"① 即当时的山东还承袭着北齐的旧俗，很多人投机取巧，游手好闲逃避赋役的人达到了十之六七。从各地逃亡过来的流民，都在规避自己的年龄，以逃避租赋。隋文帝杨坚命令各州各县用"大索貌阅"的方法，检索隐漏的户口，户口不准确的，主管此事的官吏发配边疆，后面又开始用以人对面的方法廓清人口数。前面的工作做完之后，又开始检索户籍，让那些应该自立户头的人从其他大户的户籍中剥离出来，以防止户口的大量隐漏。最后就又多计算出了四十四万44.3 万多的新丁和164.15 万的新户。到了唐朝，统治者更加重视这一工作。他们除了继续保持已有的四家为邻，五邻为保，百户为里，五里为乡，并设有各种长和正来管理户口外，每年都要做一次计账，把每个人的详细情况编成手实（户籍底簿）。"诸户口计年将人丁、老疾、应免课役及给侍者，皆县亲貌形状，以为定簿。一定以后，不得更貌。疑有奸欺者，听随事貌定，以付手实。"② 即让那些管理户口的官员每年都要将自己管辖区域内的人丁、老年人、患病的人、应该免除赋役的人，一一核实，记录在案。记录好后，不得随意修改。如果有人欺瞒官员，也必须核定清楚，记录在案。单以括户论之，唐玄宗时做的工作最多。据史料记载，唐玄宗自开元九年二月至十一年七月就进入了括户的第一阶段。十一年八月至次年底又进行了第二个阶段的工作。就第一阶段而言，其指导思想是按期自首的逃户自愿返回故籍，或系关辅、军辅之地按令不符合附籍的，登记存档，暂不遣返；待至秋后递还。如有百户以上集体返乡的，须由原籍派员带领以及个人立即返归者，均附籍后免除当年赋役。除此之外，唐玄宗还制定了一些违反后的惩罚措施。第一阶段的工作虽然括取了不少的逃户，但也激化了阶级矛盾。于是，他又制定了第二阶段的指导思想，内容是强调安抚，体谅流亡，具体措施是将括户与括田及赋役改革结合起来，他说："天下大同，宜各从所乐，今所在州县安集，遂其生业。"③ 即天下太平，老百姓应该安居乐业，今天，所在郡县应该好好地

---

① 《隋书·食货志》，中华书局 1975 年版，第 681 页。
② 《唐会要》卷 85《团貌》，中华书局 1998 年版，第 1555 页。
③ 赵克尧：《汉唐史论集》，复旦大学出版社 1993 年版，第 288 页。

安顿他们，让他们做自己擅长的事情。这种务实的政策和措施，取得了重大的成效。主要表现在：第一，大大增加了国家编户，史书记载唐玄宗时期的括户"凡得客户八十余万"，发展了农业生产。第二，括户的措施可以把逃户或附食者置于客籍土地务农，免征六年，派劝农使与判官予以督促，很大程度上促进了农业生产。第三，推动了括田活动。第四，人口数与括田数结合，使国家在掌握人口数的同时掌握了农田数量，可谓一举两得。第五，增加了国家财政收入。当时规定要"轻税入官"，每丁岁钱一千五百文，岁得数百万缗。六年期满，一切征敛照旧，财税收入更多。虽然"轻税"不算重，但比起逃户逃税使国家毫无收入而言，也是一笔不可小视的数目，促进了盛唐的经济繁荣。括户后，物价降低，人民富足，于是唐玄宗在开元十三年封泰山，其时国家风调雨顺，五谷丰登。

以上措施的实施，使得隋唐两代的人口数有了明显的增加。隋炀帝大业五年（609），全国在籍人口达 8907536 户，46019956 人，远远超过了魏晋南北朝以来的户数和人口数。唐玄宗天宝十四年，全国在籍户口达 8914709 户，52919309 人，基本上接近了东汉时的最高水平。

第二节　李世民的人口思想

李世民，史称唐太宗，是唐代的第二任皇帝，开创了贞观之治的唐代盛世。在中国历史上，作为皇帝而言，系统思考并谈论人口问题的不多，但李世民却对宏观的人口问题及其与社稷、衣食之间的关系有着较为独立的思考。

一　人民是国家之本

作为一国之君，李世民对国家、人民及衣食之间的关系认识得非常清楚，他认为："凡事皆须务本。国以人为本，人以衣食为本，凡营衣食以不失时为本。夫不失时者，在人君简静乃可致耳。"[①] 即做所有事情都必须抓住根本。国家的根本是人，人又以衣食为本，所有为衣食充足所做的努力都应该以不失时机为其根本。而要做到不失时机，国君勤于政务、与民休息才能最终实现。在这里，李世民从一国政务的根本出发，将人民、

---

① 《贞观政要》卷 8 《务农》，内蒙古人民出版社 1998 年版，第 376 页。

衣食、时机、人君简单、安静视作国家的根本，而且对他们之间的关系进行了辩证的分析，体现出他对事物的一种准确的认识。在这一环环相扣的链条中，他重点强调的是人民的重要性。他说："为君之道，必须先存百姓，若损百姓以奉其身，犹割股以啖腹，腹饱而身毙。若安天下，必须先正其身，未有身正而影曲，上理而下乱者。"① 即做国君的道理，在于保证百姓的生存，如果损害百姓的利益而保全自身，就犹如割自己身上的肉来填饱自己的肚子，肚子吃饱的时候自己也就死亡了。如果要安定天下，必须先使自身正直，如果做国君的自己身正了，就不会出现身正而影子歪，上面有秩序而下面混乱的情况。也就是说，封建王朝的长治久安取决于百姓能否生存，而百姓的存亡又取决于君主能否克制私欲，这样就把国治、民存、君贤三者有机地结合在了一起。李世民有一句名言，叫做："有道则人推而为主，无道则人弃而不用。"② 即讲求仁道的人，别人会推举他为主人，没有仁道之心的人所有人都会抛弃不理。也就是说，君有道则民拥之，否则则民反之。在李世民看来，君有道则体现一个"静"字，即对百姓要"静以抚之"。他说："吾即位日浅，国家未安，百姓未实，且当静以抚之。"③ 即我即位日子不长，国家还没有安定，老百姓还没有过上殷实的生活，所以我要对老百姓尽量安抚。在这里，所谓"静以抚之"指的是君王不要轻用人力，要让人民安静生活，没有怨叛。在此思想的支撑下，李世民也做到了尽量少兴土木，徭役有节，役民有制。他说："多营池观，民不得耕耘，女不得蚕织，田荒业废，兆庶凋残。见其饥寒不为之哀，睹其劳苦不为之感，苦民之君也，非治民之主也。"④ 即如果一个国家制造了太多的景观，老百姓就没有耕耘的时间，女子也没有了纺织的时间，最后会导致田地荒芜、老百姓的技能荒废和国家的凋敝。一国之君如果看见百姓饥寒而不为他们感到悲哀，看见其劳苦而不怜惜他们，他就只能是一个让民众苦不堪言的国君，并非一个真正能够治理国家的君主。从李世民的一系列论述中我们可以看出，他以隋朝的灭亡为戒，发展并继承了儒家"民为邦本"的思想，并在此基础上形成了自己独特

---

① 《贞观政要》卷1《君道》，内蒙古人民出版社1998年版，第1页。
② 《贞观政要》卷2《政体》，内蒙古人民出版社1998年版，第26页。
③ 《资治通鉴新注》卷191，陕西人民出版社1998年版，第6315页。
④ 唐太宗：《金镜·诏令》，转引自赵克尧《汉唐史论集》，复旦大学出版社1993年版，第265页。

的民众观。李世民的思想逻辑可概括为重民、静民、不扰民。

为了实现他的主张，他还实行了一系列有效的措施。

二 必须保证与民休息

贞观三年四月，他颁布《赐孝义高年粟帛诏》说："朕往因征伐，行天下多矣，每见村落丘墟，未尝不抚膺叹息。自登五年，不许横役一人，唯冀暇迩休息，得相存养。"① 即我过去因为征伐，走过了中国的很多地方，每次见到的都是村落凋敝，不免扼腕叹息。自我登基五年来，不准许官吏随意役使一个老百姓，只希望老百姓能休养生息，养活家人和自己。客观地讲，唐太宗真正做到不役使一人是不可能的，但从其爱民的情愫来讲，还是值得称颂的。为了进一步让群臣贯彻自己的主张，贞观八年时，他又对大臣说："隋时百姓纵有财物，岂得保此？自朕有天下以来，存心抚养，无有所科差，人人皆得营生，守其资材，即朕所赐。"② 即隋代的老百姓纵然拥有一定的生活资料，但他们能这样保全自己吗？自我治理天下以来，一心一意养活百姓，没有太多差错，人人都能按其喜好做各种事情，这种富裕舒适的生活是我赐给他们的啊！这段话中虽不乏溢美之词，但也反映了他随时随地教育大臣要与民休息的良苦用心。同时，作为统治者的他也时刻注意自己的行为，虽患有风疾，但不修豪阁，以安卑陋之居，基本上不主张改善自己的居住条件。贞观四年，关中丰收，他也曾滋生过修建仁寿宫和洛阳宫的想法，但一经戴胄提醒，立刻作罢。诸如此类，说明他在贞观初年还是比较注意与民休息，使人民保持一种安宁的生活状态的。贞观中，随着封建经济的逐步恢复与发展，唐太宗渐盟奢心，离宫别馆、楼阁亭榭也时有修建，这些现象引起了大臣魏征的不安，在魏征的劝谏之下，才有所收敛。史载，唐太宗曾有三次萌发了封禅泰山的想法，最终都被劝谏而止。这一切也能说明，太宗最终还是能够以大局为重，替民着想，让民休养生息的。正如他自己临终遗诏所说的那样："朕于天下苍生，可谓安养矣。"③ 即对于天下的老百姓，我还是给他们创造

---

① 《唐大诏令集》卷 80，转引自赵克尧《汉唐史论集》，复旦大学出版社 1993 年版，第 265 页。

② 《贞观政要》卷 2《政体》，内蒙古人民出版社 1998 年版，第 31 页。

③ 《唐大诏令集》卷 11，转引自赵克尧《汉唐史论集》，复旦大学出版社 1993 年版，第 266 页。

了安宁的生活的。同时，他还把与民休息上升到了治国的高度予以概括。他说："治国与养病无异也。病人觉愈，弥须将护，若有触犯，必至殒命。治国亦然。"① 即治国与养病没有什么区别。病人在感觉自己快要痊愈的时候，更要尽力呵护，如果稍不留意，就会要了他们的命，治国也是这样。不仅如此，李世民还在贞观初年，从后宫及掖庭放出三千宫女，让她们休养生息。他说："妇女幽闭深宫，情实可愍。隋氏末年，求采无已，至于离宫别馆，非幸御之所，多聚宫人。此皆竭人财力，朕所不取。且洒扫之余，更何所用？今将出之，任求伉俪，非独以省费，兼以息人，亦各得遂其情性。"② 即妇女被幽禁在深宫之中，实在令人怜悯。隋朝末年，无休止地选取宫女，以至于所有的离宫别院，甚至不是皇帝临幸的地方都聚集着众多的宫女。这样做必然消耗人力财力，是我所不愿做的。而且，这些宫女除了洒扫庭院之外，还有其他什么事做呢？因此，我今天要放她们出去，任由她们结婚成家，这样做不仅节省了很多费用，更可以让老百姓休养生息，同时也让她们遂了自己的性情。

三　征役不违农时

如果对问题进行细致的研究，我们就会发现，唐太宗的所谓与民休息，并非一点也不役使百姓，而是比较注意限制役民的时间。也就是说，他比较注意在农忙时节不派劳役。因为唐太宗认识到，如果不关注这一点，就会剥夺农民在土地上劳作的时间，从而给农民带来较大的损失。他说："若兵戈屡动，土木不息，而欲不夺农时，其可得乎？"③ 即如果我们兵戈不息，大兴土木，又说不影响老百姓耕作的时间，怎么能做到呢？既然不能两头兼顾，就只能放弃劳役。其实，与民休息和不违农时从本质上说是一回事。唐太宗十分清楚这一点，因此，在与民休息思想的支撑下，他多次强调不要影响农民的劳作时间。他说："农时甚要，不可暂失。"④ 即农耕的时节很重要，不可让他们失去。与此观点相符，他还有着维护农时的行动。如贞观五年，曾发生了一件遵循礼制与违反农时的历史事件，

① 《贞观政要》卷2《政体》，内蒙古人民出版社1998年版，第25页。
② 《贞观政要》卷6《仁恻》，内蒙古人民出版社1998年版，第311页。
③ 《贞观政要》卷8《务农》，内蒙古人民出版社1998年版，第376页。
④ 同上书，第378页。

当时礼部官员援引阴阳家的建议说皇太子要行冠礼，宜于二月为吉，请求太宗加派兵丁来练习仪式。唐太宗毅然决定："今东作方兴，恐妨农事，令改用十月。"① 即现在春耕生产刚刚开始，做这件事恐怕会影响农耕，还是改在十月吧。众所周知，皇太子举行冠礼是国家大事，唐太宗不顾阴阳家及群臣的反对，将日期做如此大的改动，可见其对保护农时的重视。再如，唐太宗在举行狩猎活动时也从不妨碍农时，总是选择农闲时节进行。《旧唐书·太宗纪》载，贞观年间他有过七次田猎，都是选择当年的十至十二月进行，这是他对不违农时的身体力行的表现。除此之外，唐太宗还用法律手段来保证不违农时这一方针的贯彻执行。如《唐律》有《非法兴造》一条，内容是："诸非法兴造及杂徭役，十庸以上做赃论。"就是说，制定出来的法律内容是必须要遵守的，如果有人修建亭台楼阁或派其他徭役是在农忙时节，那么驱使十庸以上者，以盗贼论处。从历史的角度观察，唐太宗特别注重不违农时是有原因的。贞观十一年，魏征曾上书指出隋末"民不堪命，率土分崩"的原因是隋炀帝"驱天下以从欲，罄万物饿自奉，采域中之子女，求远方之奇异。宫苑是饰，台榭是崇，徭役无时，干戈不戢"。唐太宗以史为鉴，牢记这一教训，将不违农时看作治国方略，取得了明显的效果。唐太宗不但自己身体力行，还不忘教育他的后代，要谨记这一政策，从而保证唐王朝的长久繁荣。他在贞观十七年曾对正在吃饭的李治说："凡稼穑艰难，皆出人力，不夺其时，常有此饭。"② 即老百姓种植粮食是很艰难的，都要付出很多的体力，不要影响他们耕作的时间，才能经常有饭吃。以上是唐太宗的人口观，他站在帝王的立场上考虑了民与君的关系，更重要的是考虑了怎样减轻民众的负担，如何使他们安居乐业的问题，虽然其最终的目的还是为了巩固封建专政的统治，但其所采取的措施还是呈现了爱护人民、使人口数迅速增加的明显效果。

第三节　马周的人口思想

马周（601—648），字宾王，博州茌平人（今山东境内），唐贞观时

---

① 《贞观政要》卷 8《务农》，内蒙古人民出版社 1998 年版，第 378 页。
② 《贞观政要》卷 4《教戒太子诸王》，内蒙古人民出版社 1998 年版，第 206 页。

的思想家。史载他："少孤贫好学，尤精《诗》、《传》，落拓不为州里所敬。"① 即年少时虽然家里贫困，但他十分好学，尤其精通《诗经》、《左传》，由于他穿着十分邋遢，因此所在州县的人们并不非常尊敬他。由于马周志向远大，所以在任博州助教时不以讲授为事。后四处流浪，又不为浚仪令崔贤所容，因此西游长安。后得到唐太宗赏识，授监察御史。上任之后，他经常上书唐太宗，对治国之事提出了许多有益的见解。其中也涉及人口问题。

一　减轻徭役，爱护百姓

马周作为一位有见识和思想的官员，他认为为政者应该减轻徭役、爱护百姓。基于这样的认识，他在观察了当时百姓生活比较贫苦的现实情况后说："今百姓承丧乱之后，比于隋时才十分之一。而供官徭役，道路相继，兄去弟还，首尾不绝，远者往来五六千里，出春秋冬夏，略无休时。陛下虽每有恩诏令其减省，而有司作既不废，自然须人，徒行文书，役之如故。臣每访问，四五年来，百姓颇有嗟怨之言，以为陛下不存养之……今京师及益州诸处，营造供奉器物，并诸王妃主服饰，议者皆不以为俭。臣闻昧旦丕显，后世犹怠；作法于礼，其弊犹乱。陛下少处人间，知百姓辛苦，前代成败，目所亲见，尚犹如此，而皇太子生长深宫，不更外事，即万岁之后，固圣虑所当忧也。"② 即今天的老百姓生活在战乱之后，与隋代相比，大约是那时的十分之一。但是，他们却因为要服徭役，全部都在野外劳作，兄长服徭役完毕弟弟继续，绵延不绝，有时需要在五六千里的路途中奔波，春秋冬夏都没有休息的时候。陛下虽然每次都下诏减轻徭役，但现有的制度和人员如不改换，自然还是要用人劳作的，那些为官者不过是给朝廷送来一些文书，但役使老百姓还跟从前一样。臣每次观察，都发现老百姓怨声载道，都认为是陛下不想让他们好好活着。今天的京师和益州等地，都在营造供奉朝廷的各种器物，还有后宫王妃等的服饰，很多人在议论朝廷的不节俭。我听说不明确白天和黑夜的区别，人们就会比较懒惰；所做事情有悖于礼法，弊端就是秩序和规矩的混乱。陛下年少时经常身处民间，是知道百姓的疾苦的，前代的成败，是自己亲眼看见的尚

---

① 《旧唐书·马周传》，中华书局 1975 年版，第 2612 页。
② 同上书，第 2616 页。

且如此，而皇太子们身处宫廷，不了解外面的事情，那么陛下不在以后的情况，绝对是现在应该认真思考的。马周来自民间，深谙人民之苦，所以告诫统治者要省刑薄赋，体恤民间疾苦。不但如此，他还将能否关心民众生活，与邦国能否长久联系起来，从亡国的高度论述了爱民众、修政教的重要性。他说："臣寻往代以来之事，但有黎庶怨叛，聚为盗贼，其国无不即灭，人主虽改悔，未有重能安全者。凡修政教，当修于可修之时，若事变一起而后悔之，则无益者也。故人主每见前代之亡，则知其政教之所由丧，而接不知其身自失。是以殷纣笑夏桀之亡；而幽厉又笑殷纣之灭；隋炀帝大业之初又笑齐魏之失国。今之视炀帝，亦犹炀帝之视齐魏也。故京房谓汉元帝云'臣恐后之视今，亦犹今之视古'此言不可不戒也。"①即我经常搜集思考之前朝代的事情，一旦出现黎民百姓因为怨恨当朝君主而叛乱、聚集为盗贼的，国家即刻就会灭亡，即使君主此刻后悔并改正自己的做法，也不能重新拥有国家。一个国家要完善政策和教育，一定要及时完善，如果等国家有了动乱的状况再来后悔之前的忽略行为，是没有任何意义的。所以很多君主只知道前代亡国是因为政策和教育的失修，但到了自己治理国家时却依旧不重视制定政策和实施教育的重要作用。所以就出现了殷纣王嘲笑夏桀亡国；幽王、厉王又嘲笑殷纣亡国；隋炀帝大业初年又嘲笑齐魏失去了国家。今天我们看隋炀帝，就如同当时隋炀帝看齐魏一样。所以京房曾经对汉元帝所说的"我担心后人看我们，就如同我们看古代的情形"是我们一定要引以为戒的。

二 提倡节俭和选良吏管理百姓

关于如何爱民、惜民，马周的看法有两点。一是统治者一定要节俭，既要保证府库殷实，也不能无休止地役使百姓。他说："往者贞观之初，率土霜俭，一匹绢才得一斗米，而天下帖然。百姓知陛下甚爱怜之，故人人自安，曾无谤诉。自五六年以来，频岁丰稔，一匹绢得粟十余石，而百姓皆以为陛下不忧怜之，咸有怨言。又今所营为者，颇多不急之务故也。自古以来，国之兴亡，不由畜积多少，唯在百姓苦乐。"②即以前也就是贞观初年，全国百姓都比较节俭，一匹绢才能换一斗米，但天下很安定。

---

① 《旧唐书·马周传》，中华书局 1975 年版，第 2616 页。
② 同上书，第 2617 页。

死以及寿命的长短，是由自然法则决定的；人生或获刑，或得福，都取决于自身的所作所为。所以说人的一生贫富贵贱，都是自己导致的结果，那些信佛即传佛之人是那样的虚妄欺诈，将人生的祸福得失说成是佛祖决定的。他们的所作所为，混淆和否定了人为的作用，擅自篡改自然规律，其行为对治国有害，可人们竟然相信他们的教义和说辞，是多么可悲啊！其后，他还从历史发展的角度论述了佛法存在的不合理性，他认为历史上的南北朝各代的灭亡，虽有其他的原因，但相信鬼魅迷惑也是其中的一个重要因素。正所谓："泊于苻、石，羌胡乱华，主庸臣佞，政虐祚短，皆由佛教致灾也。"[①] 即苻坚、石勒及其他羌人、胡人祸乱中原之时，各国君主昏庸、臣子奸佞，政治统治不但混乱而且短暂，都是信佛的结果。

二　主张僧人和尼姑婚配，增加人口数量

基于对佛教的这种认识，更是为了增加农业人口的数量，他向当时的统治者提出了令现有的僧尼配婚，以增加唐朝人口数量的建议。他说："请令匹配，即成十万余户，产育男女，十年长养，一纪教训，自然益国，可以足兵。"[②] 即请陛下下令，让寺庙里的那些僧人和尼姑返回民间婚配，可以组成大约十万户人家，他们生儿育女，用十年时间养育，到了年稍长时对他们进行专门的教育，自然对国家有益，同时还可以满足国家补充兵源的需要。

三　主张众僧尼还俗，增加国家的赋税

自汉代以来，由于僧人的出现和增加，致使国家的农业生产和赋税的收取均遇到了极大的困难。某些朝代的有识之士也曾依法限制，但效果不甚明显。比如北魏太武帝及北周武帝等都对僧人进行过沉重打击，但有不少的朝代却由于皇家大力地提倡和维护，使得佛教一度更加兴盛。如隋文帝开皇元年（581），就曾"普诏天下，任听出家，仍令计口出钱，营造经像。而京师及并州、相州、洛州等诸大都邑，并官写一切经，置于寺内；而又别写，藏于秘阁。天下之人，从风而靡，竞相景慕，'民间佛

---

① 《旧唐书·傅奕传》，中华书局 1975 年版，第 2715 页。
② 同上书，第 2716 页。

经，多于六经数十百倍'"①。即诏告天下民众，同意他们所有出家的请求，但仍然让他们按人头出钱，制作佛像。而且京师和并州、相州、洛州等各大都城，所有官员必须抄写经文，放到寺庙当中；又命令一些人专门抄写经文，藏在秘密的地方。当时的所有民众，竞相效仿，互相羡慕学习，以致"民间的佛经，比六经多十倍不止"。而唐太宗为了宣扬佛教，曾亲自撰写了《大唐三藏圣教序》等。面对这种局面，傅奕提出应该令大量的僧尼还俗，以增加农业人口和归家赋税。此主张虽然受到了唐朝一些大臣的反对，但也在一定程度上给统治者以警示。

四　主张取缔邪教，以正视听

傅奕认为，佛教宣扬的是彼岸的幸福，放大了神的作用，其教义信口开河，愚弄民众。更重要的是，它在一定程度上削弱了君主的权威，是迷惑人民的工具，因此，必须大力取缔，不使损害国家。傅奕满怀忧虑地说："昔褒姒一女，尚致亡国，况天下僧尼，数盈十万，翦刻缯彩，装束泥人，而为厌魅，迷惑万姓者乎？"② 即过去只有褒姒一个女人，尚且导致了国家的灭亡，何况现在天下的僧人尼姑十万之众，他们装神弄鬼，制作佛像，竭力地迷惑百姓呢？他坚定地认为，要想"妖惑之风自革，淳朴之化还兴"，就必须禁止佛教。

以上是傅奕的人口思想。他不但屡次上奏，陈述自己的观点，还用毕生的精力，搜集魏晋以来的驳斥佛教的文章，集成《高识传》十卷，在民间传播。另外要特别肯定的是，虽然从隋开始，人们便认识到了佛教带来的诸多负面影响，从很多方面对它们进行了批判，但把僧尼的增加与人口的增加和农业生产联系起来进行系统的思考和认识，却显示了傅奕对现实问题独具特色的思考。

第五节　承庆、嗣立的人口思想

承庆，唐监察御史韦思谦之子。字延休，曾为太子司议郎、皇太子贤监国、凤阁舍人、太子谕德、光禄大夫等。著有《谕善箴》、《灵台赋》

---

① 《隋书·经籍志》，中华书局 1975 年版，第 1099 页。
② 《旧唐书·傅奕传》，中华书局 1975 年版，第 2716 页。

等文。史载他"少恭谨，事继母以孝闻。弱冠举进士，补雍王府参军。府中文翰，皆出于承庆，辞藻之美，擅于一时"。① 即年少时为人恭敬，对继母非常孝顺。二十岁升为进士，任雍王府的参军。府中所有的文字材料，都出自他的手，其文辞华美，被人称颂。承庆下笔如有神助，史载"承庆属文迅捷，虽军国大事，下笔辄成，未尝起草"。② 即承庆写文章非常迅速，虽然所写内容均为军国大事，但总是提笔就能写就，从不打草稿。在他任职期间，一直尽心尽力地辅佐太子，在劝谏太子要博览经书、以抑其情、静默无为、清心寡欲的同时，阐发了许多有益的思想。其中与人口相关的主要思想即为要爱护百姓。他说："夫君无民，无以保其位；人非食，无以全其生。故孔子曰：'百姓足，君孰与不足；百姓不足，君孰与足？'自顷年以来，颇有水旱，菽粟不能丰稔，黎庶自致煎穷。今夏亢阳，米价腾踊，贫漏之室，无以自资，朝夕遑遑，唯忧馁馑。下人之瘼，拭可哀矜，稼穑艰难，所宜祥悉。天皇所以垂衣北极，殿下所以守器东宫，为天下之所尊，得天下之所利者，岂唯上玄之幽赞，亦百姓之力也。百姓危，则社稷不得独安，百姓乱，则帝王不能独理。故古之明君，饱而知人饥，温而知人寒，每以天下为忧，不以四海为乐。今关、陇之外，凶寇凭凌，西土编氓，凋丧将尽，干戈日用，烽柝荐兴，千里有老于馈粮，三农不遑于稼穑，殿下为臣为子，乃国乃家，为臣在于竭忠，为子期于尽孝，在家不可以自逸，在国不可以自康。"③ 即君主如果没有人民，就不能保全他们的统治；人若没有吃的，就无法让自己生存。所以孔子说："百姓如果很富足，君主不可能不富足；百姓不富足，君主拿什么富足呢？"自近年以来，国家的水旱灾害就不断，粟米不能获得丰收，黎民百姓的生活很是困苦。今年夏天天气干旱，米价飞涨，贫困孤苦之人，没有衣食，惶惶不可终日，唯恐冻死饿死。老百姓的艰难困苦，你要有所察觉，种植粮食的艰难，你也要有所了解。皇帝之所以能统治天下，殿下之所以能稳坐东宫，作为天下最尊贵的人，获得天下所有的权力和利益，岂能是皇帝一人的功劳，是老百姓所鼎力相助而致。百姓处于危难之中，社稷就不可能安好，百姓动乱，帝王就不能安稳。所以古代的明君，自己吃

---

① 《旧唐书·韦思谦传》，中华书局 1975 年版，第 2862 页。
② 同上书，第 2865 页。
③ 同上书，第 2863 页。

饱了却知道有人还在忍受饥饿，自己穿暖了也能知道有人还处在寒冷的境地，经常忧虑天下的百姓，而不是只知道自己享乐。今天的关、陇之地，匪患猖獗，西边生活的流民，几乎死亡殆尽，加上朝廷经常打仗，漫长的道路上一直充斥着运粮的队伍，以至于农人都不事耕种。殿下既是臣，也是子，既要为国家考虑，也得为家族考虑。做臣子必须要竭尽忠诚，为儿子必须要尽孝，在家之时不能太过安逸，治理国家之时不能觉得一切都很安宁。以上就是承庆所阐发的爱民思想。他能站在百姓的立场上，深谙其生活艰难，劝诫太子要以民为重，为民所想，真正让民安居乐业，是很难得的。

嗣立，承庆异母弟也，与承庆感情深厚，史载其："每有杖罚，嗣立必解衣请代。"① 即每次只要承庆受到责罚，他都会脱下衣服请求代替哥哥。他少年时即举进士，官至双流令、莱芜令、凤阁舍人、中书令、许州刺史等。任职之后，他也和哥哥一样，尽职尽责地为朝廷做事。在他一生的疏奏中，最有价值的便是他的人口思想。

一　要对民众进行教育

嗣立在对当时的社会现实进行观察后认为，当时的情形是学校颓废、刑法滥酷。他上疏说："臣闻古先哲王立学官，掌教国子以六德、六行、六艺，三教备而人道毕矣。《礼记》曰：'化人成俗，必由学乎。'学之于人，其用尽博。故立太学以教于国，设庠序以化于邑，王之诸子、卿大夫士之子及国之俊选皆造焉。八岁入小学，十五入太学，春秋教以《礼乐》；冬夏教以《诗书》。是以教洽而化流，行成而不悖。自天子以至于庶人，未有不须学而成者也。"② 即我听说古代的圣王总是要设置学校，给国人教授六德、六行、六艺，三者都实施后才认为对民众尽了人事。《礼记》说：'要将一个俗人教育成有用的人，必须要经过学习。'学习对于人来说，可以发挥他的所有特长。所以他们都会设立太学以教育民众。设专门的学校在各个州邑，这样皇家诸王子、卿大夫以及国家的栋梁之材就可以进行选拔了。一般的规定是，八岁进小学，十五岁进太学，春秋之时教授他们《礼乐》；冬夏之时教授他们《诗书》。这样的话，人们就会

---

① 《旧唐书·韦思谦传》，中华书局 1975 年版，第 2865 页。

② 同上书，第 2866 页。

因受教育而懂得许多道理，其行为也不会违反社会规范。所以，从天子一直到庶人，没有人不是通过学习而成才的。在阐释了学习的重要性后，他对当时的现状进行了批评："国家自永淳以来，二十余载，国学废散，胄子衰缺，时轻儒学之官，莫存章句之选。贵门后进，竟以侥幸升班；寒族常流，复因凌替弛业。考试之际，秀茂罕登，驱之临人，何以从政？又垂拱之后，文明在辰，盛典鸿休，日书月至，因籍际会，入仕尤多。加以谗邪凶党来俊臣之属，妄执威权，恣行枉陷，正直之伍，死亡为忧，道路以目，人无固志，罕有执不挠之怀，殉至公之节，偷安苟免，聊以卒岁。遂使纲领不振，请托公行，选举之曹，弥长渝滥。随班少经术之士，摄职多庸琐之才，徒以猛暴相夸，罕能清惠自助。使海内黔首，骚然不安，州县官僚，贪鄙未息，而望事必循礼，俗致康宁，不可得也。"① 即国家自永淳年间以来，将近二十年的时间，国学不兴，可造之才缺乏，当时那些轻视儒家学说的官员，没有几个能懂得基本礼仪。那些以贵族身份晋升的官员，都是靠侥幸生活的；寒门学子，也会因当时社会主流观念的影响而荒废学业。考试之时，没有几个有才学的人参加，让无才学之人进入官宦阶层，如何处理好一方政务呢？另外，在垂拱之后，人们靠裙带门第关系当官的更多。再加上善进谗言的来俊臣之流，凭借手中的权力，随意诬陷他人，正直的人士，每天都在担心自己的安危，在路上相遇只能用目光交流，人们也就没有了坚强的意志，很少有人会不屈不挠，到对待公务的时候，敷衍了事、苟且偷生。导致的结果是国家的纲纪不存，大家彼此请客吃饭，靠关系进行晋升，这种风气至今愈演愈烈。各部少有真才实学之人，很多官员大多是庸碌之辈，他们只会相互夸耀，不能清廉做人。最终导致的后果是整个国家中谁都不能明确表达自己的意愿，人们均惶恐不安，各州县的官僚，贪腐成风，那种做事处处依照礼仪，毕生致力于国家安宁的状况根本就不存在。从理论和现实结合的基础上，嗣立提出了自己的改革主张："陛下诚能下明制，发德音，广开庠序，大敦学校，三馆生徒，即令追集。王公以下子弟，不容别求仕进，皆入国学，服膺训典。崇饰馆庙，尊尚儒师，盛陈奠菜之仪，宏敷讲说之会，使仕庶观听，有所发扬，弘奖道德，于是乎在。则四海之内，靡然向风，延颈举足，咸知所向。然后审持衡境，妙择良能，以之临人，寄之调俗；则官无侵暴之政，

----

① 《旧唐书·韦思谦传》，中华书局1975年版，第2866页。

人有安乐之心，居人则相与乐业，百姓则皆恋桑梓，岂复忧其逃散而贫蝼哉！今天下户口，亡逃过半，租调既减，国用不足，理人之急，尤切于兹。故知务学之源，岂为润身进德而已，将以诲人立国，可不务之哉！"①即陛下如果能够申明制度，发挥智慧，开展教育，大力督促学校的设置，已经在私塾学习的人，就可命令他们到官办的学校集中学习。另外，王公以下的弟子，不允许他们通过其他渠道升迁官职，都必须进入国学，学习相关礼仪和知识。重新装饰各种馆驿，崇尚和尊敬儒学和儒士，大力推广儒家的基本礼仪，恢复以往的辩论之风，使得为官者和百姓同时聆听，鼓励他们对儒学发扬光大，提倡道德评判和奖励。这样的话，在全国范围内，风气就会扭转，人们的言行举止，会有共同的价值选择。在风气转换之后，审时度势，选择贤良之士，以其作为榜样，提升其他人的道德水准。这样的话为官者不施暴政，老百姓感觉安乐，非农人员则安分守业，老百姓都能认真种植，哪里需要担心他们到处流浪并贫困至极！今天的现实情况是，老百姓有一半人都在逃亡，国家税收减少，国库空虚，治理百姓的当务之急就在这里。所以，我们就知道了，强调组织百姓学习，并不仅仅是为了修身养性，提升道德水平，而是为了以教育人的方式巩固国家的统治，这难道不是一件急切的事情吗？在此，嗣立使用点面结合的方法，既对统治者提出了要求，又对尊师重教的意义进行了阐释，同时将教育同爱民、富民、户口的增加、国库的充实等问题联系起来进行了分析，具有极强的说服力。

二　限制寺庙和食封之家的规模，使百姓休养生息

隋唐时期，整个社会的风气是人们大力营造寺庙，花费很多，规模很大。这样不仅造成了国库的空虚，还使许多人好逸恶劳，吃僧家饭，逃避劳动。这种现象已经引起了许多有识之士的忧虑，傅奕就是一例。而到了中宗即位，此风见长。这时，嗣立也和傅奕一样，对此提出了自己的看法。他说："臣闻国无九年之储，家无三年之蓄，家非其家，国非其国。故知立国立家，皆资与储蓄矣。夫水旱之灾，关之阴阳运数，非人智力所能及也。尧遭大水，汤遭大旱，则知仁圣之君所不能免，当此时不至于困弊者，积也。今陛下仓库之内，比稍空竭，寻常用度，不支一年。倘有水

---

① 《旧唐书·韦思谦传》，中华书局 1975 年版，第 2867 页。

旱，人须赈给，微发时动，兵要资装，则将何以备自？其缘仓库不实，妨于政化者，触类而是。"① 即我听说，国家如果没有储备够九年所需的物资，家庭如果没有准备三年所需的粮食，那么，家不是家，国也不是国。所以国家存亡与家庭兴旺，都要依靠丰厚的储蓄啊。世间的水旱灾害，关系到阴阳变化和国家的运道，它不是仅靠人的智力就能解决的。尧帝时遭遇大水，商汤时遭遇大旱，可见这些事情即使圣明的君王也不能免除，今天我们之所以没有被困顿得太厉害，是因为我们有积蓄。今天的国库，基本上属于空置，里面所存的物资粮食，不够一年的用度。如果遇见水旱，老百姓需要赈济，而且赈济不迅速还会引发混乱，兵士需要装备，到那时我们用什么物资去装备他们？人们所说的，仓廪不实，会影响整个国家的存亡，触类旁通，就是这个道理。在这里，嗣立先是陈述了府库积蓄的重要性。接着，他谈到了导致现状的原因之一："臣窃见比者营造寺观，其数极多，皆务取宏博，竞崇环丽。大则耗费百十万，小则尚用三五万余，略计都用资材，动至千万以上。转运木石，人牛不停，费人功，害农务，事既非急，时多怨咨。故《书》曰：'不作无益害有益，功乃成；不贵异物贱用物，民乃足。'诚哉此言，非空谈也。且玄旨秘妙，归于空寂，苟非修心定慧，诸法皆涉有为。至如土木雕刻等功，唯是殚竭人力，但学相夸壮丽，岂关降伏身心。且凡所兴功，皆须掘凿，蛰虫在土，种类实多。每日杀伤，动盈万计，连年如此，损害可知。圣人慈悲为心，岂有须行此事，不然之理，皎在目前。世俗众僧，未通其旨，不虑府库空竭，不思圣人忧劳，谓广种福田，即是增修法教。倘水旱为灾，人至饥馁，夷狄作梗，兵无资粮，陛下虽有龙象如云，枷蓝概日，岂能裨万分之一，救元元之苦哉！于道法既有乖，在生人极为损，陛下岂可不深思之！"② 即我私下里观察到人们到处都在营造寺庙和道观，不但数目极多，而且全都建得气势宏大，富丽堂皇。这些寺庙大则花费将近百万，小则花费三万五万，粗略计算一下他们所用的物资材料，应该达到了千万以上。况且，运输木料石头，人和耕牛都得不停地劳作，不但耗费人工，而且妨害农耕。因为此事并非当务之急，所以引来了百姓的叹息抱怨。所以，《书》云：'不做那些无益而害有益之事，就可以建功立业；不去追逐奇异的东西而看重

---

① 《旧唐书·韦思谦传》，中华书局 1975 年版，第 2870 页。
② 同上。

有用的东西，老百姓就会富足。'这话说得非常诚恳，不是空谈啊。而且
所有虚幻玄妙的说辞，到最后都会归于空寂，如果不是真正的修身养性，
所有的宗教都是有其目的的。至于土木工程的修建、雕刻绘画的展现，只
能是劳民伤财，但他们的宣传只是富丽堂皇，哪里考虑到人的真正需求。
而且，只要是修建庙宇，就必须在某地进行挖掘，看起来只是动土的事
情，其实要涉及很多方面的问题。每日的花费，动辄上万，连年如此修
建，对国家的损害可想而知。圣人都是以慈悲为怀的，哪会要求人们必须
大兴土木，目前我们对圣人的理解，是有很多失误的。那些从世俗中转过
来的所谓僧人，并没有读懂佛教的根本，他们也不考虑国库空虚，不思考
圣人真正担心的事情，认为只有广种福田，才是对佛教的发扬光大。如果
水旱灾害严重，老百姓饥寒交迫，同时边境的其他民族从中作梗，兵士没
有出征用的钱粮，陛下就是拥有再多的龙像、袈裟，也无法救民众于水火
之中！这种道术有它不可理喻的地方，而且对现在的老百姓的身心有极大
的损害，陛下怎能不深刻地思考这个问题！接着，他又说："臣窃见食封
之家，其数甚众，昨略问户部，云用六十余万丁，一丁两匹，即是一百二
十万已上。臣顷在太府，知每年庸调绢数，多不过百万，少则七八十万以
来，比诸封家，所入全少。倘有虫霜旱涝，曾不半在。国家支供，何以取
给？臣闻自封茅土，裂山河，皆须业著经纶，功申草昧，然后配宗庙之
享，承带砺之恩。皇运之初，功臣共定天下，当时食封才上三二十家，今
以寻常特恩，遂至百家以上。国家租赋，太半私门，私门则资用有余，国
家则支计不足。有余则或致奢侈，不足则坐致忧危，制国之方，岂谓为
得？封户之物，诸家自征，或是官典，或是奴仆，多挟势骄威，凌突州
县。凡是封户，不胜侵扰，或输物多索裹头，或相知要取中物，百姓怨
叹，远近共知。复有因将货易，转更生芬，微打纷纷，曾不宁息，贫乏百
姓，何以可堪！若必限丁物送太府，封家但于左藏请受，不得辄自微催，
则避免侵扰，人冀苏息。"[1] 即我看见那些封户的人家，家仆数量众多，
昨天粗略地问了一下户部，回答说大约有六十万人，每个家仆如果一年生
产两匹布，也要一百二十万匹。我曾经做过太府，知道每年国家征调的绢
数，最多也不过一百多万，少则只有七八十万。比之那些封户之家，收入
要少很多。如果再出现虫害、霜打、旱灾和洪涝，所收入的绢的数量还不

[1]　《旧唐书·韦思谦传》，中华书局1975年版，第2871页。

足上面所说的一半。国家所需物资，到哪里支取呢？我听说如果某人拥有自己的封地，必须具备两个条件，或者著作盖世，万人敬仰，或者战功赫赫，万目共睹，只有这样才可以享受宗庙之尊，承受皇家的恩典。开国之初，功臣们一起打下了天下，当时的封户之家才二三十户，今天，即使那些没什么功劳的，也因为得到了皇家的恩宠，封户也达到了上百家。国家应收的赋税，都进了私人的腰包，最终造成的结果是，私人的钱多得用不完，而国家的财力不够支付所需费用。私人钱多了自然会奢侈浪费，国家不足了会导致危机四伏，治国的道理，难道是这样吗？那些封户之家的所得，都是他们自己征收的，或者是粮食，或者是奴仆，这些人大多会横行乡里，欺凌百姓。凡是封户之家，都要对百姓进行骚扰，或者多多索要，或者掠夺别人心爱之物，百姓怨声载道，是人人共知的。还有的封户之家，要求百姓无钱者以货物抵押，四处索要，经常闹得人心惶惶，那些贫苦的老百姓，怎么能够忍受！如果国家规定，所有封户该得的钱物都先送到太府，由太府统一征收，之后封户之家再按数量到太府领取，不得私自征收，那么百姓就会免于侵扰，人心安定。

三　要选用贤良之人做官

嗣立主张选官一定要贤，他说："臣又闻设官分职，量事置吏，此本于理人而务安之也。故《书》曰：'在官人，在安人。官人则哲，安人则惠。能哲能惠，何忧乎欢兜，何畏乎有苗'者也！是明官得其人，而天下自理矣。古者取人，必先采乡曲之誉，然后辟于州郡；州郡有声，然后辟于五府；才著五府，然后升之天朝。此则用一人所择者甚悉，擢一士所历者甚深。孔子曰：'辟有美锦，不可使人学制。'此明用人不可不审择也。用得其才则理，非其才则乱，理乱所系，焉可不深择之哉！"[1] 即我又听说设置官职，按事情的需要设置官吏，都是为了管理民众让其安心。所以《书》中就说："设置官人，就是为了安定人心。为官者清明，安定人心就可以做到。为官者清明，老百姓安心，国家何忧之有？"这里说的是如果我们选拔官员的时候用人得当，天下自然安定。古代选拔人才，先要去乡里了解他的声誉和人品，然后放在州郡使用；在州郡名声极好，然后在五府使用；才华在五府得到彰显，然后擢升其在朝廷任用。这就是人

---

[1] 《旧唐书·韦思谦传》，中华书局1975年版，第2872页。

们常说的用一个人在选择时一定要慎重，擢升一个人要让他经历一个过程。孔子说："就算有些锦布非常华美，但也不能教人做成一样的。"这是在强调用人一定要慎重选择。将其才华用到该用的地方，他治理一方政务就会非常有成效，用不对地方，就会扰乱一方平安，因为用人有对与错的区别，所以一定要慎重啊。以上就是他的用人之道。循着这一观点，他对现实情况进行了分析："今之取人，有异此道，多未甚试效，即顿至迁擢。夫趋竞者人之常情，侥幸者人之所趋。而今务进不避侥幸者，接踵比肩，布于文武之列。有文者用理内外，则有回邪脏污上下败乱之忧；有武者用将军戎，则有庸懦怯弱师旅丧亡之患。补授无限，员阙不供，遂至员外置官，数倍正阙。曹署典吏，困于祗承，府库仓储，竭于资奉。国家大事，岂甚于此！古者悬爵待士，唯有才者得之，若任用无才，则有才之路塞，贤人君子所以遁迹销声，常怀叹恨者也。且贤人君子，守于正直之道，远于侥幸之门，若侥幸开，则贤者不可复出矣。贤者遂退，若欲求人安化洽，复不可得也。人若不安，国将危矣。又刺史、县令，理人之首，近年以来，不存简择。京官有犯及声威下者，方遣牧州；吏部选人，暮年无手笔者，方拟县令。此风久扇，上下同知，将此理人，何以率化？今岁非丰稔，户口流亡，国用空虚，租调减削。陛下不以此留念，将何以理国乎？臣望下明制，具论前事，使有司改换简择，天下刺史，县令皆取才能有称望者充。自今以往，应有迁除诸曹侍郎、两省、两台及五品以上清望官，先于刺史、县令中选用。牧宰得人，天下大理，万姓欣欣然，岂非太平乐事哉！"[1] 即今天朝廷用人，与我们所分析的道理相违背，大多数人并没有认真考核，就随意升迁。当然，竞相为官者人之常情，心存侥幸者亦有人在。而今天我们已经任用的很多官员，不乏心存侥幸之人，他们已在朝中管理事务。那些文官由于才能特长不同，难免会有行贿受贿的事情存在；那些武官因为只需将军提拔，难免会有庸碌之辈，这些都是国家的忧虑和祸患。国家在任用官吏方面没有限制，无限补给，以至于官外还有官员，比国家正规的官员还要多。那些正规的地方官员用度急缺，国家的仓库也总是枯竭。国家大事，怎能这样对待！古代的做法是虚置官位以等待有才学之人，只有有才华的人才被任用，如果我们大量使用没有才华和德行的人，那么贤人君子就会销声匿迹，且心中充满怨恨。而且，那些贤

---

① 《旧唐书·韦思谦传》，中华书局 1975 年版，第 2872 页。

人君子，都会正直做人，远离侥幸，如果侥幸之人大行其道，贤人就不会再出来了。贤人如果都隐匿起来了，再想寻找能使老百姓安宁的人可就难了。老百姓如果不安宁，国家就危险了，陛下怎能不好好思考啊。还有，那些刺史、县令，是在一线管理百姓的，近些年来，已经不好好选拔了。我们的做法是，凡是在京为官的人，有错误或者声望不行的，都被遣使到牧州任用；吏部选人时，把那些已到老年还没有任用的，选拔为县令。此种风气存在已久，人人共知，这样用人，怎能呈现好的管理效果？今年不是丰收年，户口（老百姓）大都逃亡了，国库空虚，租税少了一半。陛下不关注这些事情，用什么方法治理国家呢？臣希望国家明确规矩，好好讨论一下前面用人方面存在的问题，使有司改换一下用人的规则，使得天下的刺史、县令等都能按其才能使用。从今天开始，在任命侍郎、两省、两台及五品以上官员时，先从现有的刺史、县令中选用。这样用人，天下就会被治理得比较好，老百姓就会欢欣鼓舞，这难道不是太平乐事吗？在这里，他把国家官职的考核和选用与兴国安邦及老百姓的疾苦以及人口的增加联系起来，进行了深刻的说明，极有远见。

总之，嗣立的人口思想比之其他人，还是相当深刻和全面的，他的忧国忧民的情怀也非常明显。

第六节　狄仁杰的人口思想

狄仁杰（630—700），字怀英，并州太原人。唐代武周时期的著名宰相。官至汴州判左、并州都督府法曹、大理丞、侍御史、宁州刺史、豫州刺史、同凤阁鸾台平章事等。狄仁杰可谓古代的神探，史载他："周岁断滞狱一万七千人，无冤诉者。"[①] 即一年中所判的滞留案件，涉及 17000 人，但无一人冤屈。狄仁杰的一生，心存善念，为政期间，多为世人称赞。如他在任并州刺史期间，由于其"抚和戎夏，人得欢心，郡人勒碑诵德"。[②] 即能使戎狄和西夏关系融洽，获得人们的认可，因此郡中人立碑为其歌功颂德。狄仁杰主要生活在唐高宗及武则天时期。无论是军事还是政治，他都发表了许多有益的见解。其中一部分也涉及人口问题。

---

① 《旧唐书·狄仁杰传》，中华书局 1975 年版，第 2885 页。
② 同上书，第 2887 页。

一 反对大造佛像，主张保护百姓利益

当武则天将造大像，用功数百万，令天下僧尼每人出一钱，以助成之的想法说出后，狄仁杰当即表示了反对。他说："臣闻为政之本，必先人事。陛下矜群生迷谬，溺丧无归，欲令像教兼行，睹相生善。非为塔庙必欲崇奢，岂令僧尼皆须檀施？得伐尚舍，而况其余。今之枷蓝，制过宫阙，穷奢极壮，画绘尽工，宝珠殚于缀饰，环材竭于轮奂。工不使鬼，止在役人，物不天来，终须地出，不损百姓，将何以求？生之有时，用之无度，编户所奉，常若不充，痛切肌肤，不辞捶楚。游僧一说，矫陈祸福，剪发解衣，仍惭其少。亦有离间骨肉，事均路人，自身纳妻，谓无彼我。皆托佛法，诖误生人。里陌动有经坊，圜秽（街市）亦立精舍。化诱倍急，切于官徵；法事所须，严于制敕。膏腴美业，倍取其多；水碾庄园，数亦非少。逃丁避罪，并集法门，无名之僧，凡有几万，都下检括，已得数千。且一夫不耕，犹受其弊，浮食者众，又劫人财。臣每思维，实所悲痛。"[①] 即我听说治理国家的根本，在于处理好人的事情。陛下担心众生走入迷途，终日沉溺玩乐，打算塑造佛像，让佛像和教育并行，使人目睹佛像而心生善念。但是，我们今天建设的并不是佛塔和庙宇，那些建筑才需要奢华，为什么要让僧尼每人必须出钱呢？建造这样一尊佛像都要如此兴师动众，何况别的建筑呢。今天我们所建造的佛教建筑，制作之精细已经超过宫廷，奢华到了极点，上面的绘画非常精美，还有许多宝物点缀其间，材料的使用也是尽善尽美。众所周知，我们做工不可能使唤鬼魅，只能依靠人力，需要的物质材料也不会自己从天上掉下来，只能依靠地上生产的东西，除了损害老百姓的利益，别无他法。生产东西是有时间限制的，如果我们无限制地使用，所有拥有国家编户的老百姓提供的赋税也会匮乏，这些事情已经让他们痛彻心扉，难以用言语表达。再说那些僧尼，他们胡乱预测祸福，鼓动人们剃发解衣，总是觉得自己获得的东西太少。那些听信他们的人，最终都会不顾骨肉亲情，甚至像世俗之人一样娶妻纳妾，号称不分你我。这些做法都属于假托佛法，误导民众。小巷里面动辄就盖念经的地方，街市也会盖有许多精美的庙宇。人们的生活都围绕着佛事展开，其遵守规范的程度甚至比遵守国家的王法还要自觉。那些主事之

---

① 《旧唐书·狄仁杰传》，中华书局 1975 年版，第 2894 页。

人搜刮的民脂民膏，非常丰厚；他们自己居住的山水环绕的庄园，为数不少。有了这样的借口，他们就可以堂而皇之地逃避国家的赋税，并且聚集在法门寺内享受清闲，此时已经聚集在一起的没有名分的僧人就有几万之众，前面国家检括户口时，就已经检出了好几千人。自古以来我们都知道，一个农夫不耕种，人们的生活都要受其影响，不劳而获的人太多，就等于去抢劫别人的财物。我每次想到这些，都会感觉十分悲痛。总之，他从反对大建佛寺出发，讲到了建造的靡费，更讲到了佛法的迷惑人心，最为可贵的是他看到了僧众寺院佛像太多对农业的危害和对户口的影响。

二　应该汲取历史教训，慎重地对待佛事

为了更好地让统治者明白大兴佛事的危害，他还列举了历史上的事件对此进行说明："往在江表，像法盛兴，梁武、简文舍施无限。及其三淮沸浪，五岭腾烟。列刹盈街，无救危亡之祸；缁衣蔽路，岂有勤王之师！比年以来，风尘屡扰，水旱不节，征役稍繁。家业先空，疮痍未复，此时兴役，力所未堪。伏惟圣朝，功德无量，何必要营大像，而以劳费为名。虽敛僧钱，百未支一。尊容既广，不可露居，覆以百层，尚忧未偏，自余廊庑，不得全无。又云不损国财，不伤百姓，以此事主，可谓尽忠？臣今思惟，兼采众议，咸以为如来设教，以慈悲为主，下济群品，应是本心，岂欲劳人以存虚饰。当今有事，边境未宁，宜宽征镇之徭，省不急之费。设令雇作，皆以利趋，既失田时，自然弃本。今不数稼，来岁必饥，役在其中，难以取给。况无官助，义无得成，若费官财，又尽人力，一隅有难，将何救之？"[①]即当年在江表一带，佛法盛行，梁武帝、简文帝对那些信佛之人非常慷慨。到后面佛事的发展风生水起，山岳之间烟雾升腾。庙宇连街，没有人顾及国家的危亡；缁衣漂浮，国家没有兵士出征！几年时间，边境屡次被外族骚扰，水旱不息，百姓的徭役加重。我们现在的情况是，老百姓没有家业，国家还是满目疮痍，这个时候大兴力役，人们不堪重负。我认为现在治理的圣朝，对百姓来讲是功德无量，何必要营造大像，以致劳民伤财。虽然只是征收僧人的钱币，但远远不够支付所需资费。大像造成之后，由于太过尊贵，肯定不能裸露在外，必然要多层覆盖，这样就要建许多多余的建筑，岂不是闲置无用。也有人说，这样做既

---

① 《旧唐书·狄仁杰传》，中华书局1975年版，第2894页。

不损害国家的财力，又不伤害百姓的利益，这样对君主表示忠心，岂不是忠臣？我思考了之后认为，释迦牟尼设立佛教，一直是以慈悲为怀，普度众生，应是他的本心，哪里需要人们劳心费力地加以虚饰。当今的国家百废待兴，边境之地也从未安宁，应该放宽赋税的征收，省下那些不需花费的财物。如果非要营造大像，人们就会继续追逐利益，假使失去了种田的时节，也就舍弃了国家的根本。今天我们不努力耕种，明年就会遇到饥渴，如果再加上役使百姓，国家就更加难以发派钱粮。此事如果没有官家资助，断然无法建成，但是如果浪费官家的资产，又役使了大量的人力，如果一方有难，拿什么去拯救呢？这段分析情真意切，感人肺腑，表明了狄仁杰以农为本的思想观念和对老百姓的怜惜和同情。

狄仁杰能站在客观的立场上，详查佛法兴盛所造成的各种弊端，并对此进行有理有据的论述，尤其是他能将这一切与国家农业的发展、人口的廓清、百姓之疾苦联系起来进行分析，实属难能可贵。

第七节　李峤的人口思想

李峤（644—713），字巨山，赵州赞皇人（今河北赞皇）。史载曰："峤早孤，事母以孝闻。为儿童时，梦有神人遗之双笔，自是渐有学业。"[1] 即李峤很早时父亲去世，他对母亲非常孝顺。还是孩子时，梦见有一个神仙给了他两支笔，于是努力学习，逐渐学有所成。他年少时即举进士，官至监察御史、凤阁舍人、宰相、中书令、文馆大学士、同凤阁鸾台平章士，兼修国史等。李峤主要生活在武则天时期，在任期间深得武则天赏识，武则天不仅对他"深为接待"，而且"朝廷每有大手笔，皆特令峤为之"。[2] 即朝廷只要有大事要记载，都会命令李峤执笔。他曾发表了许多有关国家政治、军事等方面的言论。其中也有涉及人口思想的内容。

一　反对造像，关注民生疾苦

长安末年，武则天准备在白司马坂建造大像。李峤得知后大为反对，

---

① 《旧唐书·李峤传》，中华书局1975年版，第2992页。
② 同上。

并对此事发表了自己的见解。他说："臣以法王慈敏，菩萨护持，唯拟饶益众生，非要营修土木。伏闻造像，税非户口，钱出僧尼，不得州县祗承，必是不能济办，终须科率，岂免劳扰！天下编户，贫弱者众，亦有佣力客作以济糇粮，亦有卖舍贴田以供王役。造像钱见有一十七万余贯，若将散施，广济贫穷，人与一千，济得一十七万余户。拯饥寒之弊，省劳役之勤，顺诸佛慈悲之心，沾圣君亭育之意，人神胥悦，公德无穷。"① 即我认为佛祖慈悲，菩萨护法，都是为了保护众生，并非要人们大兴土木。我听说陛下要造佛像，税钱不是由一般百姓出，而是由那些僧尼出，我觉得如果各州县不出赋税的话，此事肯定办不好，这样的话，还是要叨扰百姓，百姓如何避免这一沉重的负担！天下属于国家管理的百姓，大都贫弱无依，还有一些人正在以服劳役来抵粮食之不足，还有人正在卖房卖田以供徭役。造像的话需要一十七万余贯钱，这些钱如果进行布施，可以广济贫苦之人，一人一千贯，也能救济一十七万户。如果国家能拯救百姓于饥寒之中，让老百姓少服徭役，就既真正符合了佛家的慈悲为怀，又显示了圣君对百姓的爱护之意，人神共悦，功德无量。不难看出，李峤这一见解与狄仁杰相同。

二　分析了进行户口管理的必要性

众所周知，武则天时期是唐朝的兴盛时期。虽然当时的封建经济有了较大的发展，人口也有了明显增加，如高宗永徽三年（652），在籍户口为3800000户，到武则天死时的中宗神龙元年（705），户口增至6156141户。② 在短短的50多年里，户口数增加了60%左右。但是，由于徭役的繁重、土地的大肆兼并和佛教的兴盛，人口逃亡、隐匿也非常严重。有史记载当时"天下户口，亡逃过半"。③ 即当时朝廷所拥有的人口，大半都处于逃亡状态，有的地方竟出现了"户口逃亡且尽"，④ 即人口全部逃亡的局面。面对这一严重状况，李峤从维护封建统治的角度出发，对户口管理的必要性进行了细致的分析。他说："臣闻黎庶之数，户口之重，而条

---

① 《旧唐书·李峤传》，中华书局1975年版，第2994页。
② 《唐会要·户口数》，中华书局1998年版，第1551页。
③ 《旧唐书·韦嗣立传》，中华书局1975年版，第2867页。
④ 《资治通鉴新注》卷207《唐纪二十三》，陕西人民出版社1998年版，第6921页。

贯不失，按比可知者，在于各有管统、明其簿籍而已。"① 即臣听说黎民百姓的人数、户口数，以及各朝各代的变化、比例，治国者如果想全面掌握的话，方法也就是各朝各代都要认真对此进行管理，明确地将其记录在簿而已。在李峤看来，如果唐朝统治者想要知道准确的人口数，必须在户口管理方面下足功夫，否则，国家的安定、赋税的收取就会出现一系列问题。

三　详细分析了当时逃户的状况及原因

李峤对唐朝当时的户口情况及人民四处逃亡的困境有着敏锐的观察力。他说："今天下之人，流散非一，或违背军镇，或因缘逐粮，苟免岁时，偷避徭役。此等浮衣寓食，积岁淹年。"② 即今天的老百姓，四处流散的并非一人，他们或者逃离了原先被管辖的军镇，或者哪里有粮食就投奔哪里，自己不按时令耕种粮食，反而以这种逃亡的方式逃避应服的徭役。这种懒惰离散之风气，已在社会上流传很多年了。这些逃亡之人"或出入关防，或往来山泽，非直课调虚蠲，关于恒赋，亦自诱动愚俗。堪为祸患，不可不深虑也"。③ 即或者游离在边境地区，或者隐居山野，不但可以被免去应缴纳的各种赋役，而且可以以各种原因逃避国家恒定的徭役，这些人的所作所为，已然成为国家的祸患，我们对此不得不深思啊。李峤认为，造成这种状况的主要原因为："逃亡之户，或有检察，即转入他境，还行自容。所司虽具设科条，颁其法禁，而相看为例，莫肯尊承。"④ 即这些逃亡的人家，如果遇到官府来检查，就马上转到其他地方，真可谓出入自由。国家的一些管理机构虽然也有明文规定，并颁布了对这种情况的惩罚措施，但是很多地方的老百姓相互影响，都不肯严格遵守这些律条。李峤还认为，这种户口因各种原因的不实和民众的逃亡，已经造成了严重的后果：一是"王役不供，簿籍不挂"。⑤ 即国家该收的徭役无法收取，百姓的许多资料都不在国家的掌握之中；二是"纵欲纠其僭违，加之刑罚，则百州千郡，庸可尽科，前既依违，后仍积习，检获者无赏，

① 《唐会要》卷85《逃户》，中华书局1998年版，第1560页。
② 同上。
③ 同上。
④ 同上书，第1561页。
⑤ 同上书，第1560页。

停止者获免，浮逃不悛"。① 即这样的局面已经形成后，即使国家想纠正这一风气，对百姓加以刑罚，但是，这种现象几乎在所有的州县都存在，纠正了前面的，后面的人照样逃亡。一段时间之后，此种风气又会兴盛起来，出现简括户口的人没有赏赐、没有逃亡的人免去赋税的局面，最终仍然是离散逃亡之风屡禁不止。

四　主张采取有效措施，解决逃户问题

面对这种户口不实和逃户居多的状况，李峤认为必须用一些行之有效的方法予以解决。他首先提出了解决这一问题的总原则："宜令御史督察检校，设禁令以防之，垂恩德以抚之，施权衡以御之，为制限以一之。然后逃亡可还，浮寓可绝。"② 即应该让御史等官员对户口的隐漏情况进行督查和检查校对，设置一系列禁令以防止这一现象的再次发生，朝廷用宽容的姿态抚慰百姓，运用灵活变通的政策来制止这些行为，运用限定时间的方法同意户口管理。这样的话，逃亡的人就可以返回，这种离散浮游、不事农耕的风气就会有所改善。在所制定的大原则的基础上，李峤给出了解决问题的具体方法：第一，"使闾阎为保，递相觉察，前后乖避，皆许自新。仍有不出，辄听相告，每纠一人，随事如赏。明为科目使之劝沮"。③ 即在居民中采用连环保的方法，严格检查隐漏人口，之前隐瞒人口户籍的百姓，允许他们自行申报。如果一直不报，就让检举人出来发挥作用，每次举报一人，按律给予奖励。把这一规定作为一种严格的政策，列入国家法律，使其起到阻止户口外流的作用。第二，"逃亡之徒，久离桑梓，粮储空阙，田地荒废，即当赈于乏少，助其修营，虽有阙赋悬徭，背军离镇，亦皆舍而不问，宽而勿征。其应还家，而贫乏不能致者，乃给程粮，使达本贯"。④ 即那些逃亡的人，很久都不接触农桑种植了，他们基本上都是这样的情况，即没有粮食储备，田地完全荒芜。在这种情况下，官府应该对他们进行赈济，出资帮助他们修缮扩建家园，对于这些逃亡之人之前拖欠官府的很大数量的赋税，以及他们背离所属军镇的做法，

---

① 《唐会要》卷 85《逃户》，中华书局 1998 年版，第 1561 页。
② 同上。
③ 同上。
④ 同上。

都不予追究，而且，对那些自愿返回的百姓，还要减少他们应交的赋税。最后，对那些又想返乡又缺少路费的人，官府应该给他们钱粮，使他们能够顺利返回家乡。第三，"逃人有绝家去乡、离失本业、心乐所在、情不愿还（者），听于所在隶名，即编为户。夫顾小利者失大计，存近务者忘远图。今之议者或不达于变通，以为军府之地，户不可移，关辅之民，贯不可改。而越关继踵，背府相寻。是开其逃亡，而禁其割隶也。就令逃亡者多不能归。总计割隶，尤当计其户等。量为节文，殷富者令还，贫弱者令住。检责已定，计料已明，户无失编，民无废业"。① 即那些逃亡的百姓之中，如果有举家迁移、丢弃家业，情愿在其他地方生活、不愿返乡的，按照他们的要求，在本地建立户口档案。因为如果我们只顾及了眼前的小利，就会失去获得民心的大局，如果只看到眼前的事情就会忘记国家的长远和未来。今天的有些人并不懂得变通的道理，以为甲地的户口，就不能移到乙地，属于某个管辖范围内的百姓，籍贯是不能改的。于是他们就不遗余力地四处简括并找寻那些百姓。这种做法只能加剧他们的逃亡，同时剥夺了他们在异地生存的权利。结果就是很多逃出去的人不能回来。其实，我们完全可以从总体上计算他们的居住地和百姓的户口数。后面官府还应该明文告知，家境富裕的让他们尽量返乡，而那些贫弱的百姓，就令他们就地居住。如果国家的律条有非常明确的规定，而且计算户口的方法也清晰明了，那么整个国家就不会出现户口数的缺失和人民废弃所从事的本业的事情了。第四，"逃亡之民，应自首者，以符到百日为限，限满不出，依法科罪，迁之边州"。② 即那些脱逃户口、按律应该返乡的逃亡者，应该限令他们在一百天内返乡，逾期不返，依法对他们进行惩罚，并把他们迁往边远地区。以上就是李峤总结出的解决逃户问题的方法，李峤认为，只要按照已经制定的基本原则和行之有效的方法去做，唐朝就会"户无所遗，民无所匿矣"。③ 即没有一个百姓的户口会遗漏，人民不会有一个藏匿的理想的局面。

总之，作为一个封建官员，李峤思考问题的出发点已然是如何为封建统治者服务、如何巩固唐朝的江山。但他提出的变通处理逃户问题、减轻

---

① 《唐会要》卷 85《逃户》，中华书局 1998 年版，第 1561 页。

② 同上。

③ 同上。

百姓徭役的主张，尤其是对人口进行管理的思路和做法，还是有着自己的特点的，在武则天统治时期，这些做法起到了一定的现实作用。

第八节　刘晏的人口思想

刘晏（715—780），字士安，曹州南华人（今山东东明人）。唐朝非常杰出的理财家。史载他："年七岁，举神童，授秘书省正字。累授夏县令，有能名。"① 即七岁时即有了神童的美名，之后被授秘书省正字。累计被授予夏县县令，获得了"能人"的称号。官至殿中侍御史、度支郎中、河南尹、户部侍郎、御史中丞、京兆尹、吏部尚书、平章事等。刘晏生活在肃宗和代宗两个时期，时值"安史之乱"之后。刘晏从40岁以后就开始全面掌管唐朝中央财政工作，"军国之用，皆仰于晏"。② 即国家及军队的大事，都仰仗刘晏。由于是一人统领天下财富，最终遭杨炎残害。在他死后，人们才知道他一生清廉，洁身自好，是封建王朝难得一见的清官。史载他生前"饮食俭狭，室无媵婢"。③ 即饮食非常简单，家中没有一个多余的婢女。刘晏死后，人们抄检他的财产，竟发现他只有"杂书两乘、米麦数斛"。④ 即杂书两箱，米面两斗。人们不禁十分感慨。刘晏一生中有多篇文章书陈国事。其中有一部分涉及人口问题。

一　主张增加人口

刘晏生活的时期，正值"新承兵戈之后，中外艰食，京师米价斗至一千。官厨无兼时之积，禁军乏食，几县百姓乃捋穗以供之"⑤。即刚刚经历过战争之后，京师的米价达到了一千钱一斗。官厨都没有多余的积蓄，军士没有可吃的食物，好几个县的百姓都把没有成熟的麦穗捋下来供给官府。同时，社会生产力遭到极大破坏，封建经济濒临崩溃，国家的财政收入极其困难，当时的唐朝，在经历了"安史之乱"之后，从洛阳到徐州一带，几乎到处"宫室焚烧，十不存一。百曹荒废，曾无尺椽。中

---

① 《旧唐书·刘晏传》，中华书局1975年版，第3511页。
② 同上书，第3515页。
③ 同上书，第4796页。
④ 同上书，第4797页。
⑤ 同上书，第3512页。

间几内，不满千户。井邑榛棘，豺狼所嗥，既乏军储，又鲜人力。东至郑、汴，达于徐方，北自覃怀，经于相土，人烟断绝，千里萧条"。① 即宫室大多被焚烧，留存下来的不到十分之一。城邑大量荒废，房屋不存几间。中原地区的很多地方，不到千户人家。满目疮痍，豺狼嚎叫，既没有军事储备，又没有人力可用。东边到郑州、汴梁，北边到覃地和怀地，所有经过的地方，人烟稀少，千里萧条。老百姓或是死于战乱，或者背井离乡，使得当时的人口数锐减。安史之乱前的玄宗天宝十四年（755），全国有编民 8914709 户，53919309 人，到"安史之乱"后的肃宗乾元三年（760），仅余 193174 户，16990386 人。② 其中户数几乎减少了五分之四，口数减少三分之二。为了改变这一荒凉景象，扭转这一危险局面，刘晏提出了许多有益的建议。诸如大力整顿腐朽的财政体制、恢复水路运输、减轻赋税徭役、改革食盐专卖等，最为突出的是，他提倡想方设法大力增加人口数量，以挽救封建经济。他认为，人口众多是好事，可以增加国家的财政。即所谓："人口滋多，则赋税自广，故其理财，以爱民为先。"③ 即人口如果众多的话，财富就会滋长，因而在为国家理财之时，也要考虑如何爱民。他还认为："东都凋破，百户无一存，若漕路流通，则聚落邑厘渐可远定。"④ 即东都之地，一百户人家无一家能生存的，如果我们疏通了漕路，则村落城邑都会出现并安定下来。在刘晏的努力下，当时唐朝的人口有了一定的增加。史载："晏始为转运使，时天下见户不过二百万，其季年乃三百余万；在晏所统则增，非晏所统则不增也。"⑤ 即刘晏为转运使的时候，当时天下户口不过二百万，到年底即达到了三百多万；在刘晏管理国家财政时户口则增加，不是刘晏管理的时期户口并无增加。

二　主张爱民、重民

在刘晏的人口思想中，明显地蕴涵着爱民、重民的观念。"安史之乱"之后，由于社会生产力遭到巨大的破坏，封建经济濒临崩溃的边缘，

---

① 《旧唐书·郭子仪传》，中华书局 1975 年版，第 3457 页。
② 《通典·食货七·历代盛衰户口》，中华书局 1984 年版，第 41 页。
③ 《资治通鉴新注》卷 226《唐纪四十二》，陕西人民出版社 1998 年版，第 7663 页。
④ 《新唐书·刘晏传》，中华书局 1975 年版，第 4794 页。
⑤ 《资治通鉴新注》卷 226《唐纪四十二》，陕西人民出版社 1998 年版，第 7663 页。

国家的财政收入极其艰难，而这一切的社会负担，最终都落到了老百姓的头上。刘晏多次用怜悯的口吻说："京师三辅，苦税入之众，淮、湖粟至，可减徭赋半。"① 即京师及三辅之地，人们对沉重的赋税苦不堪言，如果江淮、湖北的稻米能调集过来，可使京师之地的民众减少一半的赋税。除了同情老百姓的赋役太重，他还描述了当时老百姓苦难的生活情境。他说："起宜阳、熊耳、虎牢、成皋五百里，见户才千余，居无尺椽，爨无盛烟，兽游鬼哭。"② 即我从宜阳、熊耳、虎牢等地走到了成皋，共五百里，看见的户数才有一千多户，而且他们大多没有房屋可住，也见不到飘动的炊烟，到处是野兽游荡，厉鬼哭喊。在爱民思想的指导下，他用了以下方法改变人民的生活状况：第一，根据不同的年景，对人民采取不同的措施，在安定人民生活的基础上保证国家的粮食收入。具体办法是在丰收的年景，提高粮价，大量收购粮食；在歉收的年景，降低粮价，抛售粮食，或用粮食交换农民的其他副产品，再在丰收年景卖出去。即："丰则贵籴，歉则贱粜，或以谷易杂货供官用，及于丰处卖之。"③ 第二，在预见到将出现灾荒年景时，应有所准备，以便"待其困弊、流亡、饿殍"。④ 即等到老百姓困顿、逃亡、饥饿时，及时进行救济。第三，加固河堤，畅通水运，使京师三辅百姓，顿减徭役，从而改变老百姓的生活窘况。他说："若使江湖米来每年三二十万，则饥人皆附，村落邑廛，从此滋多。"⑤ 即如果使南方的米粮每年能往京师运输二三十万，那么饱受饥饿的人就会归附，村落城邑，就会增多。

总之，刘晏作为唐朝后期的封建官员，能在生活当中观察到民生的疾苦，并利用手中的权力对民众的生活予以改善，实属难能可贵。

第九节　陆贽的人口思想

陆贽（754—805），字敬舆，苏州嘉兴人（今浙江嘉兴人），唐朝著

---

① 《新唐书·刘晏传》，中华书局 1975 年版，第 4794 页。

② 同上。

③ 《资治通鉴新注》卷 226 《唐纪四十二》，陕西人民出版社 1998 年版，第 7663 页。

④ 同上。

⑤ 《旧唐书·刘晏传》，中华书局 1975 年版，第 3512 页。

名的政治家、文学家、思想家。史载"贽少孤，特立不群，颇勤儒学"。①
即陆贽年少时即成了孤儿，他特立独行，在儒学方面颇有造诣。陆贽聪明
好学，年仅18岁就中了进士，被朝廷任命为华州郑县尉。其后官至渭南
县主簿、监察御史等。唐德宗为太子时，就听说了陆贽的才能，因此，德
宗即位之后，将陆贽召为翰林学士，后又转为兵部侍郎。陆贽是一个忠孝
之人，对德宗的知遇之恩特别感激，因此，事无巨细，都尽力辅佐。德宗
建中四年，朱泚谋逆，陆贽随德宗到达陕西乾县，当时天下叛乱，军务紧
急，一日之内，诏书能下达数百次之多。史载陆贽："挥翰起草，思如泉
注，初若不经思虑，既成之后，莫不曲尽事情，中于机会，胥吏简札不
暇，同舍皆伏其能。"② 即挥笔起草，思如泉涌，虽然起初也没有特别思
考，但是写成之后，也都能切中要害、抓住问题的关键，同僚们对他写出
来的文书应接不暇，大家都很佩服他的才能。同时，他还劝诫德宗，在国
家动乱之际，一定要"痛自引过，以感动人心"。③ 即真心承认自己的过
失，以感召、获得广大的民心。德宗听从了陆贽的劝告，发了数封言辞恳
切、诚心改过的诏书，结果是："奉天（陕西乾县）所下诏书，虽武夫悍
卒，无不挥涕感激。"④ 即德宗在乾县所下的诏书，即便是兵士和老百姓，
都无不流泪感激。其实，这些诏书的言辞都出自陆贽之手。之后，陆贽又
因其才能出众官至宰相。但在任宰相两年之后，由于他为人耿直，因此遭
人陷害，被贬为忠州（四川忠县）别驾。陆贽在忠州生活了十年，终日
闭门静思，并无更多著述。唐肃宗即位，诏陆贽回京议政，结果是："诏
未至而贽卒，时年五十二。"⑤ 即诏书未到而陆贽已逝，终年52岁。陆贽
作为有思想和忠于朝廷的唐代官员，不但从诸多方面提出了自己的治国理
念和为君者应当遵循的原则，而且在人口问题上也发表了一些见解。

一　治理国家，要重视百姓

同古代诸多的思想家一样，陆贽为了帮助封建王朝巩固其统治，发展
其经济，增加其税收，主张为政者要重视百姓，尽量给他们安宁稳定的生

---

① 《旧唐书·陆贽传》，中华书局1975年版，第3791页。
② 同上书，第3792页。
③ 同上。
④ 同上。
⑤ 同上书，第3818页。

活。他认为："人者，邦之本也。财者，人之心也。兵者，财之蠹也。其心伤则其本伤，其本伤则其枝干颠瘁，而根柢蹶拔矣。"① 即人是国家的根本。财物，是人的内心最渴望得到的东西。兵士，是保护财富的来源。而根本伤了就连带伤了大树的枝叶，最后导致整棵树连根拔起。他还认为："臣闻立国之本，在乎得众，得众之要，在乎见情。"② 即我听说治国的根本，在于得到民众，而要真正得到民众，在于考察他们的生活情形。他同时认为："人心不摇，邦本自固。"③ 即人心如不动摇，国家就会永远稳固。当然，陆贽之所以这样看待民众的重要性，是因为在他看来："夫财之所生，必因人力，故先王之制赋入，必以丁夫为本。"④ 即国家的财富，源于百姓的多寡，所以先王制定赋税政策之时，必须要考虑百姓的数量。在重视民众的前提下，陆贽还对老百姓的生存状况进行了描述："聚兵日重，供费日多。长赋不充，乃令促限。促限才毕，复命加征。加征既殚，又使别配。别配不足，于是权筹之科设，率贷之法兴，禁防滋章，条目攒碎。吏不堪命，人无聊生。农桑废于征呼，膏血竭于笞棰。市井愁苦，室家怨咨。兆庶嗷然，而郡邑不宁矣。"⑤ 即由于国家频繁征兵，所以供给将士的物资费用就不断增加。一般的税收不能满足这一需求，就会给民间限制必须缴纳赋税的时间。时间刚刚定完，又一次加征赋税。加征的物资使用完后，又给百姓规定别的征收项目。其他征收项目也不奏效之后，就会设置专门计算百姓应该缴纳的徭役的机构，不但规定百姓可以以其他物品代替徭役，而且那些防止百姓逃避重赋的条目数不胜数且繁琐细碎。这样做的结果是一般的官吏疲于奔命，一般的老百姓民不聊生。而且农业生产荒废，人们仅有的一点生活资料被强行掠夺。整个社会愁苦不堪，每家每户怨声载道。全国上下一片混乱，所有郡邑都不得安宁。"霖雨为灾，弥月不止。或川渎泛涨，或谿谷奔流。淹没田苗，损坏庐舍。又

---

① 《资治通鉴新注》卷228《唐纪四十四》，陕西人民出版社1998年版，第7724页。
② 《唐陆宣公奏议读本》卷一《奉天论前所答奏未施行状》，上海新文化书社中华民国二十年版，第26页。
③ 《资治通鉴新注》卷228《唐纪四十四》，陕西人民出版社1998年版，第7725页。
④ 《资治通鉴新注》卷234《唐纪五十》，陕西人民出版社1998年版，第7930页。
⑤ 《唐陆宣公奏议读本》卷一《论叙迁幸之由状》，上海新文化书社中华民国二十年版，第17页。

有漂溺不救，转徙乏粮。丧亡流离，数亦非少。"① 即在一些特殊的年景，还会出现更悲惨的状况，那就是阴雨连绵，数月不止。河流暴涨，山洪暴发。大的水灾会淹没良田，损坏房屋。还有一些百姓被洪水冲走，溺死水中而无人施救，那些逃离出来的人又缺衣少粮，无法生存。这种状况所导致的人民颠沛流离的现象不在少数啊。在这种情况下，陆贽希望统治者能体恤百姓的苦难，尽量不让人民流离失所。这样，既能使一国的人口增加，而且"人庶安而财货不给，因以丧邦者，未之有也"②。即人民安定富庶而财物不丰富，因此而损害国家的情况，从未有过。

在重视民众的基础上，陆贽还总结了为政者应该对待百姓的态度："怀生畏死，蠢动之大情；虑危求安，品物之常性。有天下而子百姓者，固当去其所畏，给其所求；使家家自宁，人人自遂。家苟宁矣，国亦固焉；人苟遂亦，君亦泰焉。"③ 即渴望生而畏惧死，是人之常情；希望安宁避免危难，也是常人的品性。拥有百姓的治国者，应该让百姓远离危难，给予他们所希望的安定生活；使得家家安宁，人人遂心。如果家庭安宁了，国家也就稳固了；人人都遂心了，国君也就安泰了。

为了体现国家对百姓的重视，陆贽还给出了安顿百姓、增加人口的具体措施。即可以将官员的考核、应交赋税数额与户口的增减联系起来，给户口多者予以奖励。他说："夫廉吏奏课会府考功，大约在于四科：一曰户口增加，二曰田野垦僻，三曰税钱长数，四曰征办先期。此四者，诚吏职之所崇。"④ 即考核廉吏的标准有四个方面：一是户口增加，二是田地开垦，三是国家的税收增加，四是朝廷交办的事情按期完成。这四个方面是官吏的基本职责。其中："苟益户数，务登赏条。"⑤ 即如果户口数有了大的增加，务必要加以奖赏。办法是"若当管之内，人益阜殷，所定税

---

① 《唐陆宣公奏议读本》卷二《请遣使臣宣抚诸道遭水州县状》，上海新文化书社中华民国二十年版，第 104 页。

② 《唐陆宣公奏议读本》卷四《论裴延龄奸蠹书一首》，上海新文化书社中华民国二十年版，第 179 页。

③ 《唐陆宣公奏议读本》卷二《收河中后请罢兵状》，上海新文化书社中华民国二十年版，第 93 页。

④ 《唐陆宣公奏议读本》卷四《均节赋税恤百姓第三条》，上海新文化书社中华民国二十年版，第 207 页。

⑤ 《唐陆宣公奏议读本》卷四《均节赋税恤百姓第三条》，上海新文化书社中华民国二十年版，第 208 页。

额有余，任其据户口均减，以减数多少为考课等差。其当管税物通比，每户十分减三者为上课，减二者次焉，减一者又次焉。如或人多流亡，加税见户，比校殿罚亦如之。"① 即在官员管辖的范围内，民众的生活如果非常殷实富裕，在所限定的应交赋税的限度内，可以根据户口数的多寡进行减免，以每个官员减少的数额作为其政绩的考核标准。按照统一的赋税计算方法，每户能减十分之三者，为优等，减十分之二的为良好，减十分之一的为及格。如果所管辖区域内人口大量逃亡，每户还要加税，在考核政绩时就要加以惩罚。

二　要合理选用人才

和其他思想家一样，陆贽非常注重对人才的选取和任用。他说："夫理道之急，在于得人，而知人之难，虽圣所病。"② 即治国之要，在于得到人才，但是了解人才的困难，即使是圣人也会感觉不容易。原因是："听其言，则未保其行，求其行则或遗其才。"③ 即如果只听他怎么说，那么有可能没法保证他的行为，如果只看他怎么做，又担心遗漏他的其他才华。在他看来，人分贤才和小人两类，"臣闻君子小人，用舍不并；国家否泰，恒必由之。君子道长，小人道消，此所以为泰也；小人道长，君子道消，此所以为否也。"④ 即我听说君子和小人，他们的取舍不同；国家能否安泰，便是由这两类人决定的，如果一个国家，君子之风盛行，小人之品性受到遏制，国家就能安泰；如果小人之风盛行，君子的道行受到压制，那国家就要灭亡了。他主张为政者要善于辨别君子小人，尽最大努力得贤才而用之。他曾在其奏议中引用管仲的观点说："得贤不能任，害霸也；用而不能终，害霸也；与贤人谋事而与小人议之，害霸也。为小人者，不必悉怀险波，故覆邦家。"⑤ 即得到贤才而不能任用，是对霸业的危害；任用他们不能做到有始有终，是对霸业的危害；与贤才谋事的同时

---

① 《资治通鉴新注》卷 234 《唐纪五十》，陕西人民出版社 1998 年版，第 7934 页。

② 《唐陆宣公奏议读本》卷二 《请许台省长官举荐属状吏》，上海新文化书社中华民国二十年版，第 98 页。

③ 同上。

④ 《唐陆宣公奏议读本》卷四 《论裴延龄奸蠹书一首》，上海新文化书社中华民国二十年版，第 168 页。

⑤ 《旧唐书·陆贽传》，中华书局 1975 年版，第 3801 页。

又去听取小人的见解，是对霸业的危害。因为小人在议事时，并不会为国家的安危考虑，因而他们是颠覆国家基业的祸患。在此，陆贽明确地阐明了他对贤才治国的看法，同时提醒为政者要远离小人。既然贤才如此重要，而且关乎国家的安危存亡，那么该如何选取才能获得真正的贤才呢？陆贽认为："夫求才贵广，考课贵精。求广在于各举所知，长吏之荐择是也；贵精在于按名择实，宰臣之序进是也。往者则天太后践祚临朝，欲收人心，尤务拔擢，弘委任之意，开汲引之门，进用不疑，求访无倦，非但人得荐士，亦许自举其才。所荐必行，所举辄试，其于选士之道，岂不伤于容易哉？而课责既严，进退皆速，不肖者旋黜，才能者骤升，是以当代谓知人之明，累朝赖多士之用。此乃近于求才贵广，考课贵精之效也。"①即求取贤才必须广泛考察，考核一定要严。要实现广泛选拔就要做到每个人都要举荐自己所知道的人才，然后由长吏推荐上来；要做到考核严格就必须该人名副其实，由一般官员慢慢进取到宰臣。以前则天太后临朝，为了获取人心，尤其注重人才的选拔，在全国范围内张扬选拔人才的意图，广开引进人才的大门，从不怀疑被任用的人，同时还不断地求访其他人才。规定不但别人可以举荐，自己也可以推荐自己。而且，对推荐上来的每一个人才都会认真考察，真正任用之时每个人都会经过严格的考试，这样去选拔人才，岂不是要容易得多？同时，在则天临朝的阶段，对那些官员的政绩考核是非常严格的，所以导致的结果是那些官员进退都非常频繁，人们看到的是不能胜任者旋即会被罢黜，而那些具有真正才干的人马上就能升迁，所以现在的人经常说则天具有知人善任的能力，而且当时的朝中也积累了许多可用之才。这就是广泛求取人才、考核严格的效果啊。陆贽除了以武则天当时的做法说明了求贤的主要措施，也在奏议中批评了唐德宗选才、用才的不当之处，希望德宗能改变当时的陋习陈规，真正地选拔人才、信任人才，为国家的长治久安打下基础。作为受儒家思想深刻影响的官员，陆贽所做的一切努力当然是帮助封建帝王巩固其统治，但他对人才的看法和所陈述的做法还是有值得肯定的地方。

　　① 《唐陆宣公奏议读本》卷二《请许台省长官举荐属状吏》，上海新文化书社中华民国二十年版，第 103 页。

三　主张移民戍边

陆贽在看到当时唐朝边防的虚弱和已有的边防机制存在诸多不合理的做法之后，向统治者提出了移民戍边的具体建议。他说："臣愚谓宜罢诸道将士番替防秋之制，率因旧数而三分之一：其一分委本道节度使募少壮愿往边城者以徙焉；其一分则本道但供衣粮，分关内、河东诸军州募蕃、汉子弟愿傅边军者以给焉；又一分宜令本道但出衣粮加给应募之人，以资新徙之业。又令度支散于诸道和市耕牛，兼顾招工人，就诸军城缮造器具。募人至者，每家给耕牛一头，又给田农水火之器，皆令充备。初到之岁，与家口二人粮，并赐种子，劝之播植，待且无幸灾苟免之弊。寇至则人自为战，时至则家自力农。是乃兵不得不强，食不得不足，与夫倏来忽往者，岂可同等而论哉！"① 即我认为应该废除各道将士轮番秋季派兵戍边的防秋制度，将已有的旧制中的人分为三分之一：一部分节度使专门招募那些少壮百姓愿意去往边疆生活的，将他们迁移到那里；一部分节度使提供衣服和粮食，给那些蕃汉子弟中愿意戍边的人；另一部分节度使也出衣服和粮食，以帮助那些迁徙到边疆的人稳定生活。再命令那些分散的节度使搜集耕牛、同时兼顾招收工匠，让他们到同意戍边的军中修缮工事。那些同意被招募的人，每家分给耕牛一头，再分配一些农具器皿，而且要使这些东西非常充足。初到边疆的第一年，给每家够两人吃的粮食，并免费为他们提供种子，劝导并指导他们耕种，以备不时之需。这样的话，那些人就可以在外敌侵略时作为军士去打仗，而在农时到来时耕种庄稼，发展农业。最终的结果是兵力强大，粮食充足，这种做法与之前那种忽来忽往的制度是不可同日而语的。

从以上的论述中可以看出，无论是重视百姓、选用良才，还是移民戍边，陆贽都没有提出全新的观点，但他能在继承以往传统人口思想的基础上对一些重要内容和做法加以强调，也是值得肯定的。

第十节　杜佑的人口思想

杜佑（735—812），字君卿，京兆万年（今陕西省长安县）人。杜佑

---

① 《资治通鉴新注》卷 234《唐纪五十》，陕西人民出版社 1998 年版，第 7920 页。

出生于封建豪族家庭，史载他"以荫入仕，补济南郡参军、剡县（今浙江省嵊县）丞"。① 即以父辈的荫护进入官场，当过济南郡的参军和浙江省嵊县的县丞。他的一生历经玄、肃、代、德、顺、宪六朝，达60年之多。官至户、刑、工各部，当过地方官，还任过宰相。作为唐代著名的史学家，杜佑"性敦厚强力，尤精吏职，虽外示宽和，而持身有术。为政弘易，不尚暇察，掌计治民，物便而济，驭戎应变，即非所长。性嗜学，该涉古今，以富国安人之术为己任"。② 即性情敦厚，精力旺盛，特别精通吏治，虽然在外人看来为人温和，但又能坚持原则。为政比较清廉，很注意观察事情的内在状况，掌握权力治理民众时，能做到时时变通，即使是抵御外敌，他虽不擅长，也做得有板有眼。非常喜欢读书学习，学问深厚，古今皆通，一生都把安国利民作为自己的责任。除此之外，史载他："性勤而无倦，虽位及将相，手不释卷；质明视事，接对宾客，夜则灯下读书，孜孜不息。"③ 即杜佑非常勤勉，永不疲倦，虽然位至将相，但一直笔耕不辍；天明时办理公事，接待宾客，夜晚则在灯下读书，孜孜不倦。杜佑活到了78岁，死后被宪宗册封为太傅。

杜佑在史学上的最大贡献是写出了著名的通史《通典》。唐代宗大历年间，杜佑看到开元后期刘秩所写的《政典》一书条目的安排比较粗略，乃仿照其体例著述了《通典》一书，历经35年，至唐德宗贞元十七年编纂完毕。书中比较详细地记载了上自传说中的黄帝，下至唐中叶天宝年间的历代的典章制度。全书共200卷，分为食货、选举、职官、礼、乐、兵、刑、州郡和边防九大部分，每部门之下又有若干细致的条目。在该书中，他首次把食货列在首位，开启了史学家将经济问题置于其他问题之前的先河。也就是在"食货典"中，杜佑谈及部分人口问题，既将历代的户口统计数做了补充，同时也阐发了一些他关于人口问题的看法。

一 更加详细地搜集和整理了历代人口数量

在《通典·食货七》当中，杜佑与元代的马端临一样，按照朝代线索，对历代的户口数进行了比较详细的归纳。尽管前面的夏禹时期和周

---

① 《旧唐书·杜佑传》，中华书局1975年版，第3978页。
② 同上书，第3982页。
③ 同上书，第3983页。

朝、三国等朝的人口数与《帝王世纪》中的数据大致相同，但是，由于皇甫谧是西晋时期的思想家，他之后的人口数，只能由其他朝代的研究者予以补充完善了。于是，杜佑就比较清晰地梳理了魏晋南北朝到唐朝天宝年间的人口资料。如"晋武帝太康元年（280），编户二百四十五万九千八百四，口千六百一十六万三千八百六十三，此晋之极盛也。"① 后魏"孝明帝正光以前（520 以前），时惟全盛，户口之数比夫晋太康倍而余矣。"② "隋炀帝大业二年（606），户八百九十万七千五百三十六，口四千一万九千九百五十六，此隋之极盛也。"③ "唐天宝十四年（755），管户总八百九十一万四千七百九，管口总五千二百九十一万九千三百九，此国家之极盛也。"④

二　阐释了掌握人口数据的重要性

在《通典》当中，杜佑非常明确地表明了他对国家掌握人口数量的重要性的看法。他说："徐伟长中论曰，夫治平在庶功兴，庶功兴在事役均，事役均在民数周，民数周为国之本也。先王周知其万民众寡之数，乃分九职焉。"⑤ 即徐干中曾说，治理国家使国家安宁在于对平民百姓的做法，做好百姓的事情的关键在于平均徭役，如果要平均徭役就得掌握人口数据，因为清晰地掌握人口数据是治国的根本。先前的圣王们正是由于掌握了他的民众的多寡，所以才设立了九个职位来管理百姓。"古之为理也，在于周知人数，乃均其事役，则庶工以兴，国富家足，教从化被，风齐俗和，夫然，故灾沴不生，悖乱不起。"⑥ 即古代很多人认为，掌握民众的数量是一件很重要的事情，因为为政者只有掌握了准确的人口数，才能合理地安排徭役，把老百姓的事情做好了，国家才能富裕，家庭才能富足，教化才能进行，社会风气才会良好淳朴，只有做到了这一点，国家才会没有灾害和祸乱。否则，就会出现"版图脱漏，人如鸟兽，飞走莫制。

---

① 《通典·食货七》，中华书局 1984 年版，第 39 页。
② 同上书，第 40 页。
③ 同上。
④ 同上书，第 41 页。
⑤ 《通典·食货三》，中华书局 1984 年版，第 21 页。
⑥ 《通典·食货七》，中华书局 1984 年版，第 42 页。

家以之乏，国以之贫，奸宄渐兴，倾覆不悟"。① 即人口不清，百姓就会像鸟兽一样，到处乱飞而无法控制。最后导致家庭因为人口不稳定而贫乏，国家因为不清楚人口数而贫困，奸佞顿生，国家倾覆的严重后果。"斯政之大者、远者，将求理平之道。"② 即要将国家的事情做大、做远，必须寻求一种公平合理的道路。

三　提出应以平均赋税的方法增加人口

在《通典》中，杜佑多次提到了应该以平均赋税的办法增加人口数量的观点。他说："昔贤云，仓廪实，知礼节，衣食足，知荣辱。夫子适卫，冉子仆，曰：'美哉，庶矣！''既庶矣，又何加焉？'曰：'富之！''既富矣，又何加焉？'曰：'教之！'故知国足则政康，家足则教从，反是而理者未之有也。夫家足不在于逃税，国足不在于重敛。若逃税则不土著而人贫，重敛则多养赢而国贫。不其然矣。"③ 即昔日的贤者说，仓库殷实了，人们才会懂得礼节，衣食无忧了，人们才会懂得什么是荣辱。当时孔子到卫国游历，冉子作为仆人跟随。孔子说，多么美好的景象啊，人这么多。冉子问道：老百姓已经这么多了，接下来该怎么做呢？孔子说，让他们富裕。冉子又问，让百姓富裕之后，又该做什么呢？孔子说，教育他们。所以我们就知道了这样一个道理，那就是国家富足了，政治就康宁，家庭殷实了教育就可以实施，违反这样的道理却能治理好国家的从来都没有过。但是，家庭殷实不能靠逃税，国家富足不能依靠横征暴敛。如果逃税，即使住在当地不流亡也会贫穷，横征暴敛太重，即使国家拥有了财富也是贫困的国家。一定要重视这个道理啊。按照这一思路，他认为当今的朝廷应该："酌晋隋故事，版图可增其倍，征缮自减其半，赋既均一，人知税轻，免流离之患，益农桑之业。"④ 即斟酌晋朝和隋朝的做法，按他们的经验对待百姓。这样，国家的版图就可以增加一倍，征收的赋税就会减少一半，赋税如果减少而且还很公平，老百姓知道国家的税务负担并不是太重，就不会流离失所，就能安

① 《通典·食货七》，中华书局1984年版，第43页。
② 同上。
③ 同上书，第42页。
④ 同上。

下心来发展农桑。除了以先贤的思路和方法增加人口，他还建议朝廷应该借鉴隋朝高颎的"输籍之法"，"定其名，轻其数，使人知为浮客，被强家收大半之赋；为编氓奉公，上蒙轻赋之征"。[①] 即给所收赋税定下名目，减轻百姓要交的税种的数量，让百姓知道他们真实的身份是浮客，被那些强势之家夺去了一大半的收入；那些豪强之家，其实是虚报了民众的数量，来蒙蔽朝廷减轻赋税的政策。以此减少依附地方豪强的民众户口，增加封建国家的在籍人口。

四　详细介绍了古代人口管理的经验和成果

在《通典·食货三·乡党》中，杜佑对我国古代人口管理的思路和方法进行了比较全面的介绍，使我们在一定程度上了解了当时农村社区行之有效的管理经验。他说："昔黄帝始经土设井，以塞争端，立步制亩，以防不足。使八家为井……井一为邻，邻三为朋，朋三为里，里五为邑，邑十为都，都十为师，师十为州。夫始分之于井则地著，计之于州则数详，迄乎夏殷不易其制。周制大司徒令五家为比，使之相保，五比为闾，使之相受，四闾为族，使之相葬，五族为党，使之相救，五党为州，使之相赒，五州为乡，使之相宾。"[②] 即最早是由黄帝开始在国土范围内设立井制以防止争端的，具体做法是按照丈量好的土地面积划分田亩，以防止百姓衣食的不足。同时以八家为一井，每一井的人相邻，三井相邻的人为一朋，三个朋为一里，五个里为一邑，十个邑为一都，十个都为一师，十个师为一州。这样划分了之后，土地的归属十分清晰，全国有多少州也很清楚，一直到夏商两朝都没有人打破这个制度。周朝的规定是大司徒将五家作为一比，使他们可以相互保护，五比成为一闾，使他们相互帮助，四闾成为一族，使他们相互安葬，五族为一党，使他们相互救助，五党为一州，使他们可以相互赈济，五州为一乡，使他们相互尊敬。之后，杜佑又按照朝代顺序分析了两汉、两晋、南北朝、隋代、唐代的人口管理方法，他说："大唐令诸户以百户为里，五里为乡，四家为邻，三家为保，每里置正一人，掌按比户、口课，植农桑，检察非违，催驱赋役……三年一造

---

①　《通典·食货七》，中华书局 1984 年版，第 42 页。

②　《通典·食货三》，中华书局 1984 年版，第 21 页。

户籍，凡三本，一留县，一送州，一送户部长留。"① 即大唐时，令百姓以一百户为里，五里为一乡，四家为一邻，三家为一保，每里安排置正一人，掌管户口数、人头税、督促百姓种植农桑，检查那些违反规定的人和事，催缴赋税。同时，三年重新整理一次户籍，共三本，一本留在县里，一本送到州里，一本送到户部保存。

总之，由于杜佑用了35年的时间写成了《通典》一书，因而对历代的户籍管理等事项的方式方法有了全面的了解，也就有可能向人们展示历朝历代的典章制度，更有机会对唐之前各朝各代的人口问题进行深入的思考。虽然他的思想中不乏传统知识分子的愚忠和迂腐，但他能从老百姓的贫苦生活出发，提倡减轻和平均徭役，这一点还是值得肯定的。另外，他继承历史上的重视人口统计的传统，并在详尽占有资料的基础上对唐之前各代人口数量、人口管理的方法的介绍，使得他的《通典》具有极其宝贵的史料价值。

---

① 《通典·食货三》，中华书局1984年版，第23页。

第 八 章

宋元时期的人口思想

第一节　宋元时期人口政策概述

宋元时期（960—1370），仍然属于我国封建社会后期的第一个阶段。在此历史阶段，中国历史经历了宋朝和元朝两个大的朝代。在这一阶段，与人口相关的情况表现在这样一些方面。

一　人口数量有了一定程度的增加

据《文献通考》记载，宋太祖建隆元年（960），全国的人口数为967353户。[①] 到了宋太祖开宝九年（976），由于中国五代十国长达50年的分裂和混乱，人口出现了大量死亡和流散的情况，当时的人口数仅为3090504户。[②] 总量只相当于唐朝兴盛时的三分之一。之后，宋真宗天禧五年（1011），户口数为8677677户，人口为19930320人。[③] 到了宋仁宗天圣七年（1029），户口数为10163689户，人口数为26054238人。[④] 宋英宗治平三年（1066），户口数为12917221户，人口数为29092185人。[⑤] 宋神宗熙宁八年（1075），户口数为15684529户，人口数为23807165人。[⑥] 宋哲宗

---

① 马端临：《文献通考·户口考二》，中华书局1975年版，第113页。
② 同上。
③ 同上。
④ 同上。
⑤ 同上。
⑥ 同上。

元祐六年（1091），户口数为 18655093 户，人口数为 41492311 人。① 宋徽宗崇宁元年（1102），户口数为 20019050 户，人口数为 43820769 人。② 宋高宗绍兴三十年（1160），户口数为 11375733 户，人口数为 19229800 人。③ 宋孝宗乾道二年（1166），户口数为 12335450 户，人口数为 25378684 人。④ 宋宁宗嘉定十六年（1223），户口数为 12670801 户，人口数为 28320085 人。⑤ 从以上的数据可以看出，虽然由于战乱等原因，两宋期间出现了人口增减的不断变化，但总体上其户口的变化趋势是增加的。

二　进行人口统计，尽量查清人口数量

如宋太祖开宝四年（971），朝廷就下令简括隐漏人口，"宜令逐州判官县令佐仔细通检，不计主户、牛客、小客，尽底通抄，差遣之时，所冀共分力役，敢有隐漏，令佐除名，典吏决配，募告者以犯人家财赏，仍免三年差役"。⑥ 即命令每个州县的县官、县佐认真清查人口数量，不论主户、牛客、小客全部进行计算。在计算人口数量的同时，检查他们承担的赋税和劳役情况，如果有隐漏不报的，县佐除名，典吏发配，能够出来告发的人赏以财物，免去三年差役。之后的宋太宗至道元年（995），也曾"诏复造天下郡国户口版籍"。⑦ 即下诏重新统计天下的户口数及其老百姓的居住地。这些为数不多的人口普查及统计，使得宋代统治者在一定程度上掌握了大致的人口数量，为封建国家收取赋税、征派兵丁提供了比较准确的数字依据。

三　以户口数的多寡，作为官员升迁的主要依据

如宋太祖建隆三年（962）就规定："县令考课以户口增减为黜陟。"⑧

---

① 马端临：《文献通考·户口考二》，中华书局 1975 年版，第 116 页。
② 同上。
③ 同上。
④ 同上。
⑤ 同上。
⑥ 同上书，第 113 页。
⑦ 同上。
⑧ 《宋史·太祖纪》，中华书局 1977 年版，第 13 页。

即县令的政绩考核以户口的增减为依据，以此来决定官吏的降职或升迁。宋太祖开宝二年（969），"诏蜀州县官以户口差第省员加禄，寻诏诸路亦如之"。① 即命令蜀州各县官以户口数的多少作为提拔和获取俸禄的依据，其他各州县照此办理。宋真宗大中祥符二年（1009），颁布了《募职州县官招徕户口旌赏条制》，其中规定："县令能招增户口者，县即升等，乃加其俸；至有析客户为主户者，虽登于籍，而赋税无所增。"② 即县令如果能增加户口，县令升一级，俸禄也随之增加；但后面的情况是，等到有些人将很多客户核实为主户后，虽然登记在册，赋税却没有增加。宋真宗最后也就取消了这一规定。虽然效果不明显，但统治者在增加户口方面所做的努力是显而易见的。之后的天禧五年（1022），宋真宗又"诏诸州县自今招来户口及创居入中开垦荒田者，许依格式申入户口籍，无得，以客户增数旧制县吏能招增户口，县即申等，仍加其俸绢，至有析客户者，虽登于籍，而赋税无所增入，故条约之"。③ 即命令各州县从现在开始如果招徕流民以及那些进入中原垦荒者，准许他们按照当地的户籍惯例申报户口，如果没有招徕外来百姓，就以当地人数是否增加作为考核的标准。继续实行原有的制度，即县吏如果能通过自己的努力招徕外地户口，所在县就可以申请提高等级，而且可以申请加俸。如果有了客户的增加，却没有赋税的增加，按其他律条处置。宋徽宗政和六年（1116），又规定："令佐任内增收漏户八百户升半年名次，一千五百户免试，三千户减磨勘一年，七千户减二年，一万两千户减三年。知通随所管县通理比令佐加倍从之。"④ 即命令县佐在其任职期间登记各种被遗漏的户口，如果能简括八百户的，半年内升迁一次，如果能简括一千五百户的，一年内免于考核，如果能简括三千户的，减去一年内应交的赋税，七千户的，减去二年的赋税，一万两千户的，减去三年应交的赋税。通告所有州县从速办理。

四　迁移人口，使人口分布均衡

如宋太祖乾德二年，就曾"徙永州诸县民之畜蛊者三百二十六家于

①　《宋史·太祖纪》，中华书局 1977 年版，第 31 页。
②　《宋史·食货志》，中华书局 1977 年版，第 4205 页。
③　马端临：《文献通考·户口考二》，中华书局 1975 年版，第 113 页。
④　同上书，第 116 页。

县之僻处，不得复齿于乡"。① 即迁移永州各县畜养蛊虫的人共 326 家到县郊的偏僻之处，不得返乡。宋太祖开宝二年，"命兵士迁河东民万户于山东"②。命令兵士迁移河东郡的居民前往山东。

五 采取措施解决人地矛盾

整个宋元时期，人地矛盾非常突出。整部宋史，从食货志到人物传记等，都非常多地记载了人地矛盾和主户占地极多而贫者无立锥之地的现实状况。如宋史载："六年，殿中侍御史兼侍讲谢方叔言：'豪强兼并之患，至今日而极，非限民名田有所不可，是亦救世道之微权也。国朝驻跸钱塘，百有二十余年矣。外之境土日荒，内之生齿日繁，权势之家日盛，兼并之习日滋，百姓日贫，经制日坏，上下煎迫，若有不可为之势。所谓富贵操柄者，若非人主之所得专，识者惧焉。夫百万生灵资生养之具，皆本于谷粟，而谷粟之产，皆出于田。今百姓膏腴皆归贵势之家，租米有及百万石者；小民百亩之田，频年差充保役，官吏诛求百端，不得已，则献其产于巨室，以规免役。小民田日减而保役不休，大官田日增而保役不及。以此弱之肉，强之食，兼并浸盛，民无以遂其生。于斯时也，可不严立经制以为之防乎？'"③ 即宋理宗淳祐六年，殿中侍御史兼侍讲谢方叔说："豪强地主兼并土地的祸患，至今更加严重，不是说非要限制民田不可，主要是这样做，才可能救国家于危难。朝廷统治钱塘一带，大约有 120 年的时间了。现在的情况是，境外的土地大量荒芜，境内的人口越来越多，权势之家势力越来越大，兼并土地之风越来越盛，老百姓越来越贫苦，国家原有的制度越来越遭到严重破坏，举国上下都有问题，已经无法控制。那些富贵权势之家之所以如此猖狂，主要是有朝廷在给他们做主，这种情况已经使得有识之士非常恐惧了。一个国家的人要生存，靠的是谷米，而所有的谷米，都出自于田间。今天的百姓，仅有的一点收入都要归官府所有，光给国家供奉的租子就要一百万石左右；小民所租种的百亩之田，每年都要用来交各种赋税和充当劳役，加之官吏们百般搜刮，不得已，只能将自己的田地交给豪门大户，以此来规避赋役。最终的结果是，小民田地

① 《宋史·太祖纪》，中华书局 1977 年版，第 17 页。
② 同上书，第 29 页。
③ 《宋史·食货志》，中华书局 1977 年版，第 4179 页。

不断减少却还要缴纳各种租税,而大官的田地不停地增加却不用缴纳租税。这种弱肉强食的世道使得老百姓无法生存。根据这种情况,还能不赶紧严申政策而防患于未然吗?"另据宋史载:"先是,知扬州郑良嗣言:'两淮民田,广至包占,多未起税。朝廷累限展首,今限满适旱,乞更展一年。'诏如其请。九年,著作郎袁枢赈两淮还,奏:'豪民占田不知其数,二税既免,止输谷帛之课。力不能垦,则废为荒地;他人请佃,则以疆界为词,官无稽考。是以野不加辟,户不加多,而郡县之计益窘。望诏州县尽疆立券,占田多而输课少者,随亩增之;其余闲田,给予佃人,庶几流民有可耕之地,而田莱不至多荒。'"① 即早些时候,扬州人郑良嗣说:"两淮地方的民田,已被大面积包占,而且豪强包占的民田,大多不交赋税。朝廷对他们一直是有优惠政策的,今年政策虽然停止了,但天气大旱,请求再宽限一年。"朝廷就同意了他们的请求。宋孝宗淳熙九年,著作郎袁枢赈济两淮地区后,上奏说:"两淮地方的豪民所占田地不计其数,而且朝廷还免去了他们的地税和人头税以及其他应该缴纳的谷子和布帛。由于没有人种植,那些土地都变成了荒地;如果有人请求作为佃农耕种,他们就以已经超越界限为理由拒绝,对这种事情,官员们也都不管不问。最后的结果是,田野没有扩大,人口没有增加,同时各郡县的用度日益窘迫。希望朝廷能清晰地给出豪强占田的数额,那些占田虽多却不交赋税的,根据田亩的多少缴纳租税;其余的闲置的田地,要分给其他佃户耕种,这样的话,那些流民就有田可耕了,而田地也不至于过多地荒芜。"在这种情况下,无论是统治阶级本身,还是一些有识之士,也都提出了自己解决矛盾的主张。一是限田。如王安石就说:"今百姓占田或连阡陌,顾不可夺之……然世主诚能知天下利害,以其所谓害者制法,而加于力耕之人,则人自劝于力耕,而授田不能过限。"② 即今天的老百姓虽然占田过多,但也不能一下子就剥夺他们的田地,但是如果能看出其中的利害关系,就其有害的方面出台政策,鼓励能够努力耕种的人,就很理想了,但是对那些豪强的授田却不能太多。与王安石的闪烁其词不同,宋仁宗曾下过一个限田诏:"公卿以下毋过三十顷,牙前将吏应复役者毋过十五顷,

---

① 《宋史·食货志》,中华书局 1977 年版,第 4176 页。
② 《宋史·兵志·保甲》,中华书局 1977 年版,第 4772 页。

止一州之内，过是者论如违制律，以田赏告者。"① 即公卿以下授田不能超过三十顷，其他基层官员授田不超过十五顷，在一州之内，如果违反命令的，以法律惩处，那些告发者，以农田赏赐。二是鼓励垦荒。根据历史记载，北宋初年，"京畿周环二十三州，幅员数千里，地之垦者十才二三"。② 即京畿周围二十三州，幅员数千里，土地得到开垦耕种的还不到十分之三，其他地方的荒地状况就可想而知了。因此，宋朝统治者与其他朝代的统治者一样，鼓励无地或少地的老百姓进行垦荒，并给予一定的政策优惠。如宋太祖就曾"诏所在长吏告谕百姓，有能广植桑枣、开垦荒田者，止输旧租"。③ 即命令所在县吏等告知百姓，有能够大面积种植桑枣树，并同时开垦荒田的，停止缴纳原来应缴纳的租税。宋太宗时也规定："凡州县旷土，许民请佃为永业，蠲三岁租，三岁外，输三分之一。"④ 即对于各州县老百姓所开辟的荒地，可以认定为他们的永业田，三年不收租税，三年之后只收租税的三分之一。宋真宗时，也曾下诏对于老百姓开垦的荒地依据其肥沃程度分为三个等级来收取租税："诸州不堪牧马闲田，依职田例招主客户多方种莳，以沃瘠分三等输课。"⑤ 即各州还没有开垦的荒田，依照田例招徕主户客户进行耕种，按照肥沃程度分三个等级收取租税。三是将垦田的多少作为考核地方官吏政绩的重要内容，以调动基层管理者的积极性，扩大土地面积。宋太祖曾下诏："县令佐能招徕劝课，致户口增羡，野无旷土者，议赏。"⑥ 即县令县佐如果能招徕流民种植野田，使得户口增加、野无闲田的话，政府予以赏赐。宋仁宗时期，唐州泌阳县令王友凉因"招诱流亡千余户，垦田数千顷，与两使职官，令再任"。⑦ 即王友凉曾招徕了一千多户流民，垦田多达数千顷，而被赏再任两使职官。宋哲宗元祐四年（1089）诏曰："濒河州县，积水冒田，在任官能为民经画疏导沟畎，退出良田自百顷至千顷，第赏。"⑧ 即

---

① 《宋史·食货志》，中华书局 1977 年版，第 4163 页。
② 同上书，第 4160 页。
③ 同上书，第 4158 页。
④ 同上书，第 4159 页。
⑤ 同上书，第 4161 页。
⑥ 同上书，第 4158 页。
⑦ 《续资治通鉴长编》第 219 卷，中华书局 1973 年版，第 5328 页。
⑧ 《宋史·食货志》，中华书局 1977 年版，第 4168 页。

邻近河道的州县，因为积水冲刷了田地，在任的官员们如果能带领老百姓开挖渠道，保护良田自一百到一千顷，按政绩论赏。宋徽宗崇宁年间（1102—1106），"广东南路转运判官王觉，以开辟荒田几及万顷，诏迁一官"。① 即广东南路转运判官王觉，因为带领百姓开垦荒田达到了几万顷，被皇帝颁诏升迁一级。南宋高宗建炎五年（1131），还特别制定了《守令垦田殿最格》，曰："残破州县垦田，增及一分，郡守升三季名次，增及九分，迁一官；亏及一分，降三季名次，亏及九分，镌一官。县令差减之。增亏各及十分者，取旨赏罚。其后以两淮、荆湖等路民稍复业，而旷土尚多，户部复立格上之；每州增垦田千顷，县半之，守宰各进一秩；州亏五百顷，县亏五之一，皆展磨勘年。"② 即那些荒凉的州县，如果垦田能增加一分，其郡守升高三个等级，增加九分，升迁一级官员；使垦田减少一分，郡守降三个等级，减少九分，其郡守免去官职。县令降级更为严格。增加人口和减少各占十分的，按照朝廷的旨意进行犒赏或惩罚。后面两淮、荆湖等地的老百姓如果能较好地恢复农业生产，而且开垦出来的荒地加大面积的话，户部要进行专门的登记；每州如果增加的垦田面积达到一千顷以上，县上可以占有一半，守宰各升一级；各州如果土地亏空五百顷，各县亏空五分之一，都要按要求进行惩罚。由于宋朝统治阶级采取了一系列政策来解决人地矛盾，最终的结果是宋元时期的垦田面积有了比较明显的增加。史载："自景德以来，四方无事，百姓康乐，户口蕃庶，田野日辟。"③ 即自景德年间以来，国家无事，百姓安乐，户口增加，田地愈加广博。

第二节　李觏的人口思想

李觏（1009—1059），字泰伯，建昌军南城人（今江西南城）。他出生于小地主家庭，少年时家境就已衰败，因此他自称"南城小草民"。李觏虽然读书特别勤奋，但两次应试都不中，只好以教书为生，学生经常能达到数十到数百人。晚年由范仲淹等推荐为太学助教，后为直讲，故被称

---

① 《宋史·食货志》，中华书局1977年版，第4168页。

② 同上书，第4171页。

③ 同上书，第4163页。

为"李直讲"。因其曾创建盱江书院，又被称为"盱江先生"。

北宋中期，封建王朝内部已由开国初期的小康局面陷入了积贫积弱的颓败状态。内忧外患使得宋代的许多有识之士试图力挽狂澜，改变这一危机四伏的惨境，李觏就是其中的一位。他是范仲淹等实施"庆历新政"的积极拥护者和倡导者。他的著述，具有明显的康国济民的、明王道、修人事的目的，被后人誉为"医国之书"。作为一位儒学的继承和发扬者，他在论述其儒学理论时涉及了许多人口思想的内容。

一　人主应爱民、重民

和许多古代的思想家一样，李觏对民众在社会发展中的作用的认识是深刻的，他认为在任何时期，老百姓都是一国之根本。他说："先王以民唯邦本，造次颠沛无或忘之。"[1] 即先前的君王都以人民为国家的根本，无论出现怎样的情况都不能忘记这一点。同时他又说："君者，亲也，民者，子也。"[2] 即君主是民众的亲人，民众是君王的子孙。在此，他把民众的地位提到了相当高的程度，以唤起统治者的注意和重视。在他看来要爱民和重民，就必须保证他们的生活。

（一）轻收赋税，平田均土，使民富裕

李觏是一位具有民本主义思想的改革家，他在看到了"贫民无立锥之地，而富者天连阡陌"的情况时，[3] 明确指出："大司徒以保息六养万民。六曰安富，谓平其徭役，不专取也……先王之道，取于民有制，计口发财曰赋，收其田入曰税。"[4] 即圣王时代的大司徒以六种方式养育万民。这六种方式分别是让百姓富足，即对他们平均徭役，不另外收取赋税。圣王的治国之道，是从民众那里获取财物是有根据的，按人头收取的是丁赋，按田地多少收取的是田税。现今统治者这种对民众"夺其常产、废其农时、重其赋税以至饥寒憔悴"。[5] 即抢夺他们的恒产，影响他们的农时，加重他们的赋税以至于让他们饥寒交迫的做法是违反先王之道的，为君者应力争做到赋税的收取有理有据，设法让民众富裕，只有这样，才能

---

① 《李觏集·周礼致太平论五十一篇·官人第五》，中华书局 1981 年版，第 107 页。

② 《李觏集·安民策第七》，中华书局 1981 年版，第 177 页。

③ 《李觏集·富国策第二》，中华书局 1981 年版，第 135 页。

④ 《李觏集·周礼致太平论五十一篇·国用第十六》，中华书局 1981 年版，第 89 页。

⑤ 《李觏集·礼论第四》，中华书局 1981 年版，第 12 页。

保障社会的稳定和生产的发展，同时才能对民众进行荣辱及礼节的教育。"然则民不富，仓廪不实，衣食不足，而欲教以礼节，使之趋荣而避辱，学者皆知其难也。"① 即如果民众不富裕，仓库不殷实，老百姓的衣食没有保障，想要教他们基本礼节，同时引导他们提高修养，规避错误，学者们都知道这很难啊。同时，在李觏看来，减轻老百姓的赋税只是缓兵之计，要解决根本问题，必须要平土均田。他说："生民之道食为大，有国者未始不闻此论也——土地，本也，土田不均，富者日长，贫者日削，虽有耒耜，谷不可得而食也。食不足，心不常，虽有礼仪，民不可得而教也，故平土之法，圣人先之。"② 即就老百姓的生活而言，吃饭是最重大的事情，治理国家的人没有人不知道这个道理。土地，是人们生活的根本，土地分配不均，富裕者占有的越来越多，贫苦者占有的越来越少，虽然人们一直在耕作，谷子却不够食用。食用不足，人心就不稳定，虽然国家一再强调礼仪，我们却无法很好地教育老百姓。所以，平均土地的做法，圣人们是非常提倡的。为了强调这一做法的正确性和有效性，他还引用了古代的做法，说："司救'凡岁时有天患民病，则以节巡国中及郊野，而以王命施惠。'"③ 即司救的任务是只要有灾害发生，他就会马上在全国巡查，发现问题时，他会以君王的名义对百姓施以恩惠。在后文中他又说，在凶年不仅应该减免田租，而且要使商贾保持原来的物价，不能随意涨价，以加重老百姓的灾难。非但如此，统治者还应做到："岁凶，年谷不登，君膳不祭肺，马不食谷，弛道不除，祭事不显，大夫不食粱，士饮酒不乐。"④ 即如果遇到灾荒年景，粮食比较缺乏，君王的饮食中就不要有荤菜，同时，不要让朝廷的马匹吃谷物，不整修道路，祭祀时要节约，大夫们不吃细粮，兵士不要饮酒。也就是说，遇见凶年，统治者只有："皆自贬损，忧民之道也。"⑤ 即全部降低生活标准，才是真正为民担忧。

（二）对民众要进行教育

李觏的一生都非常重视对民众的教育。他引用过去的做法，说："大

①《李觏集·周礼致太平论五十一篇·国用第十六》，中华书局1981年版，第89页。
②《李觏集·平土书》，中华书局1981年版，第183页。
③《李觏集·周礼致太平论五十一篇·国用第十四》，中华书局1981年版，第88页。
④ 同上。
⑤ 同上。

司徒 '以乡三物教万民而宾于之。一曰六德：知、仁、圣、义、忠、和。二曰六行：孝、友、睦、渊、任、恤。三曰六艺：礼乐、射、御、书、数。物，犹事也，民三事教成，乡大夫举其贤者、能者以饮酒之礼宾客之。既则献其书于王矣。知，明于事。仁，爱人以及物。圣，通而先识。义，能断时宜。忠，言以中心。和，不刚不柔。善于父母为孝。善于兄弟为友。睦，亲于九族。渊，亲于外亲。任，信于友道。恤，赈忧贫者。礼，五礼之义。乐，六乐之歌舞。射，五射之法。御，五御之节。书，六书之品。数，九数之计'。'以乡八刑纠万民。一曰不孝之刑，二曰不睦之刑，三曰不渊之刑，四曰不弟之刑，五曰不任之刑，六曰不恤之刑，七曰造言之刑，八曰乱民之刑。'不弟，不事师长，造言，讹言惑众。乱民，乱名改作，执左道以乱政也。"① 即大司徒以乡间易见的三种物品教育民众并使他们遵守，一是六德：知识、仁义、圣贤、忠义、和睦。二是六行：孝心、友善、睦邻友好、亲于外亲、信于友道、体恤他人。三是六艺：礼乐、骑射、驾车、读书、认识数字。所谓"物"，就是指处理各种事情的方法，民众只要掌握其中最重要的三项就算学成了。一般情况下，乡里的大夫们会举荐那些贤能的人、有判断和处置事情的基本能力的人，以隆重的礼节对待他们，如果觉得他们特别贤能，就会把他们的学问和见解献给圣王。在那些所教授的内容中，知识的学习，可以让人明白事物内在的道理。仁义，就是教会他们爱自己的亲人和爱别人。圣贤的做法，可以作为人们行事的借鉴。学习了仁义，就能判断事情的关键。忠，就是教人们做诚实忠心的人。和睦的学习，就是教会人们做事要刚柔兼济。善待父母为孝，善待兄弟为友，睦邻友好指要与九族亲善。渊的要义是亲近自己族外的他人。任的要义为信任朋友。恤的要义为体恤贫苦之人。礼，指的是儒家的五种礼节。乐，就是指的六乐等歌舞。射，即五种骑射的方法。御，就是五种驾驭车辆的礼节。书，就是六种儒家经典。数，即一般的计算方法。大司徒还会用乡间的八种刑罚来纠正民众的过错。一是不孝的刑罚，二是不睦的刑罚，三是不善待外族的刑罚，四是不善待兄弟的刑罚，五是不信任朋友的刑罚，六是不体恤贫苦之人的刑罚，七是谣言惑众的刑罚，八是扰乱社会秩序的刑罚。其中，不弟，还包括不尊敬师长，造言，主要指散布谣言，祸乱民众。乱民，主要指违反社会规范，以旁门左

① 《李觏集·周礼致太平论五十一篇·教道第一》，中华书局1981年版，第111—112页。

道来扰乱国家的政令。他认为，教育民众的原则应该是"养天性，灭人欲"。① 即滋养他们的天性，灭绝他们的私欲。这样"家可使得孝子，国可使得忠臣矣"。② 即家庭可以培养出孝子，国家可以得到忠臣。如果"学校不立，教法不行，人莫知何人可师，道莫知何道可学。耳何以为正声？目何以为正色？口何以为正言？身何以为正行"？③ 即学校不设立，教育不施行，人就不知道什么人可以是学习的榜样，整个社会就不知道该学什么样的道理。耳朵听什么才是正确的声音？眼睛看什么才是应该看的？嘴里说什么才是正确的言论？做什么事情才是正身之道？他认为："天之生人，有耳焉，则声入之矣；有目焉，则色居之矣；有鼻焉，则臭昏之矣；有口焉，则味壅之矣。苟不节以制度，则匹夫疑万乘之富或未足以厌其心也。故《周礼》大司徒之职，施十有二教，其九曰：'以度教节，则民知足。'谓以法度教民，使知尊卑之节，则民之所用虽少，自知以为足也。"④ 即天地生人，给了人耳朵，所以各种声音就进去了；给了人眼睛，所以各种颜色就进去了；给了人鼻子，所以臭味就可以闻到了；给了人嘴巴，所以各种味道也就可以尝到了。如果不以各种规范节制人们的行为，那么匹夫们即使富裕到拥有一万匹马也不能满足其贪得无厌的心理。所以《周礼》中的大司徒的职务，就规定了十二条教化百姓的内容，第九个方面是"以适度教育百姓，百姓就会知足了"，意思是以一般的规范教育民众，可以让他们知道尊卑的区别，那么老百姓虽然用度不足，自己也会认为已经很充分了。在这里，我们可以看出他站在地主阶级立场上对皇权的维护和对民众的愚弄。但同时他又说："人不教不善，不善则罪，罪则灾其亲，坠其祀，是身及家以不教坏也。"⑤ 即人不教育就不会有善行，没有善行就会获罪，获罪就会殃及亲人，影响其宗祠，所以个人及其家人如果不教育就会变坏的。接下来，他又指出对民众的教育要顺乎人情，不能过分勉强。他说："人之生也，莫不爱其亲，然后为父子之礼。莫不畏其长，然后为兄弟之礼。少则欲色，长则谋嗣，然后为夫妇之礼。争则思决，患则待救，然后为

---

① 《李觏集·周礼致太平论五十一篇·教道第一》，中华书局 1981 年版，第 111—112 页。
② 同上。
③ 同上。
④ 《李觏集·安民策第四》，中华书局 1981 年版，第 173 页。
⑤ 《李觏集·庆历民言三十篇·复教》，中华书局 1981 年版，第 245 页。

君臣之礼。童子人所慢也，求所以成人，然后为之冠礼。愚者人所贱也，求所以多知，然后为之学礼。死者必哀之，然后为之丧礼。哀而不可得见也，然后为之祭礼。推事父之恩，而为养老之礼。广事兄之义，而为乡饮酒之礼。凡此之类，难以遽数，皆因人之情而把持之，使有所成就耳。"[①] 即只要是人，没有不爱他的亲人的，之后才会理解父子的礼节。没有不畏惧他们的长辈的，之后也就理解了兄弟的礼节。一般的情形是，年少时爱慕美色，稍长后则会考虑后代的问题，然后也就理解了夫妇之礼。争斗时总想战胜别人，等到自己有了灾难，又非常渴望别人的救助，然后就理解了君臣的礼节。孩童的成长过程总是很漫长，人们都会盼望他们早早成人，然后为他们行成人弱冠礼仪。愚昧的孩子总是被人们轻看，所以人们都愿意让孩子多学知识，所以人们就了解了学业的礼节。人死了之后，亲人都会感觉哀伤，然后会为他们举行葬礼。死后很长时间不能释怀，就会为亲人们进行祭礼。思考父母的恩情，然后也就懂得了养老的礼节。由服侍兄长的礼节，会理解民间的饮酒的礼节。凡此种种，难以细数，都是因为人情的缘故，因而人们就掌握了人生应该掌握的一切礼仪。

（三）法律的实施也要取决于民意

李觏除了强调对民众要进行教育外，还强调法律的实施要取决于民意。特别需要指出的是，他认为官吏犯法，与民同罪。他说："小司寇'以三次断庶民狱讼之中：一曰讯群臣；二曰讯群吏；三曰讯万民。听民之所刺宥，以施上服下服之刑。'刺，杀也，宥，宽也。民言杀，杀之；言宽，宽之。"[②] 即小司寇会以三个环节来判决百姓的诉讼案件：一是询问群臣；二是询问群吏；三是询问很多老百姓。听取老百姓的意见，所施行的法律让上下都会臣服。所谓刺，就是杀，宥，就是宽恕。老百姓说该杀，就杀，老百姓说可以宽宥，就宽恕他们。他还说："先王之制虽同族，虽有爵，其犯法当刑，与庶民无以异也。法者，天子所与天下共也。如使同族犯之而不刑杀，是为君者私其亲也。有爵者犯之而不刑杀，是为臣者私其身也。君私其亲，臣私其身，君臣皆自私，则五刑之属三千止为民也。赏废刑贵者先得，刑罚则贱者独当，上不畏于下，下

---

① 《李觏集·与胡先生书》，中华书局1981年版，第333页。

② 《李觏集·周礼致太平论五十一篇·刑禁第二》，中华书局1981年版，第97页。

不平于上，岂适治之道也？故王者不辨亲疏，不异贵贱，一致于法。"①即先王的制度是，虽然是同族，虽然有爵位，如果他们所犯的罪行必须获刑，那么处理方法也与处理一般百姓的方法相同。法律，是天子与所有臣民所共有的。如果因为是同族而犯法后不予获罪和杀头，就是为君的人袒护其亲人。有爵位的人既不获刑也不被杀头，是身为臣子的人在袒护自身。君主袒护其亲人，臣子袒护自身，君臣都这么自私，那么之前所制定的五刑原则、三千律条，就只为民众使用了。所有宽恕的律条身份贵重的人先享受，酷刑严律贫贱者承担，最后的结果就是君主在臣子面前没有威严，臣子也不畏惧君主，这难道是治理国家的道理吗？所以我们应该强调治理国家的人无论亲疏，不分贵贱，一律公平地按法律内容处置。

（四）对民应宽刑

由于李觏生活在民间，因此他对民间的疾苦还是比较了解的。他说："司救掌万民之衺恶过失而诛让之，以礼防禁而救。凡民之有衺恶者，三让而罚。"②即司救应该在掌握百姓的过错时多多体谅他们，提前就用已有的礼节禁止他们犯罪。凡是老百姓中的作恶之人，要在进行多次教育后再惩罚他们，也就是说，为君者不要见罪就罚，应事先对其进行礼仪的教育，轻罪者先在城外羞辱他，重罪者关进监牢恐吓他，如果他能改好，就还他人身自由，而不是动辄加以刑罚。他对此赞扬道："此亦使民迁善远罪之术也。"③这就是让民众多做善事而远离罪恶的好办法啊。

（五）要为民众解除水患之忧

站在民本主义的立场上，李觏认为："水旱之忧，圣王所不免。尧汤之事，贤愚当共闻也。故君人，务多蓄积，以为之备。王制曰'三年耕必有一年之食，九年耕必有三年之食，以三十年之通，虽有凶旱水溢，民无菜色。'周礼曰：'遗人掌邦之委积，以待施惠。乡里之委积，以恤民之艰厄；门关之委积，以养老孤；郊里之委积，以待宾客；野鄙之委积，以待羁旅；县都之委积，以待凶荒。'"④即水旱灾害，圣王治理国家时也

---

① 《李觏集·周礼致太平论五十一篇·刑禁第四》，中华书局1981年版，第99页。
② 《李觏集·周礼致太平论五十一篇·刑禁第五》，中华书局1981年版，第100—101页。
③ 同上。
④ 《李觏集·富国策第七》，中华书局1981年版，第143页。

难以避免。尧、汤的治国事迹，是愚是贤，大家都听说过。所以，为君者平时要多多积累财物，以备不时之需。圣王的治国策略中就有一条，三年耕种必须要多耕种一年的粮食，九年的耕种必须要积蓄三年的粮食，以三十年来计算的话，虽然有洪涝灾害，民众却不会挨饿。周礼也说，遗人的职责就是掌握国家的积蓄，以待百姓需要时予以赈济。乡里的积蓄，就是为了体恤百姓的灾难；门关的积蓄，就是为了抚养孤老；郊里的积蓄，就是为了款待宾客；荒野之中的积蓄，就是为了解旅途之人的燃眉之急；县州的积蓄，就是为了应付国家的荒年。除此之外，他还倡导人君要修建义仓，在保证国用的基础上保障人民的生存。

二　人之"性三品说"

李觏认为，世上的人，大致可分为三种，圣人、贤人、中人。三种人身上仁、义、智、信的品格的存在方式是不同的，对此，他进行了较为详尽的分析："圣人者（仁义智信），根诸性者也。贤人者，学礼而后能者也。圣人率其仁、义、智、信之性，会而为礼，礼成而后仁、义、智、信可见矣。仁、义、智信者，圣人之性也。礼者，圣人之法制也。性畜于内，法行于外，虽有其性，不以为法，则暧昧而不章。今夫木大者，可以为栋梁；小者，可以为榱桷。不以为屋室，则朽于深山之中，与樸樕同，安得为栋梁榱桷也？温厚可以为仁，断决可以为义，疏达可以为智，固守可以为信。不以为礼，则滞于心之内，与无识同，安得谓之仁、义、智、信也？屋既成，虽拙者，必指之曰：此栋也，此梁也，此榱也，此桷也。礼既行，虽愚者，必知之曰：此仁也，此义也，此智也，此信也。贤人者，知乎仁、义、智、信之美而学礼以求之者也。礼得而后仁、义、智信亦可见矣。圣与贤，其终一也。始之所以异者，性与学之谓也。中庸曰：'自诚明，谓之性，自明诚，谓之教。诚则明矣，明则诚矣。'自诚明者，圣人也；自明诚者，贤人也。"[1] 即圣人，仁义智信的美好品格是与生俱来的。贤人，是在学习了基本的礼仪之后才达到仁义智信的高度的。圣人展示他们天性中的仁义智信，它们合在一起变成了礼，在非常规范的礼仪当中，我们可以看到仁义智信的具体表现。仁义智信，是圣人的天性。礼仪则是圣人所制定的规范。天性蕴涵在人性当中，礼仪彰显于外，只有两

---

[1]　《李觏集·礼论第四》，中华书局 1981 年版，第 11 页。

者结合，我们才能看到。否则，虽然圣人的天性很美，但没有一种礼仪把它们表现出来，那种美好的天性也就暧昧不清了。木头比较高大的，可以做栋梁；矮小的，可以做椽子。那些高大的木材，如果不用来建筑房屋的话，就会在深山中腐朽烂掉，与那些杂草相同，谁又能知道他们是栋梁或椽子的材料呢？人如果具有温厚的本性就会有仁爱之心，做事果断就可以显示义的品性，为人豁达可以显示智慧，固守信仰可以成就诚信。不把圣人的美好品质固化为礼仪，那些美好的东西就只能暗藏于圣人的内心，人们看不到这些美好的品质，怎么能理解什么是真正的仁义智信呢？房屋盖成了，虽然粗陋，必然有人会指着它们说：这是栋，这是梁，这是一般的椽子，这是方形的椽子。礼仪一旦形成，再愚钝的人，也会知道：这是仁，这是义，这是智，这是信。那些贤人，就是因为通晓仁义智信的美好而通过学习礼仪获得这样的品格。礼仪成形后仁义智信就可以看到了。圣人与贤人，最终殊途同归。一开始之所以有区别，主要在于天性和学习的区别。《中庸》中说：自身就特别诚实明达，就是天性如此，自身就知道学习明达诚实，就是教育的结果。天生诚实的人就明达，明达的人就诚实。天生就诚实明达的人，是圣人；自身就明达诚实的人，是贤人。当有人问："然则贤人之性果无仁、义、智、信乎？"① 即贤人的内心就天生不具备仁义智信的品格？他说："贤人之性，中也。扬雄所谓'善恶混'者也。安有仁、义、智、信哉？性之品有三：上智，不学而自能者也，圣人也。下愚，虽学而不能者也，具热之体而已矣。中人者，又可以分为三：学而得其本者，为贤人，与上智同。学而失其本者，为迷惑，守于中人而已矣。兀然而不学者，为固陋，与下愚同。是则性之品三，而人之类五也。"② 即贤人的品性，属于中等。就是扬雄所说的"善恶相混"的状况。哪有天生的仁义智信呢？人的品格可以分为三等：具有上等智慧，不学习自然就具备美好的品格，这是圣人。具有下等智慧，虽然具有了学习的过程，却达不到理想的程度，只是热热身而已。具有中等智慧的人，又有三种结果：通过学习，获得了美好的品格，就是贤人，与上等智慧相同。学习时学不到最精髓的方面，属于迷惑不解的蒙昧之人，只能一生固守在中等人品这个范畴。什么也不学习的，为固执粗陋之人，与下等智慧的人相

---

① 《李觏集·礼论第四》，中华书局1981年版，第11页。
② 同上书，第12页。

同。所以说，人的天性可分为三品，而人又可以分为五类。

三　男女之情，人之常情，要婚姻以时

在李觏的人口思想中，这一点是最新颖的，他把男女的结合与自然的发生发展相类比，阐述了具有唯物主义倾向的观点。他说："天气虽降，地气虽出，而犹各居一位，未之会合，亦未能生五行矣。比如男未冠，女未笄，婚姻之礼未成，则何孕育之有哉？"① 即天上的气体虽然下降，地上的气体虽然上升，但总归是各有各的空间，它们如果不会合，就不能生出阴阳五行。这就好比男子不到二十，女子不到十五，他们还没有形成婚姻，便是什么也孕育不出来呀。在此，他充分肯定了男女交合可以孕育生命的自然法则，并在此基础上阐释了他对于男女之事的看法。他说："'媒氏掌万民之判，凡男女自成名以上，皆书年月日名焉。令男三十而娶，女二十而嫁，凡娶判妻入子者皆书之。中春之月，令会男女。于是时也，奔者不禁，司男女之无夫家者，而会之。'夫婚姻之礼，要在及时，故国无鳏民，则桃夭之咏作；丧其妃偶，则有狐之刺兴。彼室家之好，而系之王者之风，为人上者，不可不察也。"即负责说媒的官员掌握着万民的状况，凡是男女有了自己的名字之后，都要登记他们的出生年月和姓名。他们会让男子三十娶妻，女子二十而嫁，凡是已娶妻生子的人都要详细记载。春日二月，命令男女相会。这个时候，为了婚姻而私奔的，不予禁止，男女没有结婚成家的，想办法让他们相会。婚姻的缔结，一定要非常及时，这样才能做到国家没有鳏寡，人们会快乐地吟唱养育子女的喜悦；那些因各种原因丧失伴侣的人，其身体和心情都会受到很大影响。所以，让百姓拥有美满的家庭，事关一国的社会风气，作为统治者，不能不体察啊。在这里，李觏以《周礼》之记载为据，提示为官者要尽量体察民情，创造机会，使适龄男女相亲相爱，居家欢乐。他进一步分析说："天地不合，万物不生，有夫有妇，然后为家，上得以养父母，下得以育子孙。生民之本，于是乎在。而人主慢之，非计也。"② 即天地如果不合，万物就不会生长，有夫有妇，然后才有家庭，有了家庭，既可以赡养父母，也可以养育子孙。国家兴盛的根本，就在于此。如果为官者不重视这

---

① 《李觏集·删定易图序论·论一》，中华书局 1981 年版，第 55 页。

② 同上。

一问题，会影响国家未来的发展。因为对于百姓而言，这样做的好处是："妾婢寡则无怨女，婚姻时则无旷夫。怨女旷夫，乱由是出也。"① 如果妾婢之人很少的话，生活中就没有那么多的怨女，而婚姻如果缔结及时，就没有太多的旷夫。怨女旷夫，是国家动乱的根源啊。

四　人口应有明确分工

人口分工问题，在之前的诸多典籍中都有涉及。李觏非常认同前人的说法，但他的认识更深一步。他不但认为人口必须具有合理分工，而且认为一个国家，不能供养太多的闲人，应该设法让所有的人都参加劳作，这样，国家的财富才能增加。他在这一方面的论述有："太宰以'九职任万民。一曰三农生九谷；二曰园圃毓草木；三曰虞衡作山泽之材；四曰薮牧养蕃鸟兽；五曰百工饬化八材；六曰商贾阜通货贿；七曰嫔妇化治丝枲；八曰臣妾聚敛疏材；九曰闲民无常职，转移执事。'天之生民未有无能者也。能其事而后可以食，无事而食，是众之殃，政之害也。是故圣人制天下之民，各从其能，以服于事，取有利于国家，然后可也——无惰而自安，无贼于粮食，是富民之大本，为国之上务。"② 即太宰从九个方面管理民众。一是鼓励农夫生产九种粮食；二是设立园圃种植草木；三是让虞衡管理山林；四是鼓励民众畜养家禽鸟兽；五是让工匠制作各种工具；六是让商贾疏通货物；七是让妇女印染纺织；八是家庭中的臣妾管理财物；九是安排那些闲散之人，让他们从事各种事务。上天养育的万民，没有不能做事的。因为他们只有做事才能获得食物，如果让那些无所事事之人有饭吃，是其他人的灾难，更是国家的大害。所以圣人管理天下百姓的时候，按照他们的特长，安排适合他们做的事情，这样是有利于国家的安定和繁荣的。没有懒惰的人，国家就能安宁，没有闲人消费粮食，是使百姓富裕的根本，是治理国家的根本策略。在引用了《周礼》对人口的分工后，他说："夫农人，国之本也，三时力耕，隙而讲武，以之足食，以之足兵——若付工商之类，弃本逐末，但以世资其用，不可无之，安足比于农人哉？"③ 即农耕的人，是国家的根本，应该让他们在三个季节努力耕

---

① 《李觏集·见广潜书十五篇第四》，中华书局 1981 年版，第 222 页。
② 《李觏集·周礼致太平论五十一篇·国用第三》，中华书局 1981 年版，第 77 页。
③ 《李觏集·平土书》，中华书局 1981 年版，第 202 页。

种，空隙时习武，以这样的方法让他们丰衣足食，用这样的方法让国家兵强——像那些经营工商业的人，他们的罪责是弃本逐末，即使人们的生活中不能缺少这种职业的人，但是，他们的作用怎能与农耕之人相比？若一定要给他们一个地位的话，李觏认为：“所谓末者，工商也。所谓冗者，不在四民之列者也。古者工不做雕琢，商不通侈靡。伪饰之禁，在民者十有二，在商者十有二，在贾者十有二，在工者十有二。故工之所作，贾之所粥，商之所姿，皆用物也。用物有限，则工商亦有数。”① 即最末尾的职业，就是工商业者。他们的地位，从来就不在四民之中。古代的工匠不做繁琐的装饰，商人也不售卖奢靡的物品。百姓中也仅有十分之二喜欢奢靡，商贾也有十分之二的人喜欢奢华，工匠们也有十分之二的人喜欢装饰。所以，工匠也好，商人也罢，他们都会耗费许多的物资。因为物品是有限的，所以商贾的人数是一个较小的比例。但是，目前的情形是怎样的呢？“今也民间淫侈亡度，以奇相曜，以新相夸。工以用物为鄙，而竞做机巧；商以用物为凡，而竞通珍异。或旬月之功而朝夕蔽焉，或万里之来而坠地毁焉。物亡益而利亡算，故民优为之，工商所以日多也。”② 即今天的人们奢侈过度，互相之间以奇特和创新为夸耀的资本，工匠认为不加装饰的物品太粗陋，而竞相以巧饰示人；商人认为运送一般物品太常见，竞相售卖珍稀奇异的物品。结果是本来只需要数月的工程制作很长时间，从万里之外运送来的物品一坠地就毁坏了。物品就算不很实用但利润较大，所以人们都喜欢制作和使用，手工业者和商人就越来越多了。李觏认为，在这些冗民当中，除了手工业者和商人，最多余的是释、老之徒。李觏对他们的不满主要表现在：“今也释老用事，率吾民而事之，为缁焉，为黄焉，籍而未度者，民之为役者，无虑几百万。广占良田利宅，辉衣饱食，坐谈空虚以诳曜愚俗。此不在四民之列者也。”③ 即今天的佛家做事，让所有的民众都参与进来，制作无数的经幡。那些佛家弟子和为其服务的老百姓，动辄就有几百万。他们大面积地占有良田和风水好的宅子，穿着奢靡，无须考虑吃饭的问题，整日靠空谈愚弄那些没有智慧的人。他们更是不在四民之中了。除此之外，李觏还认为，就目前的国家来看，官吏、

---

① 《李觏集·平土书》，中华书局1981年版，第202页。
② 《李觏集·富国策第四》，中华书局1981年版，第143页。
③ 同上，第144页。

巫医卜相乐师等数量众多，已严重地影响了已有的秩序和规则，他们也不在四民之列。李觏在社会分工方面比前人进步的地方是，他不光对人口进行了合理分工，而且给他们的职业排列了顺序，农人永远居于第一位。因此，他在揭露和剖析了社会现实后指出，要解决这一难题，最好的办法是用严格的制度管束以上所列的不在四民之中的人，限制他们的人数，使他们有所畏惧，完成具体的任务，不再游手好闲，坑蒙拐骗。最终，他说："驱之有术，复之有业，然而不力于农者，未之信也。"① 如果国家下功夫以有效的方式驱逐这些游手好闲的人，让他们从事与自己相应的职业，如此，还有人不尽心致力农业劳动的状况，是没有人相信的。

　　总之，在李觏生活的时代，封建王朝的统治已经岌岌可危，由于土地和其他财富的被侵占，人民的生活陷入水深火热之中。这种状况导致了贫富分化严重，阶级矛盾一触即发。李觏从维护统治阶级的长治久安出发，提出了他对人口问题的看法，即要重视民众的力量，满足他们最低的生活需要，无论是爱民、重民的呼吁，还是强调要对人民进行合理分工，都是以当时的现实情况为基础的。这种立足于现实需要而对人口问题的思考及其在此基础上得出的结论为我们结合现实需要解决实际问题提供了良好的研究思路。同时，自从有人类出现，人们就一直对自己的本性进行着深入的思考，到李觏生活的时代，已经积累了丰硕的研究成果，如孟子的性善论，荀子的性恶论等。李觏却独辟蹊径，从人的内在品质出发对人的本性进行了解读，明晰地得出了自己的结论。尽管他对人性的认识带有浓厚的主观色彩，但他勇于探讨世界上最为复杂的人之本性的精神是值得我们学习的。而且，这种探索方向对我们今天强调以人为本、构建和谐社会打下了良好的思想基础。最后，李觏的人口思想，首先与他的土地、劳力、劳役赋税及农商、财富等思想有着密切的联系；其次还与之前的国家政治、儒家伦理等一脉相承，这种注重事物之间的联系、积极探索事物之间的内在关联，并把它们放置在社会发展规律中去认识、去思考的做法，或者说他在经济学、政治学、儒学框架中对人口思想的阐述，表明了他对社会发展规律的细致观察和对事物之间逻辑联系的准确把握，这些研究成果为我们提供了方法论层面的有益借鉴。

---

　　① 《李觏集·富国策第四》，中华书局1981年版，第138、140页。

第三节　苏轼的人口思想

苏轼（1036—1101），字子瞻，眉州眉山（今四川眉山）人。北宋著名的文学家、书画家、思想家。自号东坡居士，是我国唐宋八大家之一。苏轼自幼就很好学，史载他："生十年，父洵游学四方，母程氏亲授于书，闻古今成败，辄能语其要。"① 即十岁时，他的父亲苏洵去外地游学，他的母亲程氏亲自教授他学习四书五经，听到那些古今不同成败的故事，寥寥数语就能切中要害。不到二十岁时，即"博通经史，属文日数千言，好贾谊、陆贽书"。② 即精通经书史籍，每天自己撰文均能达到数千言，尤其喜欢贾谊、陆贽的书。苏轼21岁举进士，并以文章知名于世。后历任判官告院、兼判尚书祠部、权开封府推官、翰林学士、礼部尚书等。苏轼历经宋英宗、神宗、哲宗、徽宗几个王朝，仕途坎坷起伏，除了因反对王安石变法被贬，后又因诗作被人诬告诽谤朝廷，最终被贬儋州（今海南岛），66岁时被赦还，同年病故。苏轼由于颇具文学才华，因此与其父苏洵、其弟苏辙合称"三苏"。

由于苏轼多次被贬至地方做官，因而比较了解民生疾苦，在其任职期间，做了许多有利于发展生产、改善百姓生活环境的事务，深受百姓爱戴。在他一生的著述中，除了具有大量流传至今的文学精品，还有一部分人口思想。

一　土地和民众应该均衡

苏轼认为，从历史的角度看，中国的土地，用于养育中国人民是足够的，但自己生活的这个时代人们为什么老觉得土地不够呢？是因为土地虽然没有变化，但人民却处在不断的聚散变化当中，最终导致的结果是"天下常有遗利，而民用不足"。③ 即朝廷经常物品有余，但是民众的所需不能得到满足。在处理人地矛盾的措施方面，他很赞赏古代的许多做法。他说："昔者三代之制，度地以居民，民各以其夫家之众寡而受田于官，

① 《宋史·苏轼传》，中华书局1977年版，第10801页。

② 同上。

③ 《苏轼文集·策别十四》，上海古籍出版社2000年版，第813页。

一夫而百亩，民不可以多得尺寸之地，而地亦不可以多得一介之民，故其民均而地有余。当周之时，四海之内，地方千里者九，而京师居其一，有田百同，而为九百万夫之地，山陵林麓，川泽沟渎，城郭宫室涂巷，三分去一，为六百万夫之地，又以上中下田三等而通之，以再易为率，则王畿之内，足以食三百万之众。以九州言之，则是二千七百万夫之地也，而计之以下农夫一夫之地而食五人，则是万有三千五百万人可以仰给于其中。当成、康刑措之后，其民极盛之时，九州之籍，不过千三万四千有余夫。地以十倍，而民居其一，故谷常有余，而地力不耗。何者？均之有数也。自井田废，而天下之民，转徙无常，惟其所乐，则聚以成市，则肩蹑踵，以争寻常，挈妻负子，以分升合，虽有丰年，而民无余蓄，一遇水旱，则弱者转意图沟壑，而强者聚为盗贼。地非不丰，而民非加多也，盖亦不得均民之术而已。"① 即上古时期的三代的制度，按土地的多少安置居民，老百姓都是按其夫家人数的多少从官方接受土地，一个人可以被授予100亩地，人民不能无故获得哪怕是多一寸的土地，同时，有限的土地面积上也不可能多出一个居民，所以那时的人和地是非常均衡的，以致有些土地还可以闲置。周朝之时，四海之内的土地分为九份，京师占据其中的一个部分，田地的面积很大，共有将近900万亩土地，山地森林、川泽沟渠、城郭宫廷百姓的房屋，占三分之一，其余的六百万亩土地，又分为上中下三等，收成按两倍计算，仅王畿之地，足以养活300万民众。按九州计算，就是2700万亩土地，如果按照一个农夫一人的土地养活五个人，则有13500万人可以养活。到了成康执政之后，民众最盛的时候，九州之地，不过3000万人口。土地与民众的比例是十比一，所以谷物经常有余，同时地力也没有耗费。为什么呢？有好的办法平均土地和人民的数量。自从井田制废除以后，天下的老百姓，就开始了频繁的迁徙，他们按照自己的爱好，聚集在一起摩肩接踵，争名夺利，辜负妻儿，经常与家人分离，虽然有丰收的年景，但群众却没有任何积蓄，一遇到水旱灾害，那些贫弱之人四处流浪，而那些强壮的人聚为盗贼。不是土地不够，也不是百姓增加太多，主要是没有有效的平均土地和人民的方法。在分析了历史上的情况之后，他又具体指出了目前田地不均的害处。他说："夫民之不均，其弊有二：上之人贱农而贵末，忽故而重新，则民不均。夫民之为农者，莫

---

① 《苏轼文集·策别十四》，上海古籍出版社2000年版，第813页。

不重迁，其坟墓庐舍，桑麻果蔬，牛羊耒耜，皆为子孙百年之计。惟其百工技艺，游手浮食之民，然后可以怀轻资而极其所往。是故上之人贱农而贵末，则农人释其耒耜而游于四方，择其所乐者而居之，其弊一也。凡人之情，怠于久安，而谨于新集。水旱之后，盗贼之余，则莫不轻刑罚，薄税敛，省力役，以怀甫逃之民。而其民稍稍引去，聚于其所重之地，以至于众多而不能容。其弊二也。臣欲去其二弊，而开其二利，以均斯民。昔者圣人之兴作也，必因人之情，故易为功，必因时之势，故易为力。今欲无故而迁徙安居之民，分多而益寡，则怨谤之门，盗贼之端，必起于此，未享其利，而先被其害。臣愚以为民之情，莫不怀土而重去。惟士大夫出身而仕者。狃于迁徙之乐，而忘其乡。昔汉之制，吏二千石皆徙诸陵。今之计，可使天下之吏仕至某者，皆徙荆、襄、唐、邓、许、汝、陈、蔡之间，今士大夫无不乐居于此者，唯恐独往而不能济，彼见其侪类等夷之人，莫不在焉，则其去唯恐后耳。此所谓因人之情。夫天下不能岁岁而丰也，则必有饥馑流亡之所，民方其困急时，父子且不能相顾，又安知去乡之为戚哉？当此之时，募其乐徙者，而使所过廪之，费不甚厚，而民乐行、此所谓因时之势。然此二者，皆授其田，贷其耕耘之具，而缓其租，然后可以固其意。夫如是，天下之民，其庶乎有息肩之渐也。"① 大意是说，如果土地不均，其害处有二，一则各类官员和国君将农事不放在心上，而是看重那些细枝末节；忽略国之根本而用心于新生事物，这样许多的老百姓就会倾心于其他事情而同样不重农事。一般情况下，农民是非常重视迁移的，因为其家族的坟地、居住的房屋、所种植的粮食、所使用的各种农具，都是要为后代子孙打算的。只有各种工匠画师等、游手好闲之人，可以随意地在全国各处游荡。如果各类官员及国君不重视农业，那些农民也会像其他人一样到处流浪，不专农事。就人之常情而言，一般是安于现状而不愿到处流动，如果有水旱发生，或者盗贼兴起，国家就会减轻刑罚，节省劳役，以此来安抚受灾的民众。但是，如果民众喜欢流动，而聚集在他们所喜欢的地方，则会使某地人满为患，无法救济，这是第二个弊端。我的想法是去除这些弊端，变害为利。过去圣人治理国家，必然是因循人之常情，故而人们都想建功立业，必然是因势利导，故而民众都愿意为国出力。今天我们要无故地迁徙已经安居的人民，某地因为人口太多

---

① 《苏轼文集·策别十四》，上海古籍出版社 2000 年版，第 814 页。

就会导致利益减少，那时人们就会怨声载道，因而盗贼就会兴起。就国家而言，还没有享受到迁移的益处，就会感受到它的弊端了。其实，民众的心理是怀恋故土而不愿迁徙的，除了那些士大夫等为官者。我们可以参考汉代的做法，一般官吏给二千石粮食让他们迁移到各郡。我们目前可以采用这样的办法，一是可以使自己的官吏上任到某地，一般可以将他们迁到荆、襄、唐、邓、许、汝、陈、蔡之间，据我观察，今天的官吏没有不愿意去那些地方的，此前他们是害怕自己单独去会没人照应，今天看见这么多和自己一样的人都在迁徙，他们会争先恐后地去赴任的。这就是人之常情。我们都知道，自然界不可能年年都给我们丰收的年景，其间必有饥荒等其他灾害存在，民众受到灾害的冲击时，父子都不能相顾，何况去往他乡避灾？所以，在这样的时候，国家可招募那些愿意迁徙的老百姓，指定一些去处，而且所去的地方，费用也不多，这样民众就喜欢迁移了，这就是因势利导。以上这两种迁移方式，都可给他们授予田产，贷给他们种田的各种农具，而且还缓收他们的租税，这样就可以使他们安心于此地。如果能够做到这一点，天下的民众，就会非常富庶了。

二　人民的多寡与国家富裕与否无关

苏轼认为，自古人口的多寡就与国家的富强与否无关。他说："古者以民之多寡，为国之贫富。故管仲以阴谋倾鲁梁之民，而商鞅亦招三晋之人以并诸侯。当周之盛时，其民物之数登于王府者，盖拜而受之。自汉以来，丁口之蕃息，与仓廪府库之盛，莫如隋。其贡赋输籍之法，必有可观者。然学者以其得天下不以道，又不过再世而亡，是以鄙之而无传焉。孔子曰：'不以人废言，'而况可以废一代良法乎？文帝之初，有户三百六十余万，平陈所得又五十万，至大业之始，不及二十年，而增至八百九十余万者，何也？方是时，布帛之积，至于无所容，资储之在天下者，至不可胜数。及其败亡涂地，而洛口诸仓，犹足以致百万之众。其法岂可少哉！国家承平百年，户口之众，有过于隋。然以今之法观之，特便于徭役而已，国之贫富何与焉。非徒无益于富，又且以多为患。生之者寡，食之者众，是以公私枵然，而百弊并生。夫立法创制，将以远迹三代，而曾隋氏之不及，此岂不可论其故哉？"[1] 意思是说，自古人们都认为国家的强

---

[1]　《苏轼全集·国学秋试策问二首》，上海古籍出版社 2000 年版，第 781—782 页。

大与否与民众的多少有着密切的联系，所以管仲用了一些手段招徕了吕国和梁国的人民，而商鞅更是招徕三晋的民众并到了秦国。这些做法在当时也确实呈现出明显的效果。周朝兴盛之时，其民众物品为数众多，官府都接受了它们。自汉代以来，人口之众多、府库之充溢，以隋代为最，他们对待贡赋的态度和方法是值得我们研究的。但是学者们均因为隋代不以人道治国，而不谈他们的做法。孔子说，不能因人品而废除他们的言行，既然如此，岂可废除一代国君好的做法？从汉至隋，人口众多，而且国家的财物充实，直到他们灭亡，其遗留的仓库储存还能够养活百万之众。他们的方法能被我们忽略吗？时代发展到今天，情况已经发生了明显的变化。目前我们宋代国家承平百年，户口之多，已超过了隋朝，但是，观察今天我们的做法，国家的富强与否完全取决于赋税的多少，而与人口有什么关系？现在的国家，不但不是太富裕，而且人满为患，国家不富裕的原因是生产者太少，吃饭的人太多，所以国家百弊丛生。因此我们治理国家，应该以夏商周为榜样，后人不能效法他们的做法，我们完全可以找找其中的原因啊。

三　为政者要爱民

苏轼继承了整个中国封建社会知识分子的传统思想，认为为政者一定要爱民。他说："尧、舜、禹、汤、文、武、成、康之际，何其爱民之深，忧民之切，而待天下以君子长者之道也！"[1] 即上古时期及周初的君王是多么爱民和忧民，他们对待天下的人民运用的完全是君子长者的礼仪啊。虽然苏轼这里所说的民，包括帝王之下的所有人，但他所提倡的爱民省刑的主张还是值得肯定的。

四　统治者应该得贤才而用之

苏轼与其他思想家一样，同样认为国家的治理离不开对贤才的选拔和任用，他说："臣窃以为今省府之重，其择人宜精，其任人宜久。凡今之弊，皆不精不久之故。何则？天下之贤者，不可以多得。而贤者之中，求其治繁者，又不可以人人而能也。幸而有一人焉，又不久而去。夫世之君子，苟有志于天下，而欲为长远之计者，则其效不可以朝夕见，其始若迁

① 《苏轼全集·省试刑赏忠厚之至论》，上海古籍出版社 2000 年版，第 665 页。

阔，而其终必将有所可观。今期月不报政，则朝廷以为是无能为者。"①即我认为今天的省府，要处理的最重要的事情，就是选择人才要精心，使用人才要长久。今天国家出现的许多弊端，都是用人方面的不精和不久所造成的。为什么这么说呢？因为天下的贤才、人才难得。而那些被选中的贤才，让他们每人都展示出超人的政绩，也不是人人都能做到的。好不容易选择了这样一个人，时间不长又离任了。世间的君子中，具有远大抱负且具有治国的长远眼光的人，他们的才能不可能马上显现，如果一个人开始时眼光开阔，为政结束时必将有所作为。今天的制度是，不必按期按月上报政绩，朝廷就以为这些人是无能之辈。在这里，苏轼站在基层封建官吏的立场上，对朝廷的选人不精、用人不久的做法提出了批评。他认为，除了现在的制度不能让一般官吏通过长期的治理显示其才能和政绩，而且，现在的两府提拔制度也使得那些在基层刚刚有些政绩的人被提拔到朝廷，最终造成了人人不安其位，时刻想往上爬的社会风气。他的建议是，有才能的人至少在基层任职十年，这样，既可以看出他们的政绩，也可以使他们有时间造福一方百姓。同时，他还认为应该对那些终生任职基层的官员予以褒奖，让全社会都形成安心自己的职位，不急于寻找机会向上发展的风气。

五　个人与他人应和睦相处

苏轼除了对人口、人才等问题阐释了自己的观点，还在他的著述中阐发了比较鲜明的社会思想。而个人与他人一定要和睦相处就是其中的一个方面。他说："夫民相与亲睦者，王道智始也。昔三代之制，画为井田，使其比闾族党，各相亲爱，有急相赒，有喜相庆，死丧相恤，疾病相养。是故其民安居无事，则往来欢欣，而狱讼不生；有寇而战，则同心并力，而缓急不离。自秦、汉以来，法令峻急，使民离其亲爱欢欣之心，而为邻里告讦之俗。富人子壮则出居，贫人子壮则出赘。"②即民众相亲并和睦的情况，自上古时期王道施行之时就开始了。当时的三代，其制度为划分井田，让百姓按族按宗一起居住，使他们相亲相爱，有了急事相互帮助，有了喜庆相互分享，有了死丧相互体恤，有了疾病相互供养。所以当时的

---

① 《苏轼全集·策别九》，上海古籍出版社 2000 年版，第 807 页。
② 《苏轼全集·策别十三》，上海古籍出版社 2000 年版，第 812 页。

百姓相安无事，他们很高兴地居住在一起，争斗及诉讼的事情基本上不会发生；如果有外敌来侵，他们就会齐心协力，并肩作战，而且生死相依，不会随便分离。但是秦汉以来，法令严峻，使百姓没有了喜悦的心情，社会风气变成了相互诬告和揭发。富人子弟一旦成年，就另立门户，穷人子弟一旦成年，就入赘别家。在描绘了秦汉以来人们之间的分离和不信任之后，苏轼解释了造成这种现状的原因："此无他，民不爱其身，则轻犯法。轻犯法，则王政不行。"① 即没有别的原因，主要是因为人们都不爱自己的身体了，不爱自己的身体就会轻易犯法。总是轻易犯法，则国家的治理就会出现问题。在分析了原因之后，苏轼给出了自己的理想社会的图景："欲民之爱其身，则莫若使其父子亲、兄弟和、妻子相好。夫民仰以事父母，旁以睦兄弟，而俯以恤妻子。"② 即要让民众爱惜自己，不过就是要让他们父子相亲、兄弟和睦、妻子相好。这样的话，百姓就可以尊敬和赡养父母，爱惜和帮助兄弟，养育和抚恤妻儿。如何实现这一理想呢？苏轼认为："今欲教民和亲，则其道必始于宗族。"③ 即今天，如果我们要让百姓和家人相亲的话，必须强调宗族的意义和作用。在后文中，苏轼强调了完善宗族管理的重要性，认为人们今天的许多所作所为，都是因为有族无宗造成的。有族无宗的后果是："有族而无宗，则族不可合。族不可合，则虽欲亲之而无由也。族人而不相亲，则忘其族矣。"④ 即如果百姓只有民族而无宗族，则民族就不团结。民族不团结，人们就是想相互亲爱也没有合适的理由。一个民族的人们不相亲爱，最终会忘了自己的祖宗的。为了不让这样的后果出现，苏轼再次强调："天下之民，欲其忠厚和柔而易治，其必自小宗始矣。"⑤ 即天下的百姓，如果我们想让他们忠厚柔和而易于治理，必然得从小宗开始进行社会管理。在这里，苏轼强调了个人作为社会群体中的一分子，对于家庭和国家的重要性，认为现今的社会人们互不相亲，是因为失去了宗族的观念，要使整个社会和睦共存，就必须恢复上古时期的社会管理的方法，以小宗为起点，加强人们之间的联系，加强人们的民族认同感，最终实现社会的繁荣和谐。

① 《苏轼全集·策别十三》，上海古籍出版社 2000 年版，第 812 页。
② 同上。
③ 同上。
④ 同上书，第 813 页。
⑤ 同上。

总之，作为封建社会的知识分子，苏轼在其坎坷的仕途中看到了人民群众所受的疾苦，以及因为土地不均、贤才太少、社会不团结安定所造成的乱象，给出了自己解决问题的主张。但是我们必须强调的是，作为一个中世纪的庶族地主阶级的一分子，他不可能认识到造成人民生活贫困的根本原因，在于封建社会对老百姓残酷的剥削，但他看到了一个带有规律性的问题，那就是国家没有积蓄不是因为人口众多，而是赋税太重，主张均土地和赋税，这一分析是符合人民群众的根本利益的，也是他人口思想中最值得肯定的一个方面。

第四节　叶适的人口思想

叶适（1150—1223），字正则，温州永嘉人。史载其"为文藻思英发"。[①] 即他所写的文章辞章华丽，颇有才华。南宋淳熙五年中进士，曾做过平江节度推官、武昌军节度判官、浙西提刑司干办公事、太学正、太常博士兼实录院检讨官、尚书左选郎官等。后遭人诬陷罢官回乡，在永嘉城外水心村讲学，世称水心先生。作为南宋时期著名的思想家和永嘉学派的代表人物，叶适在中国历史上有着极高的学术地位，黄宗羲在《宋元学案》中将他与朱熹、陆象山并论，"遂称鼎足"。

叶适为官期间，勤政爱民，知人善任，直言敢谏，做了大量对百姓有益的事情。史载他针对流民无法安置的现实，"逐于墟落数十里内，依山水险要为堡坞，使复业以守，春夏散耕，秋冬入堡，凡四十七处。共相守戍"。[②] 即在废城之外的数十里内，依靠山水之间的险要之地，修建堡子，作为生活和抗击敌寇的屏障，同时让老百姓恢复之前的生产，春夏时耕种，秋冬时入堡躲避战乱，共修建了这样的堡子 47 处，使百姓们能够共同保卫居住地。叶适"尝荐陈傅良等三十四人于丞相，后皆招用，时称得人"。[③] 即曾经推荐陈傅良等 34 人给丞相，之后全被录用，人们当时都称赞他懂得才。除此之外，他曾经主动出击，抗击金兵；立堡守边，成绩显著。作为封建社会的知识分子，叶适还多次劝谏皇帝以国事为重，勿

①　《宋史·叶适传》，中华书局 1977 年版，第 12889 页。

②　同上书，第 12894 页。

③　同上书，第 12890 页。

贪眼前之乐。

叶适的一生著述颇丰，主要收集在《水心别集》、《习学记言序目》、《水心文集》当中。其思想涉及道学、军事、国本、民事、计财、法度、经济等诸多方面。尤其是他对哲学的根本问题的阐释和论述、对具体时政的分析和判断，都有许多独到新颖的见解，表现了他唯物主义和现实批判的思想特征。如他认为："夫行于天地间者，物也；皆一而又不同者，物之情也；因其不同而听之，不失其所以一者，物之理也。"① 大意为存在于天地之间的，是各种物质；导致虽然同是物质又有着区别的主要原因，在于物质的情态不同；因为他们的不同而被我们所了解的，是事物的可知性，所有存在于世界当中的物质所不能缺少的东西，就是事物本身所具有的规律性。在他的广博的思想内容当中，他还阐释了功利主义，反对重农抑商的观点；主张人君需以其道服天下，而不以名位临天下的观点等。

对于人口问题他也多有涉及。

一　民众是国家之根本

叶适认为："国本者，民与。重民力与，厚民生与，惜民财与，本与民而后为国与。昔者言国之本者盖若是矣。"② 即国家的根本，是民众。重视民众的力量、使百姓富裕、爱惜民众的财物，做事必须先考虑民众，之后再考虑国家。以前的圣贤谈及国家的根本时都是这样认识的。接着，他批评了当今之世统治者的表现："古者民与君为一，后世民与君为二。古者均既养民又教民然后治民，而其力常有余；后世不养不教专治民而其力犹不足。古者民以不足病其官，后世官以不足病其民。凡后世之治无不与古异。"③ 即古代的时候，君主与民众不分，无论是田产，还是衣服、食物，各种用品都是君主与民众共有的，后世民众与君主就分开了。古代的人都是既养育万民又教育民众然后才治理人民，人民的创造力常常用不完；后世的人不养民不教民，专门治理民众，而人民的创造力还时常不足。古代的人民以生活不够富足而质问官员，后世的官员以官用不足而惩

① 叶适：《水心别集·卷五·诗》，中华书局 2010 年版，第 699 页。
② 叶适：《水心别集·卷二·国本上》，中华书局 2010 年版，第 644 页。
③ 同上书，第 651 页。

罚民众。所有后世的治理方略都与古代不一样。在对现实进行了尖锐的批判之后，叶适提出了自己的重民主张。一是君主要爱护民众。叶适认为，在古代，除了基本的生活技能，六艺之术君主也会教给民众，还让民众之间互通有无，凡民众所需君主都会备好，"其婚姻祠祀疾痛死丧必知其急。其官自下士至于三公位之登降必因其民之众寡"。① 即民众的婚姻、祠堂、祭祀、疾病、痛苦、死亡都是官员们要管理的内容。官员们自下士到三公，其职位的升降都是以百姓的多少为依据的。对于今天的民众，叶适认为也应该从不同的方面给予爱护。他说："其于天下之民也，真见其可佚而不可劳，可安而不可动，可予而不可夺也，非轻租、捐赋、宽逋负以为之赐也，而况于急征横敛而无极也。"② 即对于今天的百姓，应该让其安逸而不让他们困苦的，让他们安定不让他们动荡的，只能多给予而不能有太多剥夺的措施，不外乎减轻租税、减免赋役、允许他们拖欠租赋而作为君主的赏赐。何至于要横征暴敛而没有尽头呢。在这样的态度下，叶适批评了当今宫廷的所作所为，认为他们的做法是官在上、民在下，"养之者不备、治之者不详，使民自能而不知恤，其所以设官置吏，贵贱相承，皆因民之自能者遂从而取之。或有天患民病，尝一减租，税内出粟，以示赈膳之意，则以为施大恩德于天下，君臣相顾，动色称贺，书之史官，以为盛美，其君民上下判然出于二本"③。即不准备财物养育万民，对他们的治理对象不了解，使老百姓自己解决生活中的一切问题，从来不懂体恤民众，之所以设官置吏，规定好贵贱等级并使人们代代相承，都是因为百姓自己能够解决所有的问题，而统治者只要去索取就行。假使有那种天降灾祸、百姓困顿，官府稍稍减免一点租税、允许以粟代租，表示朝廷进行赈济的情况，官府及朝廷马上就认为这是国家对百姓的极大恩惠，君臣相看，互相祝贺，载之史书，大加赞美，君主和人民非常清楚地显示出上下贵贱的区别。在这里，叶适尖锐地指出，后世官府及朝廷他们的所谓"养民"，不过是在遇见灾祸时的基本救济而已，根本不是发自内心的对民众的重视和关怀，是把民众看作与君主官员完全不在同一地位上的鲜明表现。二是君主要努力得民。他认为："为国之要，在于得民。民多则

① 叶适：《水心别集·卷二·国本上》，中华书局 2010 年版，第 651 页。
② 叶适：《水心别集·卷一·君德二》，中华书局 2010 年版，第 635 页。
③ 叶适：《水心别集·卷二·民事上》，中华书局 2010 年版，第 651 页。

田垦而税增役重而兵强。田垦税增役重兵强则所为而必从，所欲而必遂，是故昔者战国相倾莫急于致民。商鞅所以坏井田开阡陌者，诱三晋愿耕之民以实秦地也。汉末天下殚残而三国争利，孙权搜取山越之众以为民，至于帆海绝缴俘执岛居之夷而用之。诸葛亮行师号为秉义，不妄虏获，亦拔陇上家属以还汉中，盖蜀之亡也，为户二十四万，吴之亡也，为户五十余万，而魏不能百万而已。举天下之大，不当全汉数郡之众，然则因民之众寡为国之强弱，自古而然矣。"[1] 即治理国家的根本，在于得到民众。民众多则田地可以得到开垦，民众多国家所收赋税就多，国家的兵力就强。如果一个国家的田地能得到开垦，税收能得到增强，兵力能够强大，君主就能实现国家经济繁荣，国运长久的愿望，其国内百姓的生活就能得到保障，因此，过去的战国时代在进行战争的过错中没有一个国家不急于获得民众。商鞅之所以要破坏之前的井田制而让百姓可以自行开垦土地，就是为了引诱晋国愿意获得耕地的百姓来充实秦国的人力。汉代末年，天下混乱，三国纷争，孙权搜罗了大量山越的民众，使其成为东吴的百姓，将他们安置在各个海岛及其他险要地方防御外敌。诸葛亮号称仁义之师，不随便驱赶俘虏为蜀国百姓，但他当时也带领陇上的很多百姓到了汉中，等到蜀国灭亡之时，有百姓户口 24 万，吴国灭亡时，有户口 50 多万，而魏国应该有户口 100 万左右。天下之大，也不是只有汉族州郡数量过多，然而，因为人民的多少而导致国家强弱的事情，自古就是这样的规律和表现。

二　治国之本在于得"贤才"

叶适认为，治国之本在于"得贤才"。他说："夫人主之所与共守其国家者，自宰相以下至于一命之士皆必得天下之贤才而用之。其不能无犯法者，不得居也。当舜之时，既放弃共、鲧、驩兜之徒，其所与为臣工岳牧者，皆忠肃、惠和、明允、笃诚之士，故其治化之成。至于匹夫小民犹无犯法者，而况其官师乎？其后周文武最能得天下之贤才而用之。"[2] 即能与人主共守国家不致其衰败者，自宰相到一般官吏都应该是贤才。虽然天下不可能没有犯法的人，但他们会被逐出居住地。大舜之时，就放逐了

---

① 叶适：《水心别集·卷二·民事中》，中华书局 2010 年版，第 653 页。

② 同上书，第 646 页。

共工、鲧、驩兜，后面任用的许多大臣和牧宰，都是富有忠心、为人平和、明辨是非、讲求信义的人，所以大舜将国家治理得很好。那个时候，连平民百姓都没有犯法的人，何况那些官员？其后，周朝的文王武王是最能识得人才并加以使用的人。接着，他又重申道："扬雄有言曰：'周之士也贵'，夫士贵而后官贵，官贵而后国贵，国贵而后主尊。然则周、文、武之所以贵其士、礼其臣者，能使之无犯法，而未尝以刑法御之者也。"① 即扬雄说，周朝的士人很尊贵呀。士人尊贵而后官员尊贵，官员尊贵而后国家尊贵，国家尊贵而后君主尊贵。然而周文王、周武王用来尊重士人的方法是礼让他们，而不是用刑罚驾驭他们。叶适又举汉高祖及唐太宗之例说明了任用贤才的诸多益处。最后，他充满感情地说："夫不以刑法御臣下而与臣下共守法，此岂非祖宗为国之本意与？舜文王之俗然与！"② 即不以刑罚驾驭臣下而是和臣子共同遵守国家法律，这难道不是祖宗治国的根本吗？舜及周文王的做法是一样的啊。

三　在迁移人口的基础上合理安置民众

除了强调历史上的有识之士均以民众为最强目标，叶适还认为国君应在得民的基础上合理地用民。他认为：目前宋朝的情况是"今天下州县，直以见入职贡者言之，除已募而为兵者数十百万人，其去而为浮屠老子及为役而未受度者又数十万人，若此皆不论也。而户口昌炽、生齿繁衍，几及全盛之世，其众强富大之形宜无敌于天下。然而偏聚而不均，势属而不亲，是故无垦田之利，无增税之人，役不众，兵不强，反有贫弱之实见于外，民虽多而不知所以用之，直听其自生自死而已。"③ 即现在的州县，用那些谏官的话说，除了已经招募为兵士的数百万人，喜好佛老宗教和那些没有被役使的人加起来又有数十万人，这也就不说了。而现在国家的户口数在增加，人口数量较多，快要达到最鼎盛的时期了，民众之强大应该是无敌于天下的。但是人口的分布非常不均衡，人们虽居住在一起却没有亲密的感觉，这样的话田地得不到开垦，税赋得不到增加，可以使用的人不多，国家的军事力量不强大，反而让外敌感觉我们贫弱可欺，造成这种

---

① 叶适：《水心别集·卷二·民事中》，中华书局 2010 年版，第 647 页。
② 同上。
③ 同上书，第 653 页。

局面的原因就是百姓虽多却不知怎样使用他们，任凭其自生自灭。在批评了当时有些官员不会"用民"的现状之后，他给出了自己的解决方案，一是鼓励百姓垦田。他说："以臣计之，有民必使之辟地，辟地则增税，故其居则可以为役，出则可以为兵，而今也不然，使之穷苦憔悴，无地以自业，其驽钝不才者，且为浮客为佣力，其怀力强力者，则为商贾、为窃盗，苟得旦暮之食，而不能为家。丰年乐岁，市无贵粟，而民常患夫斗升之求无所从给。大抵得以税与役自通于官者不能三之一，有田者不自垦，而能垦者非其田，此其所以虽蕃炽昌衍而其上不得而用之者也。"① 即以臣看来，有百姓就让他们开辟土地，土地开辟了国家的赋税就能增加，所以百姓居住在一个地方就可以为国家所用，战事来临就可以出兵打仗。但我们今天的做法却不是这样，我们让老百姓变得穷苦憔悴，没有属于自己的耕地，那些智力平庸者，只能为苦力或被人雇佣，那些身强力壮的，或为商人，或为盗贼，虽然能获得一些临时的食物，却不能养家糊口。丰收年景，市面上的谷粟并不贵，但百姓却得不到足以糊口的粮食。能以缴税和出苦力完成官员要求的人还不到三分之一，有田的人自己不种，而能种和愿意种的人却没有自己的田地，这就是国家虽然户口众多却不能被国家使用的真正原因。二是进行人口迁移。他说："分闽浙以实荆楚，去狭而就广，田益垦而税益增，其出可以为兵，居可以为役，财不理而自富，此富今之急务也。"② 即可以迁移一部分闽浙的百姓充实荆楚之地，从土地少的地方迁到土地广阔的地方，这样的话，土地可以得到开垦，国家的税收可以增加，百姓出可以行军打仗，也可以为国家服役，财富不去专门积累而国家自然富裕，尤其是国家的富裕乃当务之急呀。在此，叶适看出了自古困扰统治者的一大难题，即一国人口的不合理分布，在他的认识范围内给出了解决方案，虽然此方案只能解决暂时的问题，而不能从根本上改变人口的分布和南宋积贫积弱的局面，但作为一个知识分子，他能一切从实际出发，用实用的方法处理各种事务，这一点是值得肯定的。需要注意的是，叶适一再强调，为人君者，必须重视民众的力量，因为民众意味着税增。而田垦税增又意味着必须会"用民"。因此，他站在剥削阶级的立场上，对"用民"进行细致的规划，并用其他王朝的惨痛教训来告知统

① 叶适：《水心别集·卷二·民事中》，中华书局2010年版，第654页。
② 同上书，第655页。

治者必须合理分布人口，让国家的荒地都得到开垦，最终保证国家的各项
用度。

四　扩大劳动人民的就业机会

从维护封建主义统治出发，叶适主张积极扩大人民群众的就业机会。
因为他认为："夫天下所以听命于上，而上所以能治其命者，以利之所
在，非我则无以得焉耳。是故其途可通而不可塞，塞则沮天下之望；可广
而不可狭，狭则来天下之争，望失争生而上至权益微。盖富人之所以善役
使贫弱者，操其衣食之柄也——是故使之以事而效其食，或汲或负，或筑
或锄，则其力之弗任也，虽饥且死，不敢食矣。噫！使彼而皆任欤？吾虽
尽食之何伤；不然，则彼不以无功为羞而吾以吝食而愧矣。"① 即天下人
之所以听从统治者的命令，而统治者之所以能统治百姓，是因为有利益存
在。没有自我利益的需要就无法实现国家对民众的统治。所以，所有百姓
追求利益的道路都是只能通而不能塞的，如果阻塞了他们的礼仪追求就等
于阻塞了天下人的希望；百姓追求利益的途径可以多而不能少，少则会引
来天下之争。如果百姓没有希望而天下纷争，那么国家的权力就会被动
摇。富人之所以能够役使穷人的原因，就是因为他们操纵着穷人的衣食所
需——所以使百姓做事而提供给他们衣食，或担水或负重、或建屋或种
地，如果他们的力气达不到，即使饥饿将死，也不能吃饭。呀，应该教育
民众尽其所能地劳动，否则靠什么吃饭；这样的话，民众就会以没有功劳
而有饭吃而羞愧，而我们也会因为吝啬食物而惭愧。

在此，叶适强调，第一，民众能否就业是关系皇权统治能否稳定的关
键；因为民众就业了，"上之权"就会"日益增强"，相反，"上之权"
就会"益微"；第二，必须使人人都有事做，无论是担水，还是扛东西，
无论是从事建筑工作，还是进行耕种，必须做到人人有工作；第三，对民
众而言，对安排的事情必须尽心尽力地去完成，否则，即使饿死也不值得
同情。必须教育民众，有功才有食，否则，人们不以无功而感到羞愧，反
倒是我们要因吝啬而羞愧难当呢。

---

① 叶适：《水心别集·卷二·官法下》，中华书局 2010 年版，第 671 页。

五　个人与社会是紧密联系的

除了对人口问题的深刻论述之外，叶适还对于人与社会的关系进行了比较全面的分析。他认为，个人与社会的关系是两者相互联系、相互影响和促进的。个人需要与社会保持共性。他说："一人之身，众人之身也；一身之家，天下之家也；一士之学，万世共由之学也。不以其身丽众人之身，必自成其身，其身成而能合乎众人之身矣，若夫私其身者非也。不以其学诿万世共由之学，必自善其学，其学善而能合乎万世共由之学矣，若夫私其学者非也。"① 即一个人的身体，即是大家的身体；一个人的家庭，即是天下人的家庭；一个士人的所学，即是自古以来大家都在学习的东西。不能让自己的行为规范脱离社会上其他人的行为规范，否则就会被社会排斥。不能使自己的所学脱离社会上其他人应该学习的内容，否则会被社会所不容。叶适在这里强调的是，每个人都是社会的人，都具有社会性，因此每个人都不能私其身、私其家、私其学，而应该把学习与他人共处、保持社会的和谐统一作为自己应尽的义务和应尽的责任。

总之，叶适始终站在中世纪庶族地主的立场上，从注重探讨现实生活中的重大问题、维护封建统治、坚持唯物主义认识论出发，论述了他关于人口问题的各种看法。无论是追求"民众"，还是倡导"人人就业"，都是他的功利主义思想的具体表现，都没有分析到民众的贫困与社会制度本身的关联。而在一些具体措施的制定上，他也没有脱离儒家先贤的思维框架和认识范畴，甚至有些方面的思想还是相互矛盾的，这一点需要我们加以注意。

第五节　马端临的人口思想

马端临（1254—1322），字贵与，饶洲乐平人（今江西乐平）。他是元初杰出的历史学家，著有《文献通考》、《大学集义》等。其中，《文献通考》是中国中世纪极有价值的历史著作。有论者指出："中国中世纪的历史学，从刘知几、杜佑、郑樵以至马端临，有着继承和发展的关系。他们都是在历史的转变时期，从不同的角度，企图总结过去的历史。杜佑处

---

① 叶适：《水心文集·卷二十九·题薛常州论语小学后》，中华书局 2010 年版，第 592 页。

于唐代中叶，在他的《通典》中，从政典的角度总结两税法以前的历史；郑樵处于南宋前期，在他的《通志》中，从文献学的角度总结五代以上的历史；马端临则从典章制度的角度，总结了宋末以前的历史。"①马端临历时二十余年完成的《文献通考》，详细记载了自黄帝起到宋宁宗时期的重要政治经济沿革及我国历代重要的典章制度。全书共分田赋、钱币、户口、职役、征榷、市籴、国用、选举、学校、经籍、物异等 24 个部分，共 348 卷。其中《户口考》共两卷，详细记录了不同朝代户口的状况、盛衰及其原因所在，是我们梳理中国古代人口数量的主要参考。更难能可贵的是，他在梳理历代户口数的同时，特别强调人口研究的会通思想，他认为，中国自古至今，国家与贵族、地主、豪强等争夺人口的斗争始终存在。而且他还描述了编户破产为奴婢、奴婢解放为编户的历史事实，并归纳出了在封建社会里国家和贵族、地主、豪强相互争夺人口的历史规律。在记载古代典章制度的同时，马端临还表现出了比较进步的历史观。如对封建政权的腐朽性及劳动人民所受的沉重压迫的揭露、对历史变革的阶段性的强调、对典章制度更替的主要社会经济原因的深度剖析、对"五行灾异"之说的批评等。这些都表现了他与道学家神秘主义历史观的极大不同，但他的历史观当中也有一部分唯心主义的内容。

《文献通考》中还蕴涵着比较明显的人口思想，大致包括以下几个方面。

一　反对人口众多是国家强盛的根本

与苏轼一样，马端临也认为人口众多不是国家是否强盛的根本。他说："古者户口少而皆才智之人，后世生齿繁而多窳惰之辈，均是人也，古之人方其为士，则道问学，及其为农，则力稼穑，及其为兵，则善战阵。投之所向，无不如意。是以千里之邦，万家之众，皆足以世守其国而扞城其民。民众则其国强，民寡则其国弱，盖当时国之兴立者，民也。光狱既分，风气日漓，民生其间才益乏而智益劣，士拘于文墨而授之介胄则惭，农安于犁锄而问之刀笔则废。以致九流百工释老之徒，食土之毛者日以繁多。其肩摩袂接，三屋不足以满隅者，总总也。于是民之多寡不足为

---

① 侯外庐：《中国思想史纲》，上海世纪出版集团 2008 年版，第 298 页。

国之盛衰。"① 即古代的时候，虽然户口较少但所有人都是有才能的人，后世人口众多却大都是懒惰之辈，虽然都是人，但古代的人，如果身为学士，就会关注各种道理和学问，如果身为农夫，就会努力耕种，如果身为兵士，就会努力学习行兵打仗的本领。国家在使用他们的时候，非常得心应手。所以千万里之内，百万户民众，足以在守家、守国的同时保护自己。人民数量多，国家就强大，民众数量少，国家就贫弱，所以我们都认为国家的强大与否，在于民众的多少。随着时代的变迁，世风日下，现在的民众大都缺乏才智且品行不端，身为学士的，只略通文墨而不问甲兵，农夫除了略懂耕种而不问学问战事。以至于各种手工业者和宗教徒，只吃不种者越来越多。到了今天，他们摩肩接踵，充斥了整个国家。于是我要说，民众的多少与否并不能决定国家的兴衰。

二 主张举贤才用之

既然当今的民众有才者寡，无能者多，因此马端临认为，为政者一定要有一双慧眼，选用贤能之人而用之。他说："古之用人，德行为首，才能次之。禹朝载，采亦有九德，周家实兴考其德行，于才不屑屑也。两汉以来，刺史守相得以专辟、召之权。魏晋而后，九品中正得以司人物之柄皆考之以里闾之毁誉。而试之以曹掾之职业，然后俾之人备王宫以阶清显。盖其为法虽有愧于古人德行之举，犹可以得才能之士也。至于隋而州郡僚属皆命于铨曹搢绅，发轫悉由于科目，自以铨曹属官而所按者，资格而已。于是勘籍小吏得以司升沈之权。自以科目取士而所试者辞章而已。于是操觚末技得以阶荣进之路。夫其始进也，试之以操觚末技，而专注于辞章，其既仕也，付之于勘籍小吏，而专校其资格，于是选贤与能之意无复存者矣。然此二法者历数百年而不可以复更。一或更之则荡无法度，而侥滥者愈不可澄汰，亦独何哉？又古人之取士盖将以官之三代之时，法制虽简而考核本明。毁誉既公而贤愚自判。往往当时士之被举者未有不入官，初非有二途也。降及后世，巧伪日甚，而法令亦滋多。遂以科目为取士之途，铨选为举官之途，二者各自为防闲检柅之法。至唐则以试士属之礼部。试吏属之吏部，于是科目之法、铨选之法日新月异、不相为谋。盖有举于礼部而不得官者不举于礼部而得官者。而士之所以进身之途辙亦复

---

① 马端临：《文献通考·自序》，中华书局 1986 年版，第 3 页。

不一不可比而同之也。于是立举士举官两门以该之做选举考第九，凡十二卷。"① 即古代社会的用人制度是，先考察他们的德行，再考察他们的才华。大禹时期，考察人要考察其九个方面的德行，周朝也是强调考察人才的德行，于是那时人才济济。两汉以来，刺史郡守等职可以继承，使用人才时有权者才有机会说话。魏晋以后，九品中正制确立，人物的缺点也要考察，以邻里对其的评价为依据，先让他们做一些小官，然后再观察他们，最后，考察合格者可以进入王宫成为备选的人才。这种做法，虽然有愧于古人对德行进行考察的做法，但还是可以获得一定的人才的。到了隋朝，各州郡的官员都由铨曹搢绅任命，其实这一做法的来源即是科举考试，而那些铨曹属官选取人才的唯一标准就是看他们有无资格。所以之前的管理乡间百姓的小官得以晋升，获得更多的权力。以科目取士所考察的只是那些人的词章才能。一般情况是，他们刚刚进入仕途的时候，只考核他们的雕虫小技，即只是专注于考核辞藻文章，等到他们真正进入仕途了，又将他们交给堪籍小吏，让他们来考核其资格，于是这一做法就与之前的选取贤能之才的目的相去甚远了。但就是这样的方法却历经了近百年的时间没有改变。一是人们担心一旦更改，选吏便失去了依据，那些品德低下者就会滥竽充数，加上古代的人选取人才要看他们为官三代的情况，制度虽然简便但考核明确。判断的标准既然非常公正，因而一个人是贤才还是愚才一目了然。而且，那时的人们只要被推荐都会进朝做官，所以开始的时候是没有现在的两个入仕的途径的。到了现在，虚假之事泛滥，而法令也愈加细致，以科举和荫护取士成为人们入仕的主要方法。这两个方法都是为了使人们的仕途畅通。到了唐代，又规定考试之事属于礼部，使用官史之事属于吏部，于是考试的科目和选用官员的方法日新月异，相互之间完全不相衔接。那些被礼部看中的人得不到官位，没有被礼部看中的人却得到了官位，士人进入仕途的标准不能统一，所以我专门选择了入仕入官两种情况，以此作为重要内容进行了说明，共十二卷。在这里，马端临将有史以来各个朝代取士的方式方法进行了归纳，指出了取德才兼备的人才的重要性，批评了后世只以辞章取士之弊端，强调了他个人对这一问题的看法。

---

① 马端临：《文献通考·自序》，中华书局 1986 年版，第 5 页。

三　认为户口数准确与否与朝廷的赋税有关

马端临认为，汉朝以后，历代的人口统计都存在不实之处，主要原因是各朝各代赋税太重，人们为了躲避沉重的赋税负担，都尽最大可能对户口数进行隐瞒，造成了后世人们对真实户口数掌握的困难。他说："唐天宝之初，户八百三十四万八千有奇，隋唐土地不殊两汉，而户口极盛之时才及其三之二，何也？盖两汉时户赋轻，故当时郡国所上户口版籍其数必实。自魏晋以来，户口之赋顿重，则版籍容有隐漏不实固其势也……然则以户口定赋非特不能均贫富，而适以长奸伪矣。"① 即唐天宝初年，户口数是 8348000，隋唐的土地面积不比两汉时期小，但其户口数还不及两汉时的三分之二，这是为什么呢？主要是两汉时的赋税轻，所以当时各郡所上报的户口数是真实可信的。自魏晋以来，每户人家的赋税加重，则各郡县所报的户口数不实也就成为一种趋势了。然而，以户口的多寡制定赋税，非但不能均衡贫富差距，而且还在一定程度上造成了奸佞的存在。有史为证："汉以后，以户口定赋，故虽极盛之时，而郡国所上户口版籍终不能及三代，盖以避赋重之故，递相隐漏。"② 即汉代以后，国家实行的是以户口数来制定赋税，虽然此法盛极一时，但各个州郡所上报的户口数量都没能超过三代，都是人们为了逃避重赋而故意隐漏的。就唐代而言，"自武德初至天宝末，凡百三十八年，可以比崇汉室，而人户才比于隋氏。盖有司不以经国驭远为意，法令不行，所在隐漏之甚。其说是矣。"③ 即自唐武德到天宝年间，总共三十八年，国家的治理可堪比汉代，但人口户数才和隋朝一致。主要是有司不去考虑国家的长远利益，不去执行国家的法令，因而造成了户口数的大量隐漏。但他又强调说："然不知庸调之征愈增，则户口之数愈减，乃魏晋以来之通病。不特唐为然也。"④ 即人们没有意识到赋税的数量越是增加，户口数就会愈加减少，这种情况是自魏晋以来出现的通病，而不是唐代所独有的。既然人口数量的隐漏与赋税的轻重有关，那么，要获得准确的人口数，就应该减轻

---

① 马端临：《文献通考·田赋考三》，中华书局 1986 年版，第 49 页。
② 马端临：《文献通考·户口考一》，中华书局 1986 年版，第 111 页。
③ 马端临：《文献通考·田赋考三》，中华书局 1986 年版，第 49 页。
④ 同上。

朝廷的赋税。在这里，马端临表现出了同情人民群众的思想倾向。这一点，是值得肯定的。

四　运用"平均"概念来解释人口的情况

在说明不同朝代人口数的具体情况时，马端临还纳入了在当时比较先进的"平均"理念来说明问题。他说："西汉户口至盛之时，率以十户为四十八口有奇；东汉户口率以十户为五十一口，可准周之下农夫。唐人户口至盛之时，率以十户为五十八口有奇，可准周之中次。自本朝元丰至绍兴，户口率以十户为二十一口，以一家止于两口，则无是理，盖诡名子户漏口者重也。然今浙中户口率以十户为十五口有奇，蜀中户口率以十户为二十口弱，蜀人生齿非盛于东南，意者蜀中无丁赋，于漏口少尔。"① 即西汉户口最盛的时候，大概为十户四十八口；东汉大概为十户五十一口，比较符合周朝之后人口发展的趋势。唐代户口最盛之时，十户大概为五十八口，也比较符合当时的情况。自本朝元丰至绍兴年间，户口就变成了十户大概为二十一口，一家还不到两个人，这样的情况就不符合常理了，大概就能说明那些造假的人隐漏的户口数很多了。然而，今天的浙中地区，户口又变成了大概十户为十五口，蜀中户口为十户二十口，蜀中的百姓生养儿女并没有东南地区多，说明蜀中的情况还是比较正常的，因为他们本身人口就少，而且隐漏的人口数还是比较少的。在这里，马端临为了说明当今的赋税太重，导致了户口的隐漏情况很严重，就采用了"平均人口数"这个概念，来强调自己的观点，而这一分析方法，也进一步印证了户口数与赋税之间的关系，同时也给我们提供了一种全新的分析现实人口问题的有效方法。

除以上比较丰富的人口思想外，马端临还为人口统计作出了巨大贡献。他总结了夏禹时期到南宋末的人口数，完善了中国人口史上人口数缺乏的内容。在《户口考一、考二》中，他非常清晰地记载了人口数、诸侯国数、土地分配政策、各代对民众的等级分类情况、各代对待流民的政策等。更重要的是，他在详细考察了相关史料之后，对各朝各代对后世产生影响的里程碑式的做法及时代背景都做了全面的记载。如周朝的"料民"、汉代的"按户口之赋税"等。

①　马端临：《文献通考·户口考二》，中华书局1986年版，第118页。

　　总之，作为一位史学家，马端临运用丰富的数据、有效的方法，既详细地梳理了中国古代人口数量的延续和变革，也在《文献通考》中阐释了极其丰富的人口思想，对我们了解中国人口数量的变迁和各代在对待人口数量方面的态度，提供了非常宝贵的资料。

第 九 章

明代的人口思想

第一节 明代人口政策概述

1368—1644 年，是我国史称的明代。在这 276 年中，中国的封建社会不但完成了其第二时期第一个阶段的所有发展任务，而且在人口方面也出现了前所未有的变化，这一变化不但从经济、社会、文化等方面刻画了明代整体的社会面貌，也对后来清代乃至民国时期的人口发展产生了明显的影响。在这一漫长的历史时期，与人口相关的情况与政策有以下几个大的方面。

一 户口数逐步增加

明朝前期，由于统治阶级致力于社会生产的恢复和社会的安定，因此社会整体出现了比较富裕繁盛的状况。史载："洪、永、熙、宣之际，百姓充实，府藏衍溢，盖是时劝农务垦辟，土无莱芜，人敦本业——上下交足，军民胥裕。"[①] 即洪武、永乐、洪熙、宣德年间，百姓生活殷实，国库资产充盈，那时的所有农民都在开辟土地，全国没有几处闲田，人人都安于本职工作。全国上下，宫廷和百姓都用度丰厚，无论是军籍还是农籍，都很富裕。在这种情况下，虽然元明之际因战乱的影响，户口严重损耗，到处充斥着"居民鲜少"、"人烟断绝"的惨状，但是随着明朝统治的基本稳定和招抚流亡政策的实行，人口数得到了逐步的恢复。洪武十四年（1381）全国统计的户口数为户 10654362，口 59873305 人。到了洪武二十六年（1393），户为 16052860，口为

---

① 《明史·食货志序》，中华书局 1974 年版，第 1877 页。

60545812 人。洪武末年，全国的实际人口数至少超过 6500 万。永乐元年（1403），人口数为 66598337 人。弘治四年（1491），户为 9103446，口为 53281158 人，万历六年（1578），户为 10621436，口为 60692856人。到了万历二十八年（1600），明朝人口已达 1.5 亿。[①] 这是中国历史上从未出现过的人口规模。

二 进行了比较全面的人口统计

明代初期，由于刚刚经历了一场大的战乱，户口数大量减少而且数额不清，这种状况给国家的赋税征收带来了极大的困难。洪武三年（1370），朝廷诏籍全国户口，创设户帖："太祖籍天下户口，置户帖、户籍，具书名、岁、居地。籍上户部，帖给之民。有司岁计其登耗以闻。"[②]即太祖下令让廓清天下户口，创设户帖、户籍，上面要写清人名、岁数、居住地。户籍上交户部，户帖由百姓自己保管。在此次较大规模的人口统计当中，朝廷规定，户帖格式由户部统一制定，州县刻印后下发每户填写。其涉及的内容有：籍贯、全家口数、全家丁数、年龄、户籍类别（分为民、军、匠三大类）、财产状况等。一式两联，编以字号，骑缝处加盖户部公章，一联由户主收执，一联上交户部，汇总为全国户籍，用以掌握准确的户口资料和编审赋役。

三 运用里甲制度进行社会管理

明洪武十四年（1381），朝廷建立了里甲制度，进行统一的基层社会管理。其规定为：每 110 户为 1 里（城中称坊，近城称厢），推举丁口、粮食多者 10 户为里长，其余 100 户分为十甲，每甲又以一户为甲首。里长、甲首均轮流担任，每 10 年轮换一次。他们的任务是，负责管束所属人户，统计其丁、产的变化状况，督促生产，调解纠纷。同时，朝廷还规定，里长、甲首还要在此基础上编造黄册，每里一册，记载内容与户帖相同。

---

① 何炳棣：《1368—1953 年中国人口研究》，上海古籍出版社 1989 年版，第 262 页。

② 《明史·食货志·户口田制》，中华书局 1974 年版，第 1878 页。

四　迁移人口

《明史》记载："明初，尝徙苏、松、嘉、湖、杭民之无田者四千余户，往耕临濠，给牛、种、车粮，以资遣之，三年不征其税。"① 即明初之时，曾经迁移苏、松、嘉、湖、杭等地的那些没有土地的百姓到达临濠地方，朝廷给予他们耕牛、种子、农具和粮食，并发给少量的钱物，让他们在临濠耕种，三年不征收他们的租税。另外，徐达平定沙漠后，也"徙北平山后民三万五千八百余户，散处诸府尉，籍为军者给衣粮，民给田。又以沙漠遗民三万两千八百余户屯田北平，置屯二百五十四，开地一千三百四十三顷"。② 即迁徙北平以北的民众 35800 户，平均到各个府尉，如果定籍为军，就给他们衣服和粮食，如果定籍为民，就给他们田地。之后，"复徙江南民十四万于凤阳"。③ 即又一次迁徙江南 14 万民众到凤阳。在明太祖朱元璋在位的 31 年间，还进行了几次大的人口迁移。如："迁山西泽、潞民于河北。"④ 即迁徙山西泽、潞地区的民众往河北。"后屡迁浙西及山西民于滁、和、北平、山东、河南。又徙登、莱、青民于东昌、兖州。又徙直隶、浙江民两万户于京师。"⑤ 即后面又屡次迁徙浙西和山西的民众到滁、和、北平、山东、河南等地。又迁徙登、莱、青等州的民众往东昌、兖州。又迁徙直隶、浙江等地的民众两万户往京师。明代人口迁徙的基本情况是："太祖时徙民最多，其间有以罪徙者。"⑥ 即明太祖时迁徙最为频繁，其间也有因为获罪而被迁移的。太祖之后，"成祖覆太原、平阳、泽、潞、辽、沁、汾丁多田少及无田之家，分其丁口以实北平。自是以后，迁徙者鲜矣"。⑦ 即成祖又迁徙太原、平阳、泽、潞、辽、沁、汾等州县的民众前往北平，以充实那里的人口。自成祖以后，迁徙的情况就很鲜见了。

---

① 《明史·食货志·户口田制》，中华书局 1974 年版，第 1879 页。
② 同上。
③ 同上。
④ 同上。
⑤ 同上。
⑥ 同上书，第 1880 页。
⑦ 同上。

第二节　丘濬的人口思想

"丘濬（1420—1495），字仲深，琼山人。"① 明代著名的思想家。史载他"幼孤，母李氏教之读书，过目成诵。家贫无书，尝走数百里借书，必得乃已。举乡试第一，景泰五年成进士……濬既官翰林，见闻益广，尤熟国家典故，以经济自负"。② 即幼年便成了孤儿，母亲李氏教他读书，过目成诵。家里贫困买不起书，他就经常步行到一百里之外的地方去借书，而且一定要借到书才返回。曾经在乡试中考取过第一名，景泰五年（1454）擢为进士。邱濬自从官至翰林，眼界和见闻就愈加广泛，尤其熟悉各朝典故，以懂国事闻名。之后，他一直在京师做官，累任礼部尚书、文渊阁大学士、参与机务等职。

邱濬一生极其节俭，史载他"所居邸第极湫隘，四十年不易。性嗜学，既老，右目失明，犹披览不辍"。③ 即所居住的房子低矮潮湿，而且40年没有换过地方。特别好学，人到老年时，右眼失明，依然读书不止。

丘濬生活的时期，正是明朝统治者政治走向腐败、土地兼并及赋税极为严重、人民群众大量逃亡的历史时期，整个封建统治正在经历严峻的考验。主要表现有：一、大批农民破产、逃亡。据《明史·食货志》记载："明洪武二十六年（1393），有在籍户口 10652870 户，60545812 口，到明孝宗弘治四年（1491），仅余 9103446 户，53281158 口。"④ 仅百年间减少户数和人数达到了五分之一。其中，尤以明朝的经济重心江南为甚。《明史、食货志》亦云：宣宗即位以后，曾派广西布政使周干巡查苏州、常州、嘉兴、湖州四府，周干回来后描述说："诸府民多逃亡，询之耆老，皆云重赋所致。"⑤ 即各府的民众大量逃亡，向老者询问原因时，都说是赋税太重导致的。在赋税的重压之下，各地都爆发了多次的农民起义。如公元 1447 年，浙江元庆叶宗留因"盗矿"而领导的浙闽山区的流民暴动；公元 1448 年，福建佃农邓茂七领导的沙县暴动；公元 1465 年，河南

---

① 《明史·丘濬传》，中华书局 1977 年版，第 4808 页。

② 同上。

③ 同上书，第 4810 页。

④ 《明史·食货志·户口田制》，中华书局 1977 年版，第 1880 页。

⑤ 同上。

西华人刘通和石龙领导的由荆湘地区的流民所发生的暴动；公元 1470 年，河南新郑人李胡子所领导的规模更大的暴动等。面对社会动乱和明朝政府腐败的政治局面，邱濬一方面为维护封建统治做了许多工作，一方面著书立说以阐释自己的主张。

丘濬一生著作丰厚，曾参与《英宗实录》、《续通鉴纲目》、《宪宗实录》等的写作，代表作为《大学衍义补》。该书于明宪宗成化二十三年（1487）完成，共 160 卷。《大学衍义补》主要是针对宋代真德秀的《大学衍义》中儒家"治国平天下"的内容缺失而写作的。丘濬"乃博采群书辅之"。① 即阅读了多种书籍对它予以补充。该书运用了各代丰富的典籍，对很多思想家"治国平天下"的主张和观点进行了归纳和展示，尤其推崇宋儒朱熹的理学思想，这种写作方法对我们了解不同朝代的思想家对同一问题的阐释具有很强的资料意义。书中也显示了比较丰富的人口思想。

一 民众是治国安邦的重要因素

在邱濬的人口思想中，最重要的一点就是强调为政者要重视民众的存在，将他们看成治国安邦的重要因素。他说："山高出于地而反依附着于地，犹君居民之上而反依附于民。何也？盖君之所以为君者，以其有民也。君而无民，则君何所依以为君哉？为人上者，诚知其所以为君而得以安其位者，由乎有民也。可不思所以厚民之生，而使之得其安乎。民生安，则君得所依附，而其位安矣。"② 即山虽然很高但它必须依附于土地，就像君主虽然居于民众之上但他要依附于民众。为什么呢？是因为君主之所以会成为君主，因为有民众存在。君主没有民众，则他依靠谁而成为君主呢？身为君主，一定要明白自己之所以可以作为君主而统治天下，是因为有民众的存在和支持。怎能不经常思考如何让百姓过得富裕一些、安宁一些的方法呢？因为百姓安宁了，君主才能有所依附，君主的统治才会长治久安。在这里，邱濬将民众的作用和君主、国家的安危联系了起来，认为只有重民，才能保证君位的稳固、国家的兴盛。所以，他也一再强调：

---

① 《明史·邱濬传》，中华书局 1977 年版，第 4808 页。

② 林冠群、周济夫校点：《大学衍义补卷十三·总论固本之道》，京华出版社 1999 年版，第 118 页。

"民惟邦本，本固邦宁。"① 即只有民众才是国家的根本，根本稳固了，国家才能安宁。沿着这样的思路，邱濬又一次阐释了他对重民的理解："国之所以为国者，民而已。无民，则无以为国矣。明圣之君，知兴国之福在爱民，则必省刑罚，薄税敛，宽力役，以为民造福。民之享福，则是国之享福也。彼昏暴之君，视民如土芥，凡所以祸之者，无所不至。民既受祸矣，国亦从之。无国则无君矣。国而无君，君而无身与家，人世之祸，孰有大于是哉。推原所自，起于一念之不恤民也。"② 即国家之所以能够存在，因为有民众而已。没有百姓，国家就不复存在。圣明的君王，因为知道国家的存亡在于是否爱民的道理，所以他们都会减轻刑罚，薄收赋税，放宽劳役，为民造福。民众享福了，国家也就有福了。如果那些昏庸的君王，视百姓如同草芥，只要是能够祸害百姓的方法，无所不用的话，人民在受害的同时，国家也会受祸害。因为没有国家也就没有君王。有国而无君，或者君主无处安身立命，恐怕人世间的大祸，没有比这更厉害的了。究其根源，完全是因为不体恤民众而导致的啊。在论述了一系列关于民众与君主、国家的关系，及其民众存在的价值之后，邱濬进一步指出："鲁恭谓'爱民者必有天报'则害民者必有天殃可知矣。"③ 即鲁恭说：爱护民众的君主必然会得到上天的庇佑，而那些祸害民众的人必然会有天灾降临，是人人都应该明白的道理。在之后的论述中，邱濬还指出了以散财而聚民众、以鼓励农耕而聚民众、以积蓄粮食以救民众之急等一国之君重视民众的方法。而且，在重民思想的指导下，邱濬还给出了具体的重民措施。

（一）为君者要养民

邱濬指出："朝廷之上，人君修德以善其政，不过为养民而已。诚以民之为民也，有血气之躯，不可以无所养，有心知之性，不可以无所养，有血属之亲，不可以无所养，有衣食之资，不可以无所养，有用度之费，不可以无所养。一失其养，则无以为生矣。是以自古圣明帝王，知天为民以立君也，必奉天以养民。凡其所以修德以为政，立政以为治，孜孜焉，

---

① 林冠群、周济夫校点：《大学衍义补卷十三·总论固本之道》，京华出版社 1999 年版，第 120 页。

② 同上。

③ 同上书，第 122 页。

一以养民为务……吁，自古帝王，莫不以养民为先务。"① 即身在朝廷的君王，之所以要提高道德修养以及实施善政，目的就是为了养民。因为作为民众而言，都是血肉之躯，不能没人养活，都有一定的心性智慧，也不能没人养活，都有直系血亲，不能没人养活，都有衣食花费的需要，不能没人养活，都有许多应该具备的物品，不能没有人养活。如果没有人养活他们，他们就无法在这个世界上生存了。所以自古以来的圣明帝王，知道是上天为老百姓立的君王，这个君王也就必须奉天之命来养活他的人民。所以他们都会提升自身的道德修养来规范政体，而后又用政体来治理民众，同时是那样的孜孜不倦，因为他们明白自己的主要任务就是养育民众。呀，自古以来的帝王，都是把养育民众作为第一要务的啊。随后，邱濬又重申了养民的具体措施："人君之治，莫先于养民。而民之所以得其养者，在稼穑树艺而已。稼穑树艺，地土各有所宜。故禹平水土，别九州，必辨其土之质与色，以定其田之等第。因其宜以兴地利，制其等以定赋法。不责有于无，不取多于少，无非以为民而已。"② 即君王统治国家的首要任务，就是养育民众。而民众之所以能被养育，主要依靠的是稼穑和树艺而已。稼穑和树艺，要依据土地的性质因地制宜。所以大禹平定水土、区别九州，一定认真辨析土地的性质和色泽，以此作为制定土地等级的前提和基础。他的做法是从其适合种植的植物出发，尽最大可能发挥土地的作用，按其不同的等级制定该收的赋税。不会苛责无法种植某种植物的土地去种植国家需要的东西，不会苛责收成较少的土地获得很多的粮食。这样做的目的，完全是为民众考虑。

（二）为国者要增加民众

邱濬认为，既然为国者要重民和养民，那么他们就应该想方设法地增加人口数量，这样才能使国力强盛，赋税增加。他说："天地生人，止于此数。天之所覆者，虽无所不至，而地之所容者，则有限焉。惟气数之不齐，而政治之异施，于是乎生民有盛有衰，生齿有多有寡焉。是以为人上者，必知其民之数，以验吾之政。又必有以知其地域之广狭长短，以验其

① 林冠群、周济夫校点：《大学衍义补卷一·总论朝廷之政》，京华出版社1999年版，第5页。

② 林冠群、周济夫校点：《大学衍义补卷十四·制民之产》，京华出版社1999年版，第128页。

民居之所容；辨其土地之寒暖燥湿，以识其民性之所宜……凡若此者，无非以蕃民之生也。民之既蕃，户口必增，则国家之根本以固，元气以壮。天下治而君位安矣。"① 即天地能让多少人生存，是有定数的。上天虽然可以覆盖一切，但土地所能容纳的生物却是有限的。是因为各个朝代的气数不同，同时朝廷施行的执政方法也不一样，才导致了人口有盛有衰。所以为人君者，应该清楚地知道自己国家人数的多少，以此来验证政治的清明与否。还应该清楚不同地方的地域广阔与否，来验证该地究竟能养活多少百姓；分辨土地的不同特征，来思考怎样的百姓适宜居住，之所以做这么多的事情，不外乎是为了民众的增加。民众如果能大量增加，国家的户口就会大量增加，这样的话，国家的根本就稳固了，而国家的元气也就会增强了。最终的结果就是天下大治而君主之位非常安稳。在分析了因为生存环境、政治方略、国运盛衰等所造成的人口数量的差异之后，邱濬更加明确地指出："天下盛衰在庶民，庶民多，则国势盛。庶民寡，则国势衰。盖国之有民，犹仓廪之有粟，府藏之有财也。"② 即一国的盛衰在于民众的多少，如果民众多的话，国势就会强盛。民众太少，则国势就会衰弱。所以国家拥有民众，如同仓库中有了谷物，国库有了宝藏一样。除此之外，邱濬认为，通过人口的多寡，还可以预测国家的未来："古人有言，观民之多寡，可以知其国之强弱。臣窃以为，非独可以知其强弱，则虽盛衰之故，治乱安危之兆，皆于此乎见之。是以人君常于拜受民数之后，阅其版籍，稽其户口，以知其多寡之数。今日之民较之前世多欤，吾则求所以致其多之由，兢兢焉，益思所以保养之。寡欤，必求所以致其寡之制故，汲汲焉，益求所以改革之。如此，则危者可安，乱者可治，而衰者可由是而盛矣。"③ 即古代人说，通过观察民众的多寡，就可以知道其国家的强弱。臣私下以为，观察民众的多寡，不但可以知道其国家的强弱，而且可以从中看到盛衰的原因，更可以看出未来是否会衰败，人民的多寡实际就是一国是否衰亡的征兆啊。

（三）为政者要制民之产

邱濬认为，养民、增民之后，为政者的主要任务就是要制民之产。他

---

① 林冠群、周济夫校点：《大学衍义补卷十三·蕃民之生》，京华出版社 1999 年版，第 123 页。

② 同上书，第 126 页。

③ 同上。

说："三代盛时，明君制民之产，必有宅以居之。所谓五亩之宅是也。有田以养之，所谓百亩之田是也。其田其宅，皆上之人制为一定之制，授之以为恒久之业，使之稼穑、树艺、牧畜其中，以为仰事俯育之资。乐岁得遂其饱暖之愿，凶岁免至于流亡之苦。是则先王所以制产之意也。自秦汉以来，田不井授，民之产业，上不复制，听其自为而已。久已成俗，一旦欲聚而革之，难矣。夫先生之制，虽不可复，而先王之意，则未尝不可师也。诚能惜民之力，爱民之财，恤民之患，体民之心，常使其仰事俯育之有余，丰年岁凶之皆足，所谓发政施仁之本，夫岂外此而他求哉。"① 三代兴盛之时，明君都会让老百姓拥有自己的财产，其中必然会有居住的房屋。所谓五亩之宅，说的就是这个意思。还有田地可以养活百姓，所谓百亩之田说的就是这个意思。给老百姓的房屋和田地，都是君王按照制度制定下来的，交给百姓作为他们的恒产，使他们可以种植粮食、栽种树木，畜养牲畜，将这一切作为养家糊口的资本。丰收的年景可以因为收获颇多确保百姓的冷暖，歉收的年景也可以免去其流离之苦。这是先前的圣王给百姓固定资产的本意呀。自秦汉以来，井田制不再实行，百姓的产业，也没有君王的给予，都是听天由命的了。时间长久之后，也就成了固定的习俗，一旦要对其制度进行改革，是非常困难的。但是，先前圣王的制度虽然不能复制，但圣王最初的意图，却是可以被我们继承啊。现在的君主应该爱惜民力，保护百姓的财物，体恤民众的困难，体察民众的心愿，使他们能够养家糊口有余，丰年歉收都能有生活保障，因为施行仁政的本质就在于此啊。在阐明了他在制民之产方面的基本思路之后，他还重申了使民众人人有职业、有事做的具体措施。认为只有这样，才能阻止流民外逃，同时实现为政者重视百姓的主张。

（四）为君者要节用以爱民

在说明了其他重民的思路之后，邱濬又进一步提出了节用爱民的主张。他说："盖国家之财，皆出于民，君之所用者，皆民之所供也。君能节用，则薄取而有余。民之富即君之富也。奢用而则尽取而不足，民既贫

---

① 林冠群、周济夫校点：《大学衍义补卷十四·制民之产》，京华出版社 1999 年版，第132 页。

矣，君孰与守其富哉？"① 即大凡国家的财货，都是百姓提供的，君王的一切用度，也都是老百姓所供给的。如果君王能节约用度，就会虽然赋税较少但有节余。民众的富裕就是君王的富裕。如果所有的用度都以奢侈为出发点，老百姓就会非常贫穷了，老百姓贫穷了，君王怎能富裕呢？在节用这一方面，邱濬认为后世的许多国家做得太差，以至于民不聊生，大量外逃。他说："致乱之道多矣，而尤莫甚于厚敛。自三代以来，皆因地而取税，至秦始舍地而税人。皆十分而取其一，至秦始十分而取其五。行如是之政，而民之贫者，何以为生哉？无以为生，则不爱其死，是趣民而使之溃判也。"② 即导致国家衰亡的做法很多，但横征暴敛是最为严重的。自从三代以来，都是按照土地的情况而收取赋税，从秦代开始则是不管土地只按人头收税。之前都是收十分之一的税，到秦时就变成了收十分之五的税。这样治理国家，那些贫困的百姓，该如何生存呢？没有办法生存，又惧怕死亡，只能导致百姓的叛乱。那么，怎样才能真正做到节用爱民呢，邱濬认为方案应该是"贡赋之常"，即："治国者，不能不取于民，亦不可过取于民。不取乎民，则难乎其为国；过取乎民，则难乎其为民。是以善于制治保邦者，必立经常之法，以为养民足国之定制。所谓经常可久，百世而不变者。"③ 即治理国家的人，不能不从百姓那里收税，但不能收税过多。不从百姓那里收税，国家的政策运行难以维持，收税过多了，就太难为百姓了。所以善于治理国家的人，应该设立一些固定的法则，作为养育民众、保障国家用度的固定制度。这些法则，应该是永久使用，百世不变的。再具体一点来理解，就是不能在正常的赋税之外再加收其他赋税。他说："民种五谷，已纳租税，无可再赋之理。非他竹木牲畜比也。竹木牲畜之类，原无征算，故商贾货卖于关市也，官可税之。今民既纳租于官仓矣，而关市又征其税，岂非重哉？此不独非王政，亦非天理也。我朝制税课司局，不许税五谷，及书籍纸扎，其事虽微，其所关系甚大。王者之政，

---

① 林冠群、周济夫校点：《大学衍义补卷二十二·贡赋之常》，京华出版社 1999 年版，第211 页。

② 同上书，第 219 页。

③ 同上。

仁人之心也。"① 即老百姓种植五谷，应该缴纳过赋税了，没有再收的道理。种植五谷的赋税，与其他种植竹、牲畜的情况不能相比，因为竹子牲畜之类，原来没有计算赋税，所以被那些商贾运到市场上售卖，可以征收他们的赋税。今天种植五谷的百姓，既已缴纳了官仓的租子，还要缴纳交易的税金，难道不是太重了吗？这样做，不但不符合王政的要求，也不符合天理。我朝现在制定的课税政策和机构，五谷不再课税，还有那些书籍纸扎也不计算赋税，事情虽小，但意义重大。这才是为人君者应该施行的政策，同时也是他们仁爱之心的表现。总之，如果为君者能够做到重民，能对民众："明以察之，公以处之，仁以悯之，是以国家有所经营，则咸如子趋父事，有所征伐，则莫不敌王所忾。而上无不成之事，下有卫上之忠，而天位永安，国祚延长矣。"② 即用心观察，公正对待，仁义怜悯，那么国家在多事之秋，百姓就会像儿子对待父亲一样，一旦有了征战的需要，他们都会同仇敌忾。这样的话，君主就会没有办不成的事情，而且，如果民众都这样忠于朝廷的话，君主的统治就会长治久安，国运就会非常长久啊。

二　主张任用贤才治理国家

同历代儒家知识分子一样，邱濬也特别注重选择贤才治理国家的事宜。他说："为治之道，在于用人。用人之道，在于任官。人君之任官，惟其贤而有德，才而有能者，则用之。至于左右辅弥大臣，又必于贤才之中，择其人以用之。非其人则不可用也。人臣之职，在乎致君泽民。其为乎上也，必陈善闭邪，以为乎君之德。其为乎下也，必发政施仁，以为乎民之生。如此之人，然后任之于左右，俾其上辅君德，下济民生。"③ 即治理国家的重要一环，在于用人。用人之道，在于任用官员。一般君王用人，都是因为他们贤能而且有德行、有才华而且有能力才会任用他们。至于朝廷中的辅佐大臣，又都会在贤才之中经过再次选择而任用他们。不具

---

①　林冠群、周济夫校点：《大学衍义补卷三十·征榷之课》，京华出版社1999年版，第276页。

②　林冠群、周济夫校点：《大学衍义补卷三十一·傅算之籍》，京华出版社1999年版，第285页。

③　林冠群、周济夫校点：《大学衍义补卷五·总论任官之道》，京华出版社1999年版，第40页。

备这样条件的人是不会被任用的。作为人臣，他的职责就是劝导君王要为百姓谋利。对于君王，他必须保证他施行善政而避免邪恶，为提升君王的德行而努力。对于百姓，他必须施行仁政，关注民众的生活和困苦。只有这样的人，才配作为辅佐大臣，向上关注君王的品德，向下救济民众。他同时认为："夫人君用人以图治，惟其贤能而用之，则国家之制，原于此矣。苟舍其贤者能者惟己之所亲爱者是用，虽有可恶之德，不问也。如此，皆列之五等，布之庶位者，皆不仁不义之人，无礼无智之士，天下岂有不乱者哉。"① 即人君用人的目的在于治理国家，肯定得选取那些有德行智慧的人而任用他们，一直以来的国家制度，就是这样。如果君王舍弃那些贤能之人而只是挑选自己亲近的人，知道他们有品德方面的缺陷也不管，还要将他们列在五级官员之上就去任用的话，那么处在重要位置上的人就都会是些不仁不义、无礼无智慧的人，这样，国家哪有不乱的道理？在强调任用贤才的同时，他还重申了信任对于任用人才的重要性。他说："盖大臣之任，国之安危系焉。用之斯信之可也。居其任而不亲信之，则下之人知其不为上所亲信也，是以令之而不从，制之而不服。此百姓所以不宁也。……是故人君于大臣，必加敬焉，而不可轻，以其系国之治乎，而民所瞻望，以为仪表者也。于迩臣必致慎焉，而不可忽，以其系君之好恶，而民之所由，以为道路者也。敬之，则大臣得以治其事，慎之，则迩臣不至于相比昵矣。……人君任人之际，诚能亲信大臣，而敬之，审择迩臣而慎之，则股肱得其人，而耳目不为人所蔽矣。"② 即大臣的选取，关乎国家的安危。应该充分地信任他们。如果让他处于高位却不信任他，则下面的人就会知道他没有得到君主的信任，由他发出的命令别人就会不服从，如果制裁他们的话他们就会不服。这样，老百姓也就不能过安宁的生活了。所以君主对于大臣，一定要尊敬，不能轻视，因为他们是国家的安危所系，是人民学习的榜样，是一国的表率。选择大臣也一定要慎重，不能忽略最重要的方面，因为他们会从侧面表现出君主的好恶，代表着民众的未来。如果对大臣敬重，则大臣就能尽心尽力地处理国事，慎重地选取大臣，则大臣将来不会误了国家大事。总之，如果人君在用人之际，能够

---

① 林冠群、周济夫校点：《大学衍义补卷五·总论任官之道》，京华出版社 1999 年版，第 41 页。

② 同上书，第 42 页。

做到亲信大臣，尊敬大臣，选择他们时慎之又慎，则君主就能得到股肱大臣，其耳目也就不会被遮蔽了。

三　开垦耕地，提高民众的生活水平

邱濬从明朝中后期的人地矛盾出发，提出了一系列开垦耕地，以提升百姓生活水平的主张。他认为汉文帝听从晁错的建议，"募民徙塞下"是我国古代屯耕边塞的开始。他还指出，即使我们要尽最大努力发挥地利，但不能把中国境内所有的地方都开垦成农田，因为边塞地方还需要有许多沟壑等阻挡敌患。他的主张是，在应该开垦农田的地方，不要有任何遗漏，让所有土地都能生长出谷物。他说："臣请于淮南一带，湖荡之间，沮洳之地，芦苇之场，尽数以为屯田。遣官循行其地，度地势高下，测泥涂浅深。召江南无田之民，先度地势，因宜制变，先开为大河，阔二三丈者，以通于海。又各开中河，八九尺者，以达于大河。又随处各开小河，四五尺者，以达于中河，使水有所泄。然后于其低洼不可耕作之处，浚深以为湖荡。及于原近旧湖之处，疏通其水，使有所潴，或为堤以限水，或为堰以蓄水，或为斗门以放水，俱如江南之制。民之无力者，给以食，田成之后，依官田以起科。民之有力者，计其庸，田成之后，依民田以出税。六七年间，其所得者，恐不减于魏人也。"[1] 即臣请求圣上批准，在淮南一带，河湖之间，有大量芦苇和泥沼的地方，全部进行屯田。可以先派遣官员对地形地貌进行考察，测量清楚地势的高低，淤泥的深浅。招徕江南一带没有田地的百姓，根据地势的走向，因地制宜，对水洼之地进行治理。先开凿一条大河，宽二三丈，直通海边。沿大河再开凿中河，八九尺宽，再通到大河。再根据需要开凿小河，四五尺宽，通到中河，使各地淤积的水有地方排泄。再在那些地势低洼无法耕种的地方，纵深挖掘，让那些地方变成湖荡。对于那些已有的水系，或者疏通水道，让它们有所储存，或者修建堤坝以限制水量，或者修建小的水库以储蓄水源，或者建筑斗门将水放流，一切都如同江南的做法一样。百姓没有能力屯田的，先给他们提供食物，使他们治水屯田，屯田成功之后，按照官田标准收取赋税。百姓中有能力

---

[1]　林冠群、周济夫校点：《大学衍义补卷三十五·屯营之田》，京华出版社1999年版，第319页。

屯田的，先计算他应该缴纳的田赋，等屯田成功之后，再按照民田的标准收税。这样一来，只需要六七年的时间，国家所获得的赋税，不比当时魏国的少。邱濬之所以如此注重明朝的田地开垦，是他看到了明朝"承平日久，生齿日繁，地力不足以给其人之食。是以南北之民，随处游食，而江右尤重"。① 即太平的日子持久之后，人口数量大量增加，现有耕地不足以养活这么多的人。所以南方和北方的百姓，四处流浪谋生，而江右这个地方情况更加严重。而且，他还主张屯驻边防的部队也要开垦荒田，以资自身之用。虽然邱濬是在"治国平天下"的框架内阐释并强调垦田的重要性的，同时也把民众生活水平的提高作为统治者是否实行仁政的标准，但是，需要说明的是，他没有看到明代后期各级统治者占据良田的政治腐败，看不出民众良田不足是被严重剥削的结果，只是一味地强调应该在江河湖泽的地方开垦良田，表现了他作为封建知识分子的局限性。

第三节　徐光启的人口思想

"徐光启，字子先，上海人。万历二十五年举乡试第一，又七年成进士。由庶吉士历赞善。从西洋人利玛窦学天文、历算、火器，尽其术。遂偏习兵机、屯田、盐筴、水利诸书。"② 徐光启是上海人，万历二十五年乡试第一，七年后考上进士。曾跟随西洋人利玛窦学习天文、历算、火器，都能快速掌握。但他也爱好军事、屯田、盐务、水利等等方面。他曾官至少詹事、礼部右侍郎、左侍郎、本部尚书、东阁大学士等。

作为我国古代著名的科学家和我国近代科学的先驱，徐光启可谓博学之士。一生通晓政治、军事、盐政、历算、火器等，而且在这些领域都有独到的见解。如"屯政在乎垦荒、盐政在严禁私贩"③。即屯田的关键在于垦荒，盐务的关键在于禁止私贩。"盖有根本之至计与此，曰务农贵粟而已。"④ 即如果说有什么特别重要的治国方略，那就是要让人们从事农

---

① 林冠群、周济夫校点：《大学衍义补卷三十五·屯营之田》，京华出版社 1999 年版，第 322 页。

② 《明史·徐光启传》，中华书局 1974 年版，第 6493 页。

③ 同上书，第 6494 页。

④ 《徐光启集·卷一·拟上安边御虏疏》，上海古籍出版社 1984 年版，第 8 页。

业劳动。"富国必以本业，强国必以正兵。"① 即要使国家富裕必须抓住本业，要使国家强大必须重视军事。"农者，生财者也。"② 即农业是生产财富的产业。"水者，生谷之籍也。"③ 即水利是生产粮食的关键。"顾以为穷则变、变则通、善继述者师意不师迹，必也有圣人焉为之后矣。"④ 即我认为一个国家穷了就要思变、变化要讲究变通、善于继承的人学习先师的意图而不会学习他的具体做法，必有圣人在这里指导他们呢。除此之外，徐光启还在他的著述中，多次阐释了他的系统科学思想。其中包括天文气象学、测量学和水力学、音乐、军器制造学、会计学、建筑学、机械力学、舆地测量学、医学、钟表等不同学科都能触类旁通、相互影响的科学思想。同时对明朝当时政治上和军事上的软弱及腐败都进行了大胆的揭露与抨击，并在此基础上提出了自己的改革方案。徐光启还在其著述中表现了节约用度、节省国家财力、应体恤百姓困苦的可贵思想。

徐光启在进行科学研究的过程中，非常注重研究内容与现实生活的联系，并同时看重对史料的收集和实验、测验等实证方法的运用。他说："余生财富之地，感慨人穷。且少小游学，经行万里，随事咨询，颇有本末。"⑤ 即我生活在富裕的地方，特别感慨那里的人竟如此贫困。而且我从年纪很小时就开始游历和学习，经过了很多地方，遇到事情就请教别人，很是知道事情的本质所在。

徐光启的一生著述颇丰，主要著作有：《几何原本》、《测量法义》、《勾股义》、《崇祯历书》、《徐氏庖言》、《选练条格》、《农遗杂书》、《泰西水法》等。其中，《农政全书》是其代表作。全书共60卷，约60万字。分农本、田制、农事、水利、农器、树艺、蚕桑、蚕桑广类、种植、牧养、制造和荒政12目。在他一生的著述中，多处显示出了鲜明的人口思想。

一　人口增长有其规律

在谈及宗禄日长而粮食无法及时供应的明代比较突出的宫廷弊端

①　《徐光启集·序》，上海古籍出版社1984年版，第10页。
②　《徐光启集·卷一·拟上安边御虏疏》，上海古籍出版社1984年版，第8页。
③　《徐光启集·卷一·漕河议》，上海古籍出版社1984年版，第19页。
④　《徐光启集·卷一·处置宗禄查核边饷议》，上海古籍出版社1984年版，第13页。
⑤　《徐光启集·序》，上海古籍出版社1984年版，第5页。

时，徐光启谈到了他所观察到的人口增长规律。他说："洪武中亲郡王以下男女五十八位耳，至永乐而为位者百二十七，是三十年余一倍矣。隆庆初丽属籍者四万五千，而见存者二万八千；万历甲午隶属籍者十万三千，而见存者六万二千，即又三十年余一倍也。顷岁甲辰隶属籍者十三万，而见存者不下八万，是十年而增三分之一，即又三十年余一倍也。夫三十年为一世，一世之中人各有两男子，此生人之大率也，则自今以后，百余年而食禄者百万人，此亦自然之势，必不可减之数也，而国计民力足供乎？"① 即洪武年间朝廷从亲郡王以下，男女加在一起共58 位，到永乐年间就变成了 127 位，在这 30 年间就翻一倍啊。隆庆初年隶属户口之内的人口是 4.5 万人；到万历年间就变成了 10.3 万人，又是 30 年就翻一倍。现在隶属户口管理的人是 13 万，可以看到又比原来增加了三分之一，这又是三十年翻了一倍。三十年为一世，一世之中每人又各有两个男孩子，可能是目前的大概情况，那么从现在到将来，一百年的时间大概要吃饭的人就会增加到 100 万人，这是人口发展的必然趋势，其数量是不会减少的，但是，国家的财力和百姓的耕种能供养他们吗？在粗略地计算了人口的增长情况之后，徐光启提出了解决该问题的方法：一是导之本业。他引用了古代的做法："昔夏殷周之世有天下者远至八百年，子孙千亿无匮禄者，分支土而人自为食也。即无论五等之爵与今制异，其五等以下卿大夫、士，莫不以次授公田为禄人，而与其民相与疆理而树艺之。观《雅颂》所述，则当时之公卿贵人所称主伯压旅者，莫不原隰菑畬，自生粟帛而衣食之，故人众而无聚不足之患。夫财者生于地则不竭，匹夫匹妇而不耕不织，或受之饥寒焉；今将使百年之后坐而食厚禄者百万人，为禄当万万石，尺布斗粟皆取之民间，民又日益聚，而由今之道民之游惰者且益多，于何取之哉？"② 即过去，夏商周的时候，拥有天下大约 800 年，诸多子孙没有俸禄的人，国家会给他们分封土地让他们自食其力。就是不管五等之爵位是否和今天一样，其五等以下的卿大夫、士，都是给他们授予公田让他们自己耕种的，他们也是和老百姓一样自耕自种。我看到《雅颂》的记载，则当时的各级贵族阶层，都是自己种植植物和畜养六畜，所以那时的人虽

① 《徐光启集·卷一·处置宗禄查核边饷议》，上海古籍出版社 1984 年版，第 14 页。

② 同上书，第 14—15 页。

然多却不存在财物不足的隐患。财物如果是生于土地，那它就不会枯竭，但是如果老百姓都不耕不织就会使很多人饱受饥寒；今天的情况是，100 年之后坐食俸禄者可能达到 100 万人，俸禄就需要 1 亿石左右，而这些布帛和粮食都要取自民间，老百姓现在又比较多，同时很多老百姓还不想从事农业劳动，那些俸禄到哪里获取呢？从这段话可以看出，徐光启在说明古人和今人的区别时还强调了两个方面，一是强调农业，二是禁人于游惰，而教人于生谷。他说："上贵粟，民务本，尽心力而为之，则海内之地旷弗耕者，数年之内垦辟当自倍。"① 即如果统治者强调农业，百姓就会认真务农，如果全国的百姓都能尽最大努力发展农业，则海内土地就不会再有荒芜的地方，数年之内就会开垦好几倍。随后，他又详细地说明了开垦土地与纳税的办法："土地辟，则请勿科其税，裁十一以为公田，而令将军以下各以次受地，自为永业而息之。其见今各府有额浮于用者，则先从庶人中尉始。当受禄，则捐三四年之禄，买田赋之，度其入可当岁禄而止。诸故绝者，其遗田业即以入官赋诸宗也，诸宗未受田者请依限田法，不得畜田业，其有田者令得卖以赋他宗，其受田而能生息广阡陌者听，所以勤受田也。受田者之余子比于正支，仿古余夫量授四分之一，递减之至尽弗授矣。如此数十年，而将军中尉以下各有永业，不以烦经费，且朴而食力，可量绳以有司之法，而不至于扦罔，其秀民之能为士者，亦足赖也。工与贾则农之自出，若商而行货千里，惧生他奸，可遂禁绝之。"② 即如果荒地得到了开垦，先不要收他们的赋税，裁取十分之一作为公田，命令将军以下的人各自按其级别获得土地，作为他们的永业田而耕种。如果是官府里面的闲杂人员，种地则从庶人和中尉开始。如果他们都是享受国家俸禄的人，就让他们捐出三四年的俸禄，而用土地的收入进行抵消，当他们的收入与每年俸禄的数量相当时，就彻底停止他们的俸禄。那些已经死去的人，他们的田业可以被朝廷回收后再分配给其他官员，那些没有得到田地的官员应该按照规定获得田业，不能私自多占有永业田，他们的多余田产必须卖给其他官员，那些拥有田产且能让他周围的土地得到更大

---

① 《徐光启集·卷一·处置宗禄查核边饷议》，上海古籍出版社 1984 年版，第 14—15 页。

② 同上。

面积开垦的，予以奖励，也可以多给他们授田。那些拥有田产的儿子们，按照最初的做法每人分给四分之一田产，一直到分完为止。这样做的话，大概十年之后，将军中尉以下会各自拥有永业田，他们的各种用度就不会再变成国家的负担，他们也会变得朴实和学会自食其力，做事考虑国家的法令制度，而不至于违法乱纪，他们中间那些优秀的人，也可以成为国家的依靠。工匠和商人如果是从农业人口中脱颖而出的，那么商人们在做生意的时候投机取巧的情况，就会慢慢地彻底消失了。

审视徐光启的这一人口思想，我们发现，他对于人口数量发展规律的推断，还是可以从中国人口发展史中得到印证的。如东汉初年（约25），全国有人口1000万左右，而到了建武中元二年（57），全国人口数量发展为2100万左右，章和二年（88），又发展为4300万左右。将其人口增加规律的思想与马尔萨斯的人口观联系起来分析，我们又可以发现，他们的推断不但非常类似，而且徐光启得出此结论的时间比马尔萨斯早了170多年。

二 主张在边境垦田与屯田

徐光启非常关心国库的虚实，在谈及如何开发闲置土地，移民进行垦田和屯田时，他表明了自己的人口均衡分布思想。他说："垦荒足食，万世永利，而且不烦官帑。"① 即以开垦荒地的形式满足人们的日常需求，是对所有后人都有利的事情，同时还不会加重国库的金钱支出。在分析了古代人们不是仅仅依靠军功来获得官职后，他又说："或疑均民之说，以为人各安其居，乐其业，足矣；何事纷纷，率天下而路乎？不知徙远方之民以实广虚，汉人有此法矣。自汉以来，永嘉之乱、靖康之乱，中原之民倾国以去，所存无几耳。南之人众，北之人寡；南之土狭，北之土芜，无怪其然也。司马迁曰：'本富为上，末富次之，奸富为下。'北人居闲旷之地，衣食易足，不务蓄积，一遇岁侵，流亡载道，犹不失为务本也。南人太众，耕垦无田，仕进无路，则去而为末富、奸富者多矣。末富末害也，奸富者目前为我大蠹，而他日为我隐忧，长此不已，尚忍言哉！今均民之法行，南人渐北，使末富奸富之民皆为本富之民。民力日纾，民俗日厚，生息日广，财用日宽，唐虞三代复还旧观

① 《徐光启集·垦田第一》，上海古籍出版社1984年版，第226页。

矣。若均浙直之民于江淮齐鲁，均八闽之民于两广，此于人情为最便，而于事理为最急者也。"① 即有些人怀疑均衡人口的做法，认为国人都愿意在故乡的土地上安居乐业，生活也会非常满足；谁愿意服从官府调遣，乱纷纷地来回迁移呢？说这些话的人不知道，迁移远方的民众充实土地广袤的地方，是从汉代以来一直有的现象。自汉代以来，永嘉之乱、靖康之乱，中原的民众几乎全部迁往南方，所剩无几。现在之所以南方人多，北方人稀；南方土地紧张，北方土地广阔，就是这个原因造成的。司马迁说：根本富裕是上策，基本富裕是中策，巧富是下策。北方的人居住在空旷的地方，衣食容易满足，他们就不会考虑积累财物，万一遇到天灾人祸，马上就会到处流浪，但这种情形还算可以接受。南方人太多，想要耕地没有田野，想要做官又没有路径，因此追求基本富裕的奸巧富裕。基本富裕有它的不足，奸巧之人所做的事情是我们今天的大害，长此以往，该会让我们多么痛心！今天国家如果实施了均衡民众的方案，南边的人可以慢慢地往北边迁移，最终使得那些追求基本富裕和奸巧之人变成追求根本富裕的人。这样，民力增加、民俗淳朴、休养生息的时间加长，财物的积累愈多，过去我们歌颂的唐虞三代的盛景会再次显现。如果我们将浙江直隶的百姓迁往齐鲁之地，将海南的民众迁往两广地区，就是满足了民众的最大需求，同时也完成了国家急需办理的事情。为了使自己的想法具有说服力和可行性，他还给出了一系列对垦荒有功者的奖励措施。如"定岁入米"、"耕垦武功爵例"等。除此之外，他还对这一措施的最终实施提出了其他 28 条具体规定，以确保该项措施落到实处、呈现效果。无论是垦田还是合理分布人口，都可看作是徐光启对中国传统人口思想的继承和发展。但我们必须看到的是，在封建社会的晚期，资本主义生产方式已经萌芽和发展的前提下，他仍然与战国时期的韩非一样，将工商业看作社会的"大蠹"，则是他思想保守的明显表现。

---

① 《徐光启集·垦田第一》，上海古籍出版社 1984 年版，第 227 页。

第 十 章

清代的人口思想

第一节　清代的人口状况及人口政策

一　人口数量有了大的增加

清代前期，自康熙二十三年（1684）统一台湾后，大规模的战争已经基本结束，社会生产不断恢复和发展，比较安定的社会环境使得各地人口开始了较快速度的增加。如康熙元年，全国"人丁户口 19203233 丁"。[①] 到康熙三十九年（1700），为"20410963 丁"。[②] 再到雍正十二年（1734），增加到了"27355462 丁"。[③] 以此计算，康熙三十九年的人丁户口就比康熙元年增长了 6.29%，雍正十二年则比康熙三十九年又增加了 34.02%。雍正十二年之后，人口继续迅速增加，至乾隆二十七年首次突破 2 亿，乾隆五十五年（1790）首次突破 3 亿，至道光十四年（1834），全国人口首次达到了 4 亿。大约平均每 30 年增加近 1 亿人口。

二　发生了大规模的人口流迁

在整个清代，与人口现象相关的还有一个重要情况，那就是人口的大规模流迁。由于人口的大量增加及其分布极不均衡，在经济比较发达的地区，人地矛盾更加突出和尖锐。"以乾隆五十一年（1786）到五十六年

---

① 《清圣祖实录》卷 7。转引自张岂之《中国历史》，高等教育出版社 2001 年版，第 351 页。

② 《清圣祖实录》卷 202。转引自张岂之《中国历史》，高等教育出版社 2001 年版，第 351 页。

③ 《清圣祖实录》卷 150。转引自张岂之《中国历史》，高等教育出版社 2001 年版，第 351 页。

（1791）的五年时间为例，江苏省的人口密度为每平方公里 323 人，浙江省为 228 人，安徽省为 180 人，山东省为 155 人，河南省为 133 人，而同期，吉林地区只有 0.2 人，奉天为 6.57 人，云南省为 7.76 人，广西省 29 人，甘肃省 31 人。"[①] 江苏省的人口密度是吉林的 1615 倍。单就人口的不均衡状态而言，其引发因素主要是政治和经济发展，最终造成了经济比较发达地区的人口与土地的矛盾比边疆少数民族地区更为突出，由此便引发了人口长时间、大规模的流迁。只是清代的人口流迁与中国古代清朝以前发生的人口流迁有着很大的不同。之前的许多次流迁皆由战争及突发性自然灾害所致，持续时间不是很长，且在诱发的因素消失后，流出人口又会大部分返回原居住地。但是在清代，由于人口剧增而导致的经济问题短时间内无法解决，人们一是为了寻找可以耕种的土地而外迁，一是人口稠密地区的老百姓，基本都迁往地旷人稀的边疆地区，在那里长期定居，繁衍后代。还有一个必须说明的情况，就是清代由于地域辽阔及交通不便等原因，人口的流迁大致分为北方和南方两个相对独立的地区体系，每个体系又包括若干迁出—迁入的区域性组合。北方地区基本上是从中原省份迁出，分别迁往东北、北方口外及西北地区；南方地区则从东南和中南省份迁往西南和川陕等地。

三　明晰了诸多主要的人口政策

（一）鼓励垦荒、减轻赋税

众所周知，鼓励垦荒政策是我国古代为解决土地问题、人地矛盾问题而提出并实施的主要人口政策。清代也不例外，即使在人口数量问题不那么突出时，该项政策都在实施，而在清中期及之后人地矛盾问题更加突出之时，统治阶级则更加强调这一政策，力图解决现实问题。据《清史稿·食货志》载，清代从顺治帝开始，就规定："凡州、县、卫无主荒地，分给流民及官兵屯种。如力不能垦，官给牛具、籽种或量假屯资。次年纳半，三年全纳。"[②] 即凡是各州、各县、各卫没有主人的荒地，都分给流民和官兵驻守和开垦。如果他们无力开垦，官府给予牛及各种农具、种子和其他生活资料。开垦后的荒地第二年纳一半的赋税，三年后按全额

---

① 梁方仲：《中国历代户口·天地·田赋统计》，上海人民出版社 1980 年版，第 272 页。
② 《清史稿·食货志一》，中华书局 1976 年版，第 3501 页。

缴纳赋税。顺治六年（1649）又下令，凡民垦荒者，六年以后才按熟地计算，进行征粮。康熙十年，又规定："士民垦地二十顷，试其文理优者，以县丞用；百顷以知县用。"① 即无论是士还是老百姓，只要能开垦20亩荒地，那么他们中间的优秀分子，就能得到县丞的官职；如果能开垦100亩，其中的优秀分子就能获得知县的官职。康熙十二年（1673），又下令将顺治六年规定的垦荒六年之后才交赋税的办法，改为十年才交赋税。由于康雍乾三帝都采取了这一策略，在整个清代耕地面积都有所增加，嘉庆十七年时有土地790余万顷，在一定程度上缓解了日益突出的人地矛盾。

清朝政府还比较重视减轻赋税，当时其"蠲免之制有二：曰恩蠲，曰灾蠲。恩蠲者，遇国家庆典，或巡幸，或用兵，辄蠲其田赋"。② 即免捐的政策有二：一是恩捐，一是灾捐。恩捐指的是国家庆典、皇帝巡幸、或者国家用兵，全都免除百姓的田赋。史载顺治入关时，就首免都城居民被兵者赋役三年。顺治二年，免山西本年田租一半。顺治三年，因为收复江南，故免其漕粮三分之一。顺治八年时，即命令御史巡行各省，察民间利病，根据当时各省的情况，四次发布免蠲的诏令。之后康熙年间沿袭旧例，水旱灾害年间所有赋税照例全免。其间康熙十年、十三年、二十七年、三十三年，都有新颁发的蠲免诏令。之后"承平日久，户口渐繁，地不加增，民生有不给之虞，诏直省自五十年始，分三年轮免钱粮一周。三年中计免天下地丁粮赋3800余万"。③ 即国家太平日久，人口数量增加，土地数量没有增加，百姓有衣食之忧，下诏各省从五十年开始，分三年免除钱粮一周。三年中共免除地税粮赋三千八百余万石。清康熙五十年（1711），更加明确了轮蠲的办法，即将全国各省分为三批，每三年轮流免税一批。五十一年（1712）又明确宣布了一条与增加人口密切相关的政策，即："凡滋生人丁，永不加赋。"即以后凡是增加人口的家庭，永远不再增加人头税。当时康熙颁布诏令曰："海宇承平日久，户口日增，地未加广，应以现在丁册定位常额，自后所生人丁，不征收钱粮，编审

---

① 《清史稿·食货志一》，中华书局 1976 年版，第 3502 页。
② 《清史稿·食货志二》，中华书局 1976 年版，第 3550 页。
③ 同上书，第 3551 页。

时，止将实数查明上报。"① 即国家太平了很长时间，人口不断增加，但土地数量并未增加，应该以现在的在册人口数作为定额，自此之后所生的所有人丁，不征收钱粮，汇总时，请按人口总数查明上报。这一规定，将清代全国征收丁税的总额永久固定在了康熙五十年的基础上，之后无论人丁如何增加都不再增加赋税。因此，后人评价康熙曰："故在位60年终，屡颁恩诏，有一年蠲及数省者，一省连蠲数年者，前后蠲除之数，殆余万万。"② 即在位六十年，多次颁布恩诏，有一年免除数省赋税的情况，也有一省连免数年的情况。前后所免除的捐税，达1亿多石。对于康熙的做法，后人总结说："逮康乾之世，国富民殷。凡滋生人丁，永不加赋，又普免天下租税，至再至三。"③ 即到康乾之世，国家富裕、民众殷实。凡是后来增加的人口，永远不加收人头税，又一而再、再而三地减免天下的租税。

到了雍正元年（1723），清廷又在全国范围内推行了"摊丁入亩"政策，规定将原来的全部丁银摊入田亩征税，不再按人头课税。这是一次重大的税制改革，是对由明代开始的"一条鞭法"改革的继承和发展，它最终结束了中国历史上人丁、地亩双重征税的传统，把税收归并为单一的土地税，从而简化了税收的手续，在一定程度上改变了赋役不均的严重情况，减少了因逃避课税而造成的户口隐漏，不但使国家的丁银有了保证，而且对于当时的人口增加起到了明显的助推作用，使得在籍人口有了大幅度的增加。

（二）严格户口管理

清朝前期，为了掌握一国的人口总数，清政府颁布了许多户口管理的措施。如"惟外藩扎萨克所属编审丁档掌于理藩院。其各省诸色人户，由其地长官以十月造册，限次年八月咨送户部，浙江清吏司司之。而满洲、蒙古、汉军丁档则司于户部八旗奉饷处。年终，将民数汇缮黄册以闻"。④ 即只有外国人如扎萨克所属的人丁档案由理藩院管理。其他各省的不同民族的人口，由当地的官吏每年十月造册，次年八月送至户部，最

① 《清史稿·食货志二》，中华书局1976年版，第3547页。
② 同上书，第3551页。
③ 《清史稿·食货志一》，中华书局1976年版，第3479页。
④ 同上书，第3480页。

后由浙江清吏司汇总。满洲、蒙古、汉军的档案则由户部的八旗奉饷处管理。到年终时，将所有民众数量和名单汇成黄册进献朝廷。另外，"其户之别，曰军，曰民，曰匠，曰灶"。① 即户口以军、民、匠、灶相区别。"凡民之著籍，其别有四：曰民籍；曰军籍，亦称卫籍；曰商籍；曰灶籍。"② 即人们的著籍，分为民、军，也称卫籍、商、灶四种类型。另外，清代对于户口的管理还是比较严格的。史载："世祖入关，有编制户口牌甲之令。其法，州县城乡十户立一牌长，十牌立一甲长，十甲立一保长。户给印牌，书其姓名丁口。出则注所往，入则稽所来。其寺观亦一律颁给，以稽僧道之出入。"③ 即顺治帝入关，曾颁布了户口牌甲的命令。其办法是，每州县城乡十户立一牌长，十牌立一甲长，十甲立一保长。每户发一张印牌，上面写清姓名及人数。出门时需写清去往何处，回来后写清从何处归来。所有寺庙也一律颁发，以便掌握僧人和道人的出行情况。顺治三年（1646），又颁布了清代的户口律，令所有军、民、匠、灶、卜、工、乐诸色人户以原来所报情况定籍，若有隐漏不报或成丁妄作老幼、疾病者，治罪；两年后又规定所有户籍三年编审一次，逐级汇总上报。至乾隆二十二年，又制定了专门用于户口管理的十五条规定，使得清代的户口管理更加严格有效。即还需要提及的是，光绪三十二年，清代又重新"厘定官职，以户部卫度支部，而改前所设之巡警部为民政部，调查户口，归其执掌，各省则以巡警道专司其事"。④ 即梳理官职，主要有户部、卫部、支部，而将之前所设的巡警部改为民政部，所有户口调查的事情，都由该部管理，各省则以之前的巡警道专门管理户口。之后到了"宣统元年，复颁行填造户口格式，令先查户口数，限明年十月报齐，续查口数，限宣统四年十月报齐"。⑤ 即宣统元年，又一次颁发了填写户口的格式，令掌管部门先查清人口数，限来年十月报齐，后续所调查的户口数，限宣统四年的十月一并报齐。以上一系列的政策和措施，均表明了清代皇帝对于户口调查问题的重视。

---

① 《清史稿·食货志一》，中华书局 1976 年版，第 3480 页。

② 同上。

③ 同上书，第 3481 页。

④ 同上书，第 3487 页。

⑤ 同上书，第 3488 页。

（三）开放南洋贸易和解除矿禁

随着经济的发展和社会的进步，清代帝王也对传统的"崇本抑末"思想进行了重新的审视和反思，认识到闽广江浙地区所发展的海外贸易对当地的经济发展和社会稳定起到了比较积极的作用，更考虑到这些地区人稠地窄，不开矿无法解决生计问题，对一直以来的不予开放南方贸易和禁矿的政策进行了局部调整，使江浙闽广一带的人们获得了较多的生活资料，一定程度上提高了人们的生活质量。但是，在整个清代，根植于传统农业社会的经济思想和鼓励垦荒、劝民力田、兴修水利、崇简绌奢等种种举措，是清代政策的主体。

第二节　洪亮吉的人口思想

洪亮吉（1746—1809），字君直，一字稚存，号北江，别号藕庄、梦殊、对严、华封，晚号更生居士。江苏常州府阳湖县人。初名莲，字华峰。"六岁丧父，贫无所依，随母亲及姊弟寄居在外祖母家。"[1] 即六岁丧父，贫困无所依靠，跟随母亲及其他姊妹寄居在外祖家。洪亮吉四岁时，已能认识七八百字，在其母的指导下，系统学习了《毛诗》、《鲁论》、《尔雅》、《孟子》等典籍。后期进私塾学习，师从唐为桓。洪亮吉非常聪颖，自力于学，13岁就会写诗，曾做《中秋即景诗》等。年长后，漫游全国各地，遍察名山大川，对各地的风土民情和民间疾苦有了一定的接触和了解。清乾隆四十四年中举人，乾隆五十五年中进士，历任翰林院编修、贵州学政、高宗实录馆纂修官等。晚年回归故乡后，曾创办洋川书院，授徒著书。洪亮吉的主要著作有：《洪北江诗文集》、《春秋左传诂》、《东晋疆域志》等，后人结集为《洪亮吉集》。

作为清代著名的文学家、经学家、地学家，洪亮吉"熟精三史，学益宏博"。[2] 即精通历史，学识广博。而且"性豪迈，喜论当世事"[3]。即性格豪放，喜欢就国家大事发表见解。他不但在每次的考试中大胆陈述自己对国内外弊政的看法，而且在嘉庆四年给大臣的上书中指出了当今朝政

---

① 《洪亮吉集·前言》，中华书局2001年版，第1页。
② 《洪亮吉集·常州府志人物传》，中华书局2001年版，第2353页。
③ 《洪亮吉集·洪亮吉传》，中华书局2001年版，第2377页。

"处事太缓、集思广益之法未备、进贤退不肖似尚游移"等,① 即处理事情太慢,遇事不能集思广益,在任用贤才和辞退庸才的事情上游移不定等在内的弊端和不足。即使是当初被激怒的嘉庆帝,在面对清代的现实时也不得不承认:"罪亮吉后,言事者日少。即有,亦论官吏常事,于君德民隐休戚相关之实,绝无言者。岂非因亮吉获罪,钳口不复敢言?朕不闻过,下情复雍,为害甚巨。亮吉所论,实足启沃朕心,故铭诸座右,时常观览,勤政远佞,警省朕躬。"② 即对洪亮吉降罪后,谈论世事的人越来越少。即使有那么几个,也只是谈论一些平常事务,与君王的德行和民众的生活休戚相关的事情,绝对没有人言说。是不是因为降罪了洪亮吉,大家都不敢再说话了?我要是听不到自己的过错,下情就不能知晓,这对国家是有害的。洪亮吉所言,对我有很大的启发,我是将其作为座右铭,时常观看,勤政务实,时常自省的。这段话肯定了洪亮吉看待问题的深刻,表现了为君者对他的一系列言论的重视。之后,嘉庆帝还鼓励大臣们应该像洪亮吉一样,大胆谏言,为朝廷的长治久安献计献策。

作为对现实具有敏锐观察力的思想家,他在阐释自己在不同领域的独到见解时也提出了自己对人口问题的看法。

一　人口的增加有其规律性,但生活资料的增加非常有限

洪亮吉认为,在治平年间,人口的增加有其规律性,非常值得我们重视。他说:"人未有不乐为治平之民者也,人未有不乐为治平既久之民者也。治平至百余年,可谓久矣。然言其户口,则视三十年以前增五倍焉,视六十年以前增十倍焉,视百年百数十年以前不啻增二十倍焉。试以一家计之,高曾之时,有屋十间,有田一顷,身一人,娶妇后不过二人。以二人居屋十间,食田一顷,宽然有余矣。以一人生三计之,至子之世而父子四人,各娶妇即有八人,八人即不能无庸作之助,是不下十人矣。以十人而居屋十间,食田一顷,吾知其居仅仅足,食亦仅仅足也。子又生孙,孙又娶妇,其间衰老或有代谢,然已不下二十余人。以二十余人居屋十间,食田一顷,即量腹而食,度足而居,吾已知其必不敷矣。又自此而曾焉,自此而玄焉,视高曾时口已不下五六十倍,是高曾时为一户者,至曾玄时

---

① 《洪亮吉集·洪亮吉传》,中华书局 2001 年版,第 2379 页。
② 同上书,第 2383 页。

不分至十户不止。其间有户口消落之家，即有丁男繁衍之族，势以足以相敌。或者曰高曾之时，隙地未尽开，闲屋未尽居也，然亦不过曾一倍而止矣，或曾三倍五倍而止矣。而户口则曾至十倍二十倍。是田与屋之数常处其不足，而户与口之数常处其有余也。又况有兼并之家，一人居百人之屋，一户占百户之田，何怪乎遭风雨霜露饥寒颠沛而死者之比比乎?"①即人没有不愿意做太平之世的百姓的，人没有不愿意做太平长久的百姓的。一般情况下，如果能让国家太平运行一百年，可算是长久的。然而说到户口问题的话，据我的观察，比三十年前增加了五倍，比六十年前增加了十倍，比一百年前或者数百年前不止增加了二十倍呢。我们试着以一家的情况来计算，其高祖之时，有房屋十间，田地一顷，由于他只是一个人，娶妻之后不过两个人。两个人居住十间房屋，耕种一亩田地，是比较宽余的。以一个人生三个孩子计算，到儿子长大的时候就有了父子四人，加上各自的妻子就是八个人，有的家庭可能会到十个人。十个人居住十间房屋，耕种一亩田地，其情况是房屋刚刚够住，吃饭刚刚够罢了。后面的情况是，儿子又生孙子，孙子又娶妻子，其间就算是存在衰老代谢的状况，差不多也会有二十多人。二十多个人居住十间屋子，耕种一亩田，即使是按照每个人的最小饭量去计划，按其最小的居住面积去安排，我肯定住和吃都不够。照这样的规律增加、繁衍下去，比之高祖时户口会增加五六十倍，也就是说，高祖时才一户，到其玄孙时可能十户不止。其间即使会有户口衰落之家，但也会有子孙繁衍比较旺盛的家庭，足以与那些衰落之家相抗衡。还有一种情况是，高祖时耕地还没有得到完全开垦，房屋也还有空闲的，但是这两种生活资料最多不过增加一倍而已。就算是再开垦，最多也不过增加三到五倍。而户口却已经增加了十倍二十倍。所以田地房屋的增加与户口的增加比较而言，常常不足。户口和人数却多出很多。何况还有那些兼并土地的豪族，一个人居住着上百人的房屋，一家占据着上百户人家的土地，又怎能不出现成群的因歉收和遭受自然灾害而颠沛流离的人呢。洪亮吉认为，清代治平百年以来，由于社会安定、政策宽松，总体上人民还是生活在太平盛世的。但这样的社会背景也会带来其他社会问题，比如人口的增加。本来在农业社会，增加人口一直以来就是统治阶级的理想，是国富民强的标志，但如果与当时的生活资料增长进行比

---

① 《洪亮吉集·意言二十篇·治平篇》，中华书局 2001 年版，第15 页。

较的话，当然在中国的农业社会，主要的生活资料无外乎土地和房屋，他敏锐地发现两者的增长是不同步的。也就是说，人口的增长是快于生活资料的增长的。为了细致地说明问题，他用一家的人口增长情况进行了计算，令人信服地阐释了这个规律。应该说，洪亮吉在那样一个传统思想浓厚、人们都注重增加人丁的社会背景下，关注到了人口问题，并进行了细致的计算，是非常难能可贵的，同时他还对当时土地兼并、剥削严重的社会情况进行了揭露，这些都值得我们肯定。但是，他站在地主阶级的立场上，认为人民群众的苦难全都是由于人口的增加造成的，这一点就与晚他几年的马尔萨斯的观点相类似了，是必须要批判的。

二 目前解决人口问题没有行之有效的措施

面对当时比较严重的人口情况，洪亮吉分析了已有的解决方案的不足。出于对自然现象的曲解，他认为，在自然调剂方面，一直以来都存在着一种办法，叫作"水旱疾疫法"，"此乃天地调剂之法也"。[①] 即这是天地之间对人口进行调剂的自然法则，但他马上意识到："然民之遭水灾疾疫而不幸者，不过十之一二矣。"[②] 即但是老百姓遭受水灾疾病而不幸夭亡的人，不过才只有十分之一二，不能从根本上解决问题。第二个行之有效的方法，洪亮吉将其命名为"君相调剂之法"，其具体内容为：第一，开垦土地，移民种植。"使野无闲田，民无剩力，疆土之新开者，移种民以居之，赋税之繁重者，酌今昔而减之。"[③] 即经过移民种植和开垦土地，使得国家没有闲田，百姓没有剩余的力气，新开辟的疆土，迁移百姓来种植和居住，之前承担繁重赋役的人们，可酌情减免。第二，限制土地兼并，禁止奢靡生活。他说："禁其浮靡，抑其兼并。遇有水旱疾疫，则开仓廪悉府库以赈之。如是而已，是亦君相调剂之法也。"[④] 即禁止人们过浮靡的生活，抑制豪族对土地的兼并。遇见水旱疫情，政府应开仓赈济。这就是君相调剂的方法。"户口至今日可谓极盛矣，天不能为户口之盛而更生财，地不能为户口之盛更出粟，则一州一邑之知治理者，唯去其靡费

---

① 《洪亮吉集·意言二十篇·治平篇》，中华书局 2001 年版，第15页。

② 同上。

③ 同上。

④ 同上。

而已矣。"① 即户口到了今天可算是最多的时候了，上天不会因为户口之多而提供更多的财物，土地不会因为人口的繁盛而多生谷物，我们能做的，也就是各州各邑都必须禁止奢靡。但他对此方法并无太大的信心。他说："要之治平之久，天地不能不生人，而天地之所以养人者，原不过此数也；治平之久，君相亦不能使人不生，而君相之所以为民计者，亦不过前此数法也。"② 即重要的是，国家的太平比较长久之时，天地不能不让人口出生，但是天地能够养活的人，也就是这个数目了；国家的太平比较长久之时，君主臣子也不能不让人出生，但是君主臣子能够保障其生活的，也不过就是前面说过的方法。在此，洪亮吉看到了环境资源的有限性，指出现有的环境能够养活的人的数量是一定的，这是非常科学进步的看法。但他认为天地之间出现的自然灾害是为了减少和调剂人口数量，则是十分错误的。但他所指出的，即使统治者极尽努力，能够养活的人口数量也是有限的，希望人们看到这样的规律和情况，重视人口问题，却是值得肯定的。作为非常了解人民疾苦的一位思想家，他站在劳动群众的立场上表示了自己对未来的担忧："然一家之中，有子弟十人，其不率教者，常有一二，又况天下之广，其游惰不事者一一尊上之约束乎？一人之居以供十人已不足，何况供百人乎？一人之食以供十人已不足，何况供百人乎？此吾所以为治平之民虑也。"③ 即一家之中，往往会有子弟十人左右，其中不接受教育的人，常常达到十分之二，又何况天下那么广大，那些游手好闲不事劳作的人如何能一一将其约束呢？一个人的房屋供十个人已经供不起了，何况要供一百人呢？一个人的劳动供十个人已经供不起了，何况要供一百个人？这就是我为太平盛世的民众忧虑的地方啊。在洪亮吉看来，清代的人地矛盾已经非常严重，在这种情况下，人民的生活会更加困苦，这种见识和胸怀是难能可贵的。

三　人口数剧增，巨大的生存压力值得重视

在之前分析了人地矛盾的基础上，洪亮吉又以目前的日常生计为切入点，说明人口的剧增已经使所有人都感觉到了压力。他说："今日之亩，

---

① 《洪亮吉集·寺庙论》，中华书局 2001 年版，第 242 页。
② 《洪亮吉集·意言二十篇·治平篇》，中华书局 2001 年版，第 15 页。
③ 同上。

约凶荒计之，岁不过出一石。今时之民，约老弱计之，日不过食一升。率计一岁一人之食，约得四亩，十口之家，即须四十亩矣。今之四十亩，其宽广即古之百亩也。"[1] 即今天的土地，包括凶荒年景在内，一年不过打一石粮食。今天的百姓，将老弱者计算在内，一天不过吃一升粮食。大概计算一下每人一年所吃的粮食，得四亩地的收获，十口之家，得四十亩的收获。今天的四十亩地，已经相当于过去的一百亩了。在此，洪亮吉看到了人口增加对土地的需求，为后面的分析打下了基础。接着，他又分析了目前人们生活的压力。他说："四民之中，各有生计，农工自食其力者也，商贾各以其赢以易食者也，士亦挟其长备书授徒以易食者也。除农本计不议外，工商贾所入之至少者日可余百钱，士备书授徒所入日亦可得百钱，是士工商一岁之所入不下四十千。闻五十年以前，吾祖若父之时，米之以升计者，钱不过六七，布之以丈计者，钱不过三四十。一人之身，岁得布五丈，即可无寒，岁得米四石，即可无饥。米四石，为钱二千八百，布五丈，为钱二百。是一人食力，即可以养十人。即不耕不织之家，有一人营力于外，而衣食固以宽然矣。今则不然，为农者十倍于前而田不加增，为商贾者十倍于前而货不加增，为士者十倍于前而备书授徒之馆不加增，且昔之以升计者，钱又需三四十矣；昔之以丈计者，钱又须一二百矣。所入者愈微，所出者愈广，于是士农工商各减其值以求售，布帛粟米又各昂其价以出市，此即终岁勤动，毕生皇皇。而自好者居然有沟壑之忧，不肖者遂至生攘夺之患矣。然吾尚计其勤力有业者耳，何况户口既十倍于前，则游手好闲者更数十倍于前，此数十倍之游手好闲者遇有水旱疾疫，其不能束手以待毙也明矣，是又甚可虑者也。"[2] 即中国的百姓当中，各有其生存的方法，农业和手工业者，属于自食其力的人，商贾们依靠他们的赢利来换取衣食所需，那些知识分子依靠自己的专长，以读书者的身份教授弟子而获取食物。除了农业不计算外，手工业者、商人等的收入每日可到 100 钱左右，知识分子通过教授弟子每天也可获得 100 钱左右，所以知识分子、工商业者一年所获得的钱财不下四万。我听说 50 年以前，我祖父的时候，一升米，不过六七钱，一丈布，不过三四十钱。一个人每年获得五丈布匹，就可以御寒了，每年能有四石米，就可以果腹。四石

---

① 《洪亮吉集·意言二十篇·生计篇》，中华书局 2001 年版，第 16 页。

② 同上。

米，就可以换取 2800 块钱，五丈布匹，就可以换取 200 块钱。所以一人的劳作，就可以养活十个人。即使那些不事耕种和纺织的家庭，只要有一个人在外劳动，其他人的衣食都很宽裕。今天则不是这样，农业劳动者已经比之前多了十倍，但是田地却没有增加，商贾也比之前增加了十倍，但货物没有增加，知识分子也比之前增加了十倍，但教授弟子的书馆没有增加，而且，之前的一升东西，钱又需要三四十，之前的一丈东西，钱又必须得一二百。能生产出的东西越来越少，所用之人又越来越多，于是各行各业都会降低其物品的价值而出售，布帛粟米又各自高抬其价而出售，这就使得人们只能终日劳作，而且惶惶不可终日。那些有识之士虽然会殚精竭虑地治理国家，但是民众中的不肖之徒也会生出劫掠之患。我也知道人群中有许多勤劳吃苦的人，但户口既然比之前多了十倍，那么游手好闲的人也会比之前多上十倍，这些人如果遇有水旱疾病，是不能让他们坐以待毙的，这又是让人非常忧虑的一个方面啊。在此，洪亮吉看到了由于人口的增加而导致的生活压力的增大和生活质量的下降；看到了土地的有限和不劳而获者的增加，因此发出了对世事的忧虑和社会矛盾的担忧。就这一点看，洪亮吉还是比较注意观察社会问题及关心民生疾苦的。其实，这种压力很早时候就已经被当时的统治者所注意到了，康熙四十八年，他就在发布的一道谕旨中非常忧虑地说：“本朝自统一区宇以来，于今六十七八年矣，百姓俱享太平，生育日以繁庶，户口虽增而土地并无所增，分一人之产供数家之用，其谋生焉能给足？”① 即本朝自统一各地土地以来，至今已经六十七八年了，百姓都在享受太平，生育就特别繁盛，但是户口虽然增加了可土地并没有增加，拿一个人的资产供几家用度，其生活怎能富足呢？几年后他又说：“今人民繁庶，山巅尽行耕种，朕常以为忧也。”② 即今天的百姓繁衍的太多，所有的山林都被用于耕种了，我常常为此担忧啊。到了后期，乾隆帝也曾说：“朕查上年各省奏报民数，较之康熙年间，计增十余倍。承平日久，生齿日繁，盖藏自不能如前充裕。且庐舍所占土地亦不啻倍蓰。生之者寡，食之者众，朕甚忧之。”③ 即我查阅了历

① 《清圣祖实录》卷 240。转引自张岂之《中国历史》，高等教育出版社 2001 年版，第 353 页。

② 中国第一历史档案馆编：《康熙起居注》，中华书局 1984 年版，第 2094 页。

③ 《清史稿·食货志一》，中华书局 1976 年版，第 3485 页。

年各省所报人口数，较之康熙年间，大概增加了十倍呢。太平盛世久了，人们的生育繁衍就会增加，但国库的收藏却没有以前宽裕。而且，由于百姓增多，光是加盖房屋所占的土地都比以前增加了不止一倍。生产的人少，吃饭的人多，我非常忧虑啊。

四　僧尼太多，加剧了天下百姓的困苦

在洪亮吉的人口思想中，有一点必须予以重视，那就是他的人口分类思想。按照当时他对人口构成的简单理解，他认为一直以来人口中就有勤力有业者和游手好闲者的区别。前者包括"农工自食其力者、商贾各以其赢以易食者，士亦挟其食，傭书授徒以易食者"三大类，后者则指那些不进行生产活动而靠别人养活的人。如寺庙中的僧尼等。他认为，当时社会僧尼太众是导致劳动者贫困的原因之一。他首先大致计算了一下寺庙的数量及其花费："今率计之，一城之寺庙大率百所，一乡一聚之寺庙大率数十，最少亦不下七八所。最久者十年一修，暂者不过三四年，又因其制而廓大者十率七八。一所之僧徒道士，大者数百人，次数十人，最少者亦一二人。大率以江南大府而论，一县之辖寺庙至千，一府之辖寺庙至万。寺庙至千，是僧徒道士常十万人也。而其修筑及徒聚之费，出于富人之金钱者不过什四，出于小民典衣损食之钱者常什六，是所谓不耕而食不织而衣者也。"① 即今天大概计算一下，一个城市的寺庙大概有一百所左右，一个乡村的寺庙也有数十个左右，最少也不下七八所。最长的十年一修，最短者三四年一修，还会有一些寺庙不断扩大其规模。每所寺庙中所生活的僧人道士，大庙数百人，次庙数十人，最少的庙宇也有一两个人，如果按照江南大府的情形来推算，一个县会辖寺庙一千多所，一个府衙会辖寺庙上万个，一千所寺庙，就能聚拢僧人道士十万人。说到寺庙的修筑和僧人等的消费，出于富人之家的不过十分之四，出于小民者经常可以达到十分之六，他们就是那些不耕种却要吃饭、不纺织却要穿衣的人啊。接着，在对寺庙的正常情况和寺庙兴盛的原因进行分析之后，他强调说："东南之患，在土狭而民众。民之无业者已多，而又积此数百万人，使耕夫织妇奉之如父母，敬之如尊长，罄其家之所有而不惜，俗安得不贫？而

---

① 《洪亮吉集·寺庙论》，中华书局 2001 年版，第 242 页。

民安得不困?"① 即东南部的问题,在于土地少而百姓多。百姓无业者已经很多,现在又在这里积聚了数百万的僧人道士,还要耕种之民纺织之妇像供奉父母一样供奉他们,像尊敬长辈一样尊敬他们,倾其所有而毫不吝惜,这样,民众怎能不贫困呢?如何解决这一问题呢?他说:"夫道释之教,行之千年,势非能一日而废,第不可不为之限制耳。其法当斟酌,其有田产可以赡徒众者裁留一二所,其地稍广阔者或裁留二三所,大率不得过五所,其他则庙之应祀典者,一邑当不过十余所,此不过置香火,一二人守之足矣。而其徒众及田产之过盛者,则又当如明虞谦所奏,一僧之田无过五亩,一寺之众无过数十,凡民之欲立一寺及一庙者,必请之县官。县官裁其应祀典及合例者,始许之。其私修及私创者有明禁,又必以其合例者申于大吏,年终则必汇以报礼部,使天下之一寺一庙皆犁然有可考证。在君子既可以知祀典之重,而小民即以隐杜其靡费之端,其事易行而务至急者也。"② 即道教和佛教,已在中国存在了几千年,哪能一天就废除了呢,但是,不能因为这个状况就对他们不加限制。限制的方法是需要斟酌的,那些拥有田产可以养活较多信徒者,可以考虑保留一二所,那些拥有比较广阔田地的寺庙,可以考虑保留二三所,最多不能超过五所,其他庙宇,一个城邑应当不超过十余所,那些庙宇只需要一两个人置办香火,看管寺庙就行。那些信徒众多和田产众多的寺庙,应该用明代虞谦所奏明的办法,每个僧人的田产不能超过五亩,一个寺庙的信徒不能超过十人,老百姓凡打算建造寺庙时,必须向县官请示。县官根据具体的需要作出裁定。明令禁止私修私建庙宇,那些符合要求应该建立的寺庙,需报县官以上的官吏备案,年底则报给礼部,使国家所有的寺庙都能登记在册。这样做,对于君子而言,可以让他们重视祭祀的重要性,对于百姓,则可以杜绝奢靡浪费,这件事既容易施行,同时也是必须抓紧施行的事情。

细查洪亮吉的人口思想,确实有着非常鲜明的时代背景。他 50 岁时,是嘉庆年间。此时的社会问题更加突出,人口压力更大。据史书记载,这一时期人口发展的主要特征为人口空前增长、人地矛盾更加突出。实际上,这一百多年间人口的剧增对经济和社会发展的影响还是不同的。从康熙晚期到乾隆晚期的近一个世纪,由于人口与资源的配置比较合理,人口

---

① 《洪亮吉集·寺庙论》,中华书局 2001 年版,第 243 页。

② 同上。

的适度增长对经济的繁荣和发展还是起到了积极的、正面的作用。但由于实质上推动经济增长的动力主要源于人口的倍增和耕地的大量开垦，其后果是并未从质量上根本改变产业结构和城乡人口比例，加上制度方面的原因，康乾盛世中国的经济增长，到后来就愈发显示出了后继无力的疲软态势。在这样的前提下，人口问题非但没有解决，反而变成了经济发展的阻力，人民的生活水平不但没有上升，反而出现了一定程度的下降。作为一个观察力敏锐的思想家，洪亮吉看到了这一点，并站在劳动人民的立场上发出了感叹和忧虑，是完全可以理解和应该受到赞同的。但同时我们也需要看到，洪亮吉给出的解决人口问题的社会、经济方案并未超过康、雍、乾三帝百余年来实施人口对策的水平，在思想上也没有任何大的突破。他最后发出的"为治平之民虑也"，也与康乾二帝对人口问题的忧虑并无二致。所以我们不能对他的思想认识做太高评价。与马尔萨斯比较而言，洪亮吉的人口思想有许多地方与其一致。如生活资料和人口增长的比例等，但洪亮吉的一系列认识要早于马尔萨斯五年。他们的共同点都表现在对现有社会制度的维护，其性质都是改良主义。

第三节　包世臣的人口思想

包世臣（1775—1855），字慎伯，号倦翁，安徽泾县人。他出身寒门，自幼跟随曾当过塾师的父亲习经，学习之余，还经常参加一些农业劳动。史载他"少工词章，有经济大略，喜言兵"。[①] 即年少时即擅长诗词，有经济思想，喜欢言说兵事。嘉庆十三年中举，道光十五年任江西新喻县令一年，又因忤逆上司被罢官。之后以著述和充当封疆大吏的幕僚为业。晚年定居南京。他一生著述较多，有《中衢一勺》、《艺舟双辑》、《管情三义》、《齐民四术》等。包世臣在 70 岁时将其合辑为《安吴四种》，共36 卷。

作为清代中期的一位经世思想家、书法家、学者，包世臣不仅关注社会现实，重视社会实践，更在掌故、河工、漕运、盐课、赋税、刑名诸政等方面颇有建树。在这些领域的成就，使得当时的许多官员竞相请教。《清史稿·包世臣传》说他："精悍有口辩，以布衣遨游公卿间，东南大

---

① 《清史稿·包世臣传·齐民四术》，中华书局 2001 年版，第 447 页。

吏，每遇河、漕、盐诸钜政，无不屈节咨询，世臣亦慷慨言之。"① 即口齿伶俐，以布衣的身份与各类公卿相处，东南大吏，每当遇见关于河、漕、盐务等事情的时候，都会放低身价向包世臣咨询，世臣也会慷慨直言。同时，人们还评价他："世臣能为大言。其论书法尤精，行草隶书，皆为世所珍贵。"② 即世臣能说出惊世骇俗的话。其中论述书法的观点尤其精妙，他所写的行草隶书，都是被人们珍惜看中的。

在社会底层的劳动生活，使包世臣从很早起就深知民间疾苦。同时，鸦片战争前夕的社会现实也让他感受到了国家的腐败和危难。多次撰文抒发自己的愤慨之情。如在丧权辱国的《江宁条约》签订之后，他义愤填膺地说："其所诛求，前无比并……英夷之福，中华之祸，盖俱极于此矣。"③ 即他们所要得到的东西，前面都没有先例。英国人的福祉、中华民族的祸患，在此达到了顶峰。为了改善在列强环伺的环境下，清廷官员昏聩、兵部昏庸、政治腐败、民不聊生的国势，他主张大力发展农业、改革漕运、本末皆富。这些观点比龚自珍等人的思想更加前进了一步。作为著名的思想家，包世臣在极力推崇发展农业的同时，尤其是在人地矛盾日益剧烈的时代背景下，在他的许多著述中阐发了他的人口思想。

一　人口众多并不是国家贫弱的主要原因

在人口众多和国家贫富的关系问题上，包世臣的认识比较独特，他说："国家休养生息百七十余年，东南之民，老死不见兵革，西北虽偶被兵燹，然亦不为大害。其受水患者，不过偏隅。至于大旱，四十余年之中，惟乾隆五十年、嘉庆十九年两家见而已。宜其丰年则人乐，旱干水溢，人无菜色，然而一遇凶荒，则流离载道。屡受丰年，而农事甫毕，穷民遂多并日而食者。何也？说者谓生齿日繁，地之所产，不敷口食，此小儒不达理势之言。夫天下之土，养天下之人，至给也。人多则生者愈众，庶为富基，岂有反以致贫者哉？"④ 即国家休养生息已经有170余年了，

①　《清史稿·包世臣传·齐民四术》，中华书局2001年版，第448页。
②　同上。
③　包世臣：《齐民四术·奸夷议》，中华书局2001年版，第391页。
④　包世臣：《齐民四术·农二·庚辰杂著二》，中华书局2001年版，第56页。

东南的民众，许多人到终老都没有经历过兵革战争，西北地区虽然会偶然被外敌侵犯，但也没有太大的祸患。只有一些比较偏远的地方，才会遭遇水患灾害。至于大旱，40余年之中，也只有乾隆五十年、嘉庆十九年两次而已。在包世臣看来，以中国现有的土地，养活现有的民众，绰绰有余。因为他计算过，当时全国有可耕土地412000余万亩，养活当时全国的民众没有任何问题。即使再增加一倍，按7亿人计算，平均每人也可拥有五亩以上的耕地。同时在他看来，人多意味着生产者也多，国家的财富也就越多，一般情况下是不可能导致人们的极度贫困的。那种人多必然导致人民贫苦的说辞完全是一些儒者对国情的分析判断不准确造成的。在他看来，今天的老百姓之所以贫穷，主要原因是人们不重视发展农业。他说："今天下旷土虽不甚多，而力作率不如法。士人日事占毕声病，鄙弃农事，不加研究，及其出而为吏，牟侵所及，大略农民尤受其害。故农无所劝，相率为游惰。"① 即今天，经过开发之后，所留旷土虽然已经不多，但用在土地方面的精力是大不如从前的。士阶层的人们每天都在占卜天象，鄙视农业劳动，对农事从不在意，等到他们考取官吏，竭力搜刮民脂民膏，只有农民深受其害。所以人们都不重视农业，而是相互影响，游手好闲。这是人事方面。另外还有土地方面的原因。他说："西北地广，则广种薄收，广种则粪力不给，薄收则无以偿本；东南地窄，则弃农业工商，业工商则人皆淫巧，习淫巧则多浮费。且如兖州古称桑土，今至莫识蚕桑；青齐女红甲天下，今则莫能操针线。西北水利非不可修举，而数百年仰食东南；其利弊固皆历历可数，然未易更仆。况吏非素习，亦难猝辨。"② 即西北地区由于土地广袤，因此人们就实施广种薄收的政策，但是种植太广的话，则肥料难以供应，而薄收则连成本都保不住；东南地区土地较少，人们就弃农经商，经商之后人们就会变得弄虚作假，而弄虚作假多了人们就会变得奢靡不实在。比如兖州，古代一直称其为种桑之地，而今人们都不认识蚕桑了；当地在古代时女红非常著名，而今的人们却都不会操持针线了。西北地区的水利不是不可以修建，但数百年来却在靠东南吃饭；其利弊虽然一目了然，但是却从不更改。况且，那些官吏从来都没受到过这样的熏陶，自然是看不出其中的原委的。在包世臣看来，除了

---

① 包世臣：《齐民四术·农二·庚辰杂著二》，中华书局2001年版，第56页。

② 同上。

以上的外在原因，此种情况还有更加深刻的内在原因。可以概括为："一曰烟耗谷于暗；二曰酒耗谷于明；三曰鸦片耗银于外夷。"① 即一是吸食鸦片所耗费的粮食在暗处；二是饮酒耗费的粮食在明处；三是吸食鸦片所耗费的银子都流向了外国。在分析了此三种深层次的危害之后，包世臣给出了解决问题的方法。一是自上而下必须重农。他说："夫民归农，则谷植繁，奸邪息；上明农，则力作勤，奢靡衰。"② 即如果百姓都能回归农业，则粮食就会丰收，奸邪之人就会减少；国家的管理者如果大力提倡农业，国家的民众就会勉力耕作而远离奢靡。二是将目前已经种植大烟的土地改种其他植物。对此他提出了非常具体的方案，以便不引起民愤。最后他说："禁绝之后，以种烟之土种谷，又分其粪与人工以治他亩，谷之增者无算矣。"③ 即禁绝鸦片之后，将之前种烟的土地改种其他谷物，还可以将肥料和人工分配给其他种植粮食的人，多余出来的谷物可以自己留用。三是不让民众私自酿酒。他说："广设烧锅，本在例禁，今但加严谨。民间不得私酿，本系两汉唐宋相承之旧法，且专为民间惜谷，而杜饮食之讼，出圣人爱民之诚，与天下共见，岂复有所格疑？然酿酒皆在深宅，非如种烟之于田野，若司事者奉行不善，诚恐徒多驿骚，于实事反属无济。必各直省院司大吏皆得人，率其所属尽心民事，上下相孚之后，乃可议行此政也。"④ 即四处设作坊酿酒，本来就在禁绝之中，但今天要更加严格。民间不得私自酿酒，本来就是自两汉唐宋以来流传下来的法制，而且目的是为了节约民间的粮食、杜绝民间出现的因为饮食闹出的案件，这是圣人对民众的爱护，天下人都可以看见，有什么可怀疑的呢？但是，酿酒都是在深宅里进行的，不像种烟是在田野之上，如果管理者不想惹是生非，恐怕没有效果。必须在国家的各部门中推荐得力人手，让他们尽心尽力地清查此事，待真相全部清楚之后，可以考虑推行该项政令。在这里，包世臣引经据典，先是说明了禁止私自酿酒的惯例，同时提出了能使禁酒呈现效果的具体细致的方案，可谓用心良苦。最后，他给我们描绘了一幅美丽的景象："民皆力穑，士学位长，吏求知依，风雨时节，庶草繁

---

① 包世臣：《齐民四术·农二·庚辰杂著二》，中华书局2001年版，第56页。
② 包世臣：《齐民四术·农一上·农政》，中华书局2001年版，第1页。
③ 包世臣：《齐民四术·农二·庚辰杂著二》，中华书局2001年版，第59页。
④ 同上书，第60页。

芜，斗米三钱，行千里不齐粮之盛，可翘足而待业。"① 即人民全都勉力
农耕，士们全都专注学问，官吏们全都兢兢业业，到了风调雨顺之时，草
木繁盛，一斗米才三钱钱，人们行走千里而不用自带干粮的盛世，就可以
翘首期盼了。

二　大力发展农业是增强国力的主要途径

作为清代的一位经世思想家，包世臣和其他有识之士一样，也是非常
重视一国的农业发展的。在论及农业的重要性时，包世臣说："帝典曰：
'敬授民时。'周公曰：'予其明农，知稼穑之艰难。'孟子曰：'民事不可
缓。'五谷熟而民人育，文王视民如伤，制其田里，教之树畜。圣人治天
下，使菽粟如水火，而民无不仁。"② 即黄帝制定的律令说，一定要尊重
百姓四季耕种节气。周公说，我们只有强调了农业的重要性，才能知晓稼
穑的艰难。孟子说，耕种的事情不能拖延。只有积累了大量的粮食，百姓
才能得到养育，周文王视民如子，给了百姓田地，又教他们种树和圈养牲
畜。圣人治理天下，看待粮食如同看待水火，所以百姓没有不仁义的。由
古代的善治，包世臣又联想到今天民众的疾苦，最后他提出："本末皆
富，则家给人足，猝遇水旱，不能为灾。此千古治法之宗，而子孙万世之
计也。"③ 即根本和末端都富裕了，才能做到家庭和个人富足，就算是突
然遇到水旱灾害，也不会酿成大的灾难。这是千古法制的根本，子孙万代
的生存大计啊。

三　为人必须讲求廉耻

在谈及对人的看法时，包世臣强调，为人必须讲求廉耻，否则，人则
不能为人。他说："孔子曰：'行己有耻，可谓士矣。道政齐刑，民免而
无耻，道德齐礼，有耻且格。'管子曰：'礼义廉耻，国之四维。'孟子
曰：'人不可以无耻，不耻不若人，何若人有？'……人而无耻，惟利是
趋，无所不至。是故吏无耻则营私而不能奉令，士无耻则苟且而不畏辱
身，民无耻则游惰而敢于犯法。然而民化于士，士化于吏；吏治汙（污）

---

① 　包世臣：《齐民四术·农二·庚辰杂著二》，中华书局 2001 年版，第 61 页。

② 　同上书，第 55 页。

③ 　同上书，第 56 页。

则士习坏，士习坏则民俗漓。古今一理，未之有改。先圣昔贤未有不兢兢
于有耻者也。"① 即孔子说，人在行事时抱有羞耻之心，才是真正的有学
问的人。用政令来教导，用刑法来整治，民众苟免刑罚但缺乏廉耻，用德
行来教导，用礼仪来整治，民众有廉耻而且敬服。管子说，礼义廉耻，是
维护国家安定的四大要素。孟子说，人不能没有羞耻之心，没有羞耻之心
就不算人了，那这样就没有人的存在了。作为人来讲，一旦没有了羞耻之
心，就会唯利是图，什么事情都能做得出来。所以说官吏无耻就会结党营
私而不遵从政令的要求，读书人无耻就会苟且偷生而不怕自辱其身，百姓
无耻就会懒惰而违反法律。但是，百姓是会向读书人学习的，读书人又会
向官吏学习；官吏身心污浊则读书人就会学坏，读书人学坏百姓及社会风
俗就会败坏。这个道理古代和今天一样，从来就没有改变过。那些先圣和
贤士没有不兢兢业业地教导人们知晓礼义廉耻的。

四 管理国家，必须摸清户口，分层管理

在包世臣的思想中，还非常强调一国户口之重要性，主张作为管理
者，应当要按时排查户口，然后按照旧例对人口进行管理。他说："宜确
查极次户口，分别平赈也。本城以丝为生，今年机坊大坏，失业尤多。查
户口一事，断不可委之员役，本年查办门牌，具文可笑，是其往撤。宜谕
令三学实举庠生之重耻好义不避嫌怨者，分为东西南北中五城，每城或八
人或十人，以本府名帖，延至学中公议，就近画开街巷，分头查办。"②
即国家应该准确查清户口，按照百姓的不同情况在荒年赈灾。比如本城的
人们本来是以制丝为业的，但是今年作坊被破坏得特别严重，因此失业人
口颇多。彻查户口的事情，千万不能交给一般差役去办，因为本年度曾经
彻查过门牌，由于提交上来的内容非常可笑，最后都撤销了。查户口之事
应该交由那些读书人中有羞耻之心而且讲求义气、不避嫌疑、任劳任怨的
人去办，将居住之地分为东西南北中五城，每城指定八人或十人，以所在
府衙的名义，在学中公议后，就近将街巷划开，分头办理。虽然包世臣是
在国家赈灾的大思路中谈及户口及其重要性的，但他强调一国之户口必须

---

① 包世臣：《齐民四术·礼一上·庚辰杂著一》，中华书局 2001 年版，第 150 页。
② 包世臣：《齐民四术·农二·为秦易堂侍读条画白门荒政》，中华书局 2001 年版，第
73 页。

摸清，然后有针对性地进行管理的思想却是值得肯定的，尤其是他建立在户口之上的分层管理、按需赈灾等思路对我们提高赈灾效率是有启发意义的。同时，包世臣对整体的社会管理，也提出了自己的看法。他说：古代之时，"保甲以十家为甲，十甲为里，十里为保，十保为乡。乡立乡老，无定额；保立保长一人，保贰一人；里立里正一人；甲有甲首，有直甲。十家之中，择其家少殷实、年逾四十无过犯、不为其邻所恶者为甲首。十家输直，查核其当输之家为直甲"。① 即古代的保甲制度是，以十家为一甲，十甲为一里，十里为一保，十保为一乡。一乡可设立乡老，数字不固定；一保立保长一人，保贰一人；一里设立里正一人；甲有甲首，称作直甲。十家之中，选择那些家境殷实、年过四十、没犯过错、邻里乡亲所喜欢的人为甲首。十人一起决定，核实那些符合要求的人充当直甲。在说明了古代常用的保甲制度之后，他阐释了今天国家应该采取的社会管理方式："先断自编甲始。俟甲成，然后割里，里成割保，保成割乡。"② 即现在可以从编甲开始进行社会管理。等待甲编成后，然后分割成里，里成之后，分割成保，保成之后，分割成乡。包世臣认为，在这样的管理机制下，官吏可以依此选取里长、保长等，同时还可以依此对百姓进行贫富分层，在分层的同时，还可以制定国家的赈灾方案，判定各家应交的赋税和应承担的兵役，可谓一举几得。在甲的形成过程中，可以因地制宜，按照多寡不等的方式组成甲这样的社会组织，将所有人口都纳入国家管辖的范围，做到管理有方，办事有效率。除此之外，在甲、保、乡等组织的外在形式上，包世臣还以图形的方式给出了包括门牌在内的户口登记方式，可看作是一种普遍的人口普查。应该说，在小农经济条件下，在以原始村庄为聚落方式的清代社会，这种社会管理的方式有它的可取之处。但在具体的细节安排上，有些方法过于琐碎，在实践过程中还是难以落到实处的。

五 一国要安排好各部门的比例关系

为了从根本上解决人口问题，包世臣还提出了要在全社会范围内合理安排劳动力的思想。他认为，国家之所以贫困，是因为人们都不重视农

---

① 包世臣：《齐民四术·礼一上·说保甲事宜》，中华书局 2001 年版，第 128 页。

② 包世臣：《齐民四术·农二·为秦易堂侍读条画白门荒政》，中华书局 2001 年版，第 73 页。

业，应当首先保持农业人口的比例。同时，他还认为，其他各行各业的人口数量也要合理，只有这样，才能保证社会生产的正常进行，并最终实现社会的富裕。他在阐释这一观点时说："以口二十而六夫计之，使三民（士、工、商）居一，而五归农，则地无不垦，百用以给。"① 即以一家有人口二十而丁夫有留人计算，可以让士、工、商占到六分之一，其余六分之五划归农业，这样分配的话，则土地全部可以得到开垦，人们的所有用度也都可以满足了。在包世臣看来，"夫无农则不食，无工则无用，无商则不给，三者缺一，则人莫能生也"。② 即没有务农的人，人们就没有饭吃，没有做工的人，包括建筑在内的事情就没有人做，没有经商的人，那些商品货物就无法运输和买卖，三者缺少任何一项，人们的生活就会大受影响。除此之外，对于士这一群体，包世臣也给予了全新的认识。他说："生财者农，而劝之者士；备器用者工，给无有者商，而通之者士。"③ 即生产财物粮食的人是从事农业劳动的人，但对他们进行道德教育的人是士；制作器皿的人是工匠群体，疏通商品的是那些经商的人，但是知晓其中道理的人是士。也就是说，包世臣充分认识到了士这一阶层在社会经济活动中的精神作用，对其予以了肯定，而这一思想是之前许多思想家所没有涉及的。

纵观包世臣的人口思想，我们认为，他作为中国传统的知识分子，一直秉承着重农思想，为此付出了巨大的努力。另外，在清中后期，他没有意识到资本主义的萌芽，一味地推崇小国寡民的生活状态，不主张发展其他经济形式，则是非常落后的。

---

① 包世臣：《安吴四种·说储上篇后序》，中国人民大学出版社 2013 年版，第 249 页。
② 包世臣：《安吴四种·说储正文》，中国人民大学出版社 2013 年版，第 493 页。
③ 同上。

第十一章

晚清至民国初期的人口思想

第一节　汪士铎的人口思想

汪士铎（1814—1889），原名鏊，字振庵、梅村，号悔翁，江苏江宁人。晚清时期著名的历史地理学家和思想家。主要代表作有《乙卯随笔》、《丙辰备遗录》、《水经注图》、《南北史补志》、《悔翁笔记》等。其中《乙卯随笔》和《丙辰备遗录》被其后人合编为《汪悔翁乙丙日记》三卷。在汪士铎的思想中，关于人口问题有着比较明显的阐释。

一　人多是国家致贫的主要原因

在汪士铎看来，人口众多是当时中国致贫的主要原因。为了使自己的观点具有一定的说服力，他首先在其著作中多次用人多概括中国当时的人口形势。他说："绩溪不佳之处，婚妇女长于男，婚太早，求子孙多，饰祠堂太僭越，而无实政，好风水……百物贵，地狭人多。"[①] 即绩溪的不足之处，是结婚时女子大于男子，结婚太早，又追求多子多孙，修饰祠堂太奢侈，人们不求务实，那里风水虽好，但物价很高而且地少人多。"余言人多之患数十年，无人以为然者。皆云人多而才如某甲等，岂不可吁愚至于此。不知某甲亦偶乘时，会天下之如而困穷者数十倍于某甲，又何说也？"[②] 即我强调人多的害处已经有大约十年了，没有人认同我的看法。都说人多人才也会多，我觉得大家可不能这样愚昧。人们不知有才华的人增加一倍时，穷苦潦倒者会增加十倍，这又该怎么说呢？在说明了当时人

---

① 沈云龙：《汪悔翁乙丙日记》丁集卷 1，文海出版社有限公司影印本，第 37 页。
② 沈云龙：《汪悔翁乙丙日记》丁集卷 2，文海出版社有限公司影印本，第 72 页。

多是最大的社会问题之后，他进一步说明人多的害处："人多之害：山顶已殖黍稷，江中已有洲田，川中已辟老林，苗洞已开深菁，犹不足养，天地之力穷矣。种植之法既精，糠核亦所吝惜，蔬果尽以助食，草木几无子遗，犹不足养，人事之权殚矣。"① 即人多的害处：山顶都种上了粮食，江河之中也开辟了农田，原有的树林也被砍伐，各种洞穴也已种植了能吃的东西，还是不能满足现有人口的吃喝用度，天地的力量已被用尽。种植粮食的方法已经很高超，粮食也被人们节约，蔬菜和果实已被人们用来补充粮食的欠缺，草木已经所剩无几，还是养育不了现有的人口，人们的智慧也用尽了呀。"驱人归农，无田可耕，驱人归业，无技须人。皆言人多，安能无益？盖一田不过一农，一店不过数人，今欲以百农治一亩，千人治一店，如何其能？"② 即让人务农，无田可耕，让人学艺，没有用途。很多人都说，人多怎能没有好处呢？其实过去的情况是，一亩地由一个农夫耕种，一个旅店不过居住几个人，现在的情况是一百个农夫种植一亩田地，一千个人居住一个旅店，怎么能办到呢？"人少尚易钳以法令，多则恃众犯令，感动之说，儒家空言。"③ 即人少还可以用法令制约，人多则仗着人多犯令，说服教育的方法，不过是儒家的空谈罢了。为什么晚清时期人口发展得那么快呢？在汪士铎看来，"天下人丁三十年加一倍，故顺治元年一人者，至今一百二十八人。徽州人固陋，喜人多婚早，每十五六皆嫁，取其风气也。十六皆抱子，故二十年皆加一倍。顺治元年一人者，至今两千零四十八人。然皆经商挑担无一中用者。多则气薄也，故徽土产曰买卖人。然徽州二百二十年一人遂至两千零四十八人者，与别府一人至一百二十八者比，则婚娶早之故也"④。即天下人口 30 年就增加一倍，所以顺治元年只有一人，到今天会发展到 128 人。徽州人自古陋习很多，喜欢人多结婚早，每个人十五六岁都会嫁人，这是那里的风气导致的。16 岁就抱儿子，这样每 20 年人口就会增加一倍。顺治元年一个人，至今可以达到 2048 人。而且，那些人无论经商或挑担子，没有一个能胜任的。人多了养不活，所以徽州就有了一个习俗叫做买卖人口。说到底，徽州之

① 沈云龙：《汪悔翁乙丙日记》丁集卷3，文海出版社有限公司影印本，第148页。
② 同上书，第149页。
③ 同上书，第150页。
④ 同上。

所以才用了 221 年人口就增加到了 2048 人，与别的地方由一人发展成 128 人比较，都是婚娶太早所造成的。由此，他进一步强调："乱世之由，人多（女人多，故人多）。人多则穷（地不足养），商于外则奢靡，苦乐不均（盗贼之见如此）。有才不遇，遇时者人多亦不足用，靡费更不足用，一味托大而不足用，虽遇时尚不足用，累有流荡。人多好吃懒做，游手好闲，无光棍律，无才而慕富贵，轻武重文，文饰太多，好强不讲礼，信鬼神信数术。"① 即乱世的来由，是由于人多。人多了大家都穷困，而商人生活却奢靡，人们的苦乐不均。很多人怀才不遇，即使有人被重用，但其负担的人多也不能富足，靡费之风也助长了用度不足，一味地贪图人多而用度又不足，所以很多人就四处游荡。人多了就会有很多人好吃懒做，游手好闲，成了光棍，还有一些人没有才华却羡慕富贵，大家都开始看轻武功而重视文饰，最终导致文饰太多，人们好争斗而不讲礼仪，甚至最后相信鬼神和巫术。除此之外，汪士铎还认为人多了就会互相欺骗、好大喜功、刁巧疾滑、姑息养奸、偷安谋利，总之，人口数量的增加带来的是世风日下、道德沦丧。那么，该如何解决人口问题呢？汪士铎给出了如下方法：第一，下令溺杀女婴。他说："弛溺女之禁，推广溺女之法，施送断胎冷药（顿觉眼前生意少，须知世上女人多，世乱之由也），家有两女者，倍其赋。"② 即放弃溺杀女婴的禁令，推广溺杀女婴的方法，向人们免费赠送打胎的药物，家里有两个女婴的家庭，将其赋税提高一倍以上。第二，严格控制生育人口的数量。"生三子者，倍其赋。"③ 即一家生了三个儿子的将其赋税提高一倍以上。"非富人不可娶妻，不可生女，生即溺之。即生子而形体不端正、相貌不清秀、眉目不佳者，皆溺之。即皆佳矣，亦可留一子，多不可过二子，三子即溺之。吃冷药使勿孕，其子长，娶妇女，家有二女或奢靡专讲世情俗世酬应饮酒赌博及其母悍泼，好衣饰装束者皆勿娶。家有二女勿娶。"④ 即不是富裕人家不能娶妻，不可生女，一生下来就将其溺死。就是生了儿子但其形体不端正的、相貌不清秀的、眉目不端庄的，都要其杀掉。也就是说，如果这个孩子各方面都是好的，

① 沈云龙：《汪悔翁乙丙日记》丁集卷 3，文海出版社有限公司影印本，第 152 页。
② 同上书，第 153 页。
③ 同上书，第 154 页。
④ 同上书，第 156 页。

可以留下一个，最多不过留两个儿子，生第三个儿子时就将其杀死。给妇女吃堕胎药不让其怀孕，其长子娶妻时，家里有两个女儿、奢靡、专注世俗应酬、赌博、饮酒及其母亲凶悍的家庭，还有那些爱好穿衣打扮的人都不能娶，家里有两个女儿的也不能娶。第三，广修寺庙尼寺，鼓励人们出家为尼："广女尼寺，立童贞女院。"① 即广修尼姑庵，广立童真女院。同时还要立清节贞女之堂，提倡全社会的女子少生或不嫁。第四，严格规定结婚年龄。"定三十而娶，二十五而嫁，违者斩决。"② 即严禁男子二十五岁以内或女子二十岁以内嫁娶。第五，禁止鳏夫、寡妇再婚。"再嫁之律犯者斩决"。③ 即妇女如果有子女还要再嫁的，立即处决。

二　极端仇视妇女和农民

作为晚清时的一位著名学者，汪士铎的见识和心胸极其狭隘，他看不到当时农民所遭受的苦难和压迫，看不到妇女所遭受的身心残害，一味地强调要诛杀妇女和农民起义者。在他的不甚连贯的文字中，毫不掩饰自己对他们的痛恨和诽谤。他说："生女之害：人不忧生女，偏不受生女之害。我忧生女，即受生女之害。"④ 即生女的害处：人们都不忧虑生育女孩的后果，反而没有感觉到生育女子的麻烦，我忧虑生育女孩，反而受到了生育女子的祸害。对于女子的年龄，他也进行了诽谤。他说："女子之年，十岁以内死曰正，过三十曰甚，过四十曰变，过五十曰殃，过六十曰魅，过七十曰妖，过八十曰怪。男子五十内曰夭，六十曰正，七十曰福，八十曰寿，九十曰祥，百年曰大庆。"⑤ 即就女子的年龄而言，十岁以内死亡叫作正，过了三十才死叫作甚，过了四十叫作变，过了五十叫作殃，过了六十叫作魅，过了七十叫作妖，过了八十叫作怪。男子五十岁之内死亡叫作夭，过了六十叫作正，过了七十叫作福，过了八十叫作寿，过了九十叫作祥，过了一百叫作大庆。他还强调要"严立妇女之刑，增教妇女之学，凡七出有敢容忍者及溺爱者，巫蛊祝诅忤逆家长者，皆斩

①　沈云龙：《汪悔翁乙丙日记》丁集卷3，文海出版社有限公司影印本，第154页。
②　同上。
③　同上。
④　同上书，第156页。
⑤　同上书，第158页。

决"①。即严格制定关于妇女的刑罚，增加教育妇女的学校，凡是男子敢于溺爱女人，或女人敢于妖媚蛊惑叛逆家长的，立即处决。汪士铎这种男女不同的年龄称谓，以及对女性本身的禁锢和制裁，明确表明了他对女性的极端不公和仇视。同时，他还在其笔记中大肆渲染了太平军的滥杀无辜和残暴无道，主张："盗贼不分首从藏重轻斩决。"② 即凡是盗贼不分主犯从犯罪责轻重一律斩首。除此之外，他对广大贫苦阶层也是怀有刻骨仇恨的。他说："天下最愚、最不听教诲、不讲理者，乡人。自守其所谓理，而不改教以正，则哗然动怒，道以为非，为乱，则挺然称首，其间妇人又愚于男子，山民又愚于通途之民。惟商贾则巧滑而不为乱，山民之读书者不及也。在外经商之人又文弱于当地之商贾。知四民之中最易作乱者农工，次之武生、次之山中之士、次之商贾，又次之城市之士。"③ 即天底下最愚昧、最不听教诲、最不讲理的人，是老百姓。他们总是自己固守着自己的所谓道理，而不改自己的行为，动辄哗然动乱，为非作歹。其间，女人又比男子愚昧，山民又比平地之人愚昧。只有商人，虽然奸猾却不作乱，是山民和读书之人都比不上的。在外经商的人又比当地的商人好。我们已经知道了四民之中，最喜欢作乱的人是农民和工匠，武生次之，山中之人又次之，商贾更次之，最后是城市的百姓。他还以自己居住的安徽绩溪为例，说明他一贯的思想："绩溪佳处，朴野俭素，溺女，男尊女卑、无贫富相耀、不见异思迁。不佳者，子女至多，犹恐不生，以丁多未土产。"④ 即绩溪的好处，是民风淳朴，有溺婴习俗，男尊女卑，无论贫富不炫耀，不会见异思迁。不好的地方是家庭里子女太多，家家唯恐生人太少，以人口多为骄傲。

三　反对儒家一贯的思想

以人口思想为立足点，汪士铎还对人们一直以来追捧的儒家思想进行了批驳。他说："圣人亦有过欤。曰，有以鬼神愚民，以卜筮诬民也。其费财比于殉葬，同一空地，上以实地下也。其惑人同于僧道。同一假说，

① 沈云龙：《汪悔翁乙丙日记》丁集卷 3，文海出版社有限公司影印本，第 97 页。
② 同上书，第 154 页。
③ 沈云龙：《汪悔翁乙丙日记》丁集卷 2，文海出版社有限公司影印本，第 88 页。
④ 沈云龙：《汪悔翁乙丙日记》丁集卷 1，文海出版社有限公司影印本，第 38 页。

以怵妇子也。"① 即圣人也有过错。他们或以鬼神之说愚弄民众，或以占卜污蔑民众。其浪费财物可以等同于殉葬，同是一块空地，上面的学说是为了地下的学说。他们迷惑别人和僧人和道人对人的迷惑一样。他们的说法都存在虚假的成分，用于恐吓妇女儿童。"今劝人溺初生之女，皆曰不忍。曰作孽。愚者则曰报应，曰鬼神。及生齿日繁，则曰既庶矣，民为盗贼，而刑最轻，有首从得藏及满贯与否之别。无光棍之律，有失人之罪，曰仁也。哀矜勿喜也，官吏宽纵有罪，曰慈也。于是吏胥奸宄弄法于上，奸民刁狡刚暴不畏法于下。"② 即今天我劝人溺亡出生女婴，大家都说不忍心。都说这是作孽。愚昧的人还会说这样做会遭报应、会激怒鬼神。等到人口生得太多，又说人多了之后，老百姓都变成了盗贼，而现有的刑罚又太轻了，有首犯和恶贯满盈的区别。没有光棍的解释，只有犯罪的律条，人们将此称为仁。哀痛和矜持都不要表露出来，宽恕官吏所犯的罪行，将此称为慈。于是奸巧的官吏无视法律，百姓刁蛮狡诈作践律条。

总之，汪士铎作为一位善于思考的思想家，以自己的人生经历和阶级立场对人口及其问题阐发了自己的见解。虽然其观点有着明显的错误甚至是反动的一面，但是他作为一位对国家危亡有忧虑和担当的知识分子，还是呈现了他应当担负的历史责任。他在人口思想方面的贡献有三：一是深切关注到了晚清时期人口问题的存在，并对其进行了深刻剖析；二是主张人口适度，主张用有效方法限制人口增长，还是比较符合当时的社会潮流的；三是他敢于站在人口问题的角度对儒家思想进行深刻尖锐的批判，显示了出众的胆识和独特的思考。

第二节　薛福成的人口思想

薛福成（1838—1894），字叔耘，号庸庵，江苏无锡人。晚清著名的资产阶级改良派思想家。早年曾做过曾国藩和李鸿章的幕僚，1882 年升任道员之后，历任浙江宁绍台道、湖南按察使等职。1889 年，因其"通晓洋务"，被清廷任命为出使英、法、意、比四国的钦差大臣。

作为鸦片战争之后成长起来的新一代知识分子，薛福成不但忠于职

---

① 沈云龙：《汪悔翁乙丙日记》丁集卷 2，文海出版社有限公司影印本，第 72 页。
② 同上书，第 76 页。

守，为维护国家主权和海外侨胞的利益进行了不懈的努力，还在任职之余思考国家的政治、经济、人口等相关问题，并在这些领域发表了具有独特见解的一系列观点。如"君民共主"的政治主张、"以工商立国"、"商握四民之纲"的经济改革思想等。

薛福成的著作很多，主要收集在《庸庵全集十种》一书当中。其中的很多内容都涉及对人口及其问题的思考。

一　对世界及中国的人口数进行了统计和估算

薛福成作为有机会环游世界的晚清官员，在谈及人口问题时，比之其他思想家有了许多全球意识和开放思考，因而其展示出的思维和眼光就更加宏阔和长远。尤其是他对于世界人口数及未来发展的趋势的分析，就显示了与众不同的见解。第一，他先以中国为基础说明问题。他说："地球各国人民之数，中国第一，英国第二，俄国第三。中国人数在四万万以外，大约四倍于英，五倍于俄。"[①] "近有西人考察天下人数，言一千八百九十一年，地球之上人民共一千四百八十兆，较之一千八百八十二年增多四十兆。"[②] 第二，薛福成估算了不同年份的世界人口数，1882 年世界人口应为 14.4 亿，1891 年为 14.8 亿，而且他认为，这一世界人口记录大致是正确的。第三，薛福成还对欧、亚、非、南北美、澳等各大洲及地区的人口的地理分布进行了较为系统的统计。他说："总合天下人数：欧罗巴洲三百五十兆九十二万九千人，亚西亚洲八百三十四兆，阿非利加洲—南北亚美利加洲—澳大利亚洲暨南洋诸岛—近南北两极—统计一千四百五十五兆九十二万三千五百人，此全球之数也。"[③] 第四，他又对各大国的人口数进行了比较细致的说明："由诸大国分计之：英国户部核算，三岛民数共三十五兆二十四万六千五百余人；德国统计四十五兆十九万四千余人；法国三十六兆九万人；希腊一兆六十七万九千人；俄罗斯八十七兆九万人。亚洲则中国有四百三十四兆人；日本三十四兆两万人；香港十三万一千四百人；北美洲英属三兆八十万人；合众国—格林兰

① 丁凤麟、王欣之：《薛福成选集·出使英法意比四国日记》，上海人民出版社 1987 年版，第 587 页。

② 薛福成：《出使英法意比四国日记》，岳麓书社 1985 年版，第 555 页。

③ 同上书，第 539 页。

十万五千人。"① 第五，他还对各国的人口密度进行了说明："欧地凡三百七十一万三千三百四十英方里，每方里居九十四人；亚地凡一千七百十五万零二百十英方里，每方里居四十人；美地一千五百三十一万一千四百九十英方里，每方里居十人；澳大利亚三百五十万英方里，每方里居二人。"② 最后，薛福成还两次记录对比了世界较大城市的人口数："地球最大之城市有八。其一英京伦敦，五百余万人。其二法京巴黎，二百七十余万人。其三美国纽约埠，一百六十余万人。其四中国京师，一百五十余万人。其五美国费厘爹露费亚埠，一百余万人。"③ "至各国城市之大者：伦敦者三百五十七万七千余人，巴黎有二百七十五万二千余人，纽约有一百八万四千余人，印度孟买有六十四万四千人，此其大较也。以上各数，似与余前计不甚相符，姑兼志之以备参考。"④

除此之外，薛福成还对中国的人口数进行了统计和估算。他说："中国人数在四万万以外，大约四倍于英，五倍于俄。余因考两千年来，以汉平帝、元世祖、明神宗为户口最盛之时。汉平帝元始二年，民户一千二百二十三万有奇，口五千九百五十九万有奇。元世祖至元二十七年，民户一千三百十九万有奇，口五千八百八十三万有奇，而山泽溪洞之民不与焉。明神宗万历六年，民户一千六十二万有奇，口六千六十九万有奇。恭查本朝康熙四十九年，民数两千三百三十一万有奇。乾隆五十七年，民数三万七百六十四万有奇，较之康熙年间已增十三倍之多。……道光二十八年，会计天下民数，除台湾未报外，通共四万二千六百七十三万余名口，则较之乾隆年间，又增一万一千九百余万人矣。"⑤ 他把这种情况概括为："盖我国家列圣相承，德威所暨，罔间内外，煦濡涵育，泽及群萌，民生不见兵革，户口繁衍，实中国数千年来所未有。"⑥

二　关注世界人口与环境的关系

作为一位具有世界眼光的思想家，薛福成还思考了全球人口与环境的

①　薛福成：《出使英法意比四国日记》，岳麓书社 1985 年版，第 539 页。
②　同上书，第 393 页。
③　同上书，第 291 页。
④　同上书，第 540 页。
⑤　同上书，第 589—590 页。
⑥　同上书，第 298 页。

关系，给出了自己新颖的见解。他说："余于是知宇宙间开辟日久，人民日多，攻取日繁，千万年后必有消竭之时……彼时物产精华，中外并耗，又将如何？此余所以不能不为地球抱杞人之忧也。"[①] 他同时说："今人类既日生日繁，而旷土亦日垦日少，倘再千百年后，地力不足于养民生，将若之何？"[②] 在晚清时期，薛福成能有这样的眼光和见地，是值得特别肯定的。

三　中国人口众多带来了许多社会问题

作为中国官员，薛福成更多思考的是中国的人口问题。他不但对中国的人口数特别关注，同时也对晚清所显现的日益严重的人地矛盾表现出了极大的担忧。他认为，从乾隆六年到道光二十二年间，"统扯（平均）每十年内，添二京七兆一亿（古代京为千万，兆为百万，亿为十万，计为2710 万）人，约得一大省户口"[③]。这样巨大的人口基数，给当时国家的物质资料的生产，带来了巨大的困难，同时也使得劳动人民的生活陷入了极端贫困的境地。他说："余尝闻父老谈及乾隆中叶之盛，其时物产之丰，谋生之易，较之今日如在天上；再追溯康熙初年，物产之丰，谋生之易，则由乾隆年间视之，又如在天上焉。无他，以昔供一人之衣食，而今供二十人焉；以昔居一人之庐舍，而今居二十人焉。即考之汉、元、明户口极盛之时，又不啻析一人所用，以供七八人之用。"[④] 这段文字虽然存在某些夸张的成分，但还是在一定程度上指出了当时人地和谐的状况。在薛福成看来，人地之间的关系完全可以看成是人多则致贫。他说："然生计之艰，物力之竭，亦由于此。"[⑤] "西洋富而中国贫，以中国患人满也。"[⑥] 而今天是什么情形呢？"则凡山之坡，水之浒，暨海中沙田，江中

---

① 薛福成：《出使英法意比四国日记》，岳麓书社 1985 年版，第 298 页。

② 同上书，第 168—169 页。

③ 同上书，第 562 页。

④ 同上书，第 401 页。

⑤ 丁凤麟、王欣之：《薛福成选集·出使英法意比四国日记》，上海人民出版社 1987 年版，第 588 页。

⑥ 丁凤麟、王欣之：《薛福成选集·许巴西墨西哥立约招工说》，上海人民出版社 1987 年版，第 365 页。

洲沚，均已垦辟无余。"①

四　解决中国人口问题的主要方法

在分析了中国当时的人口状况和人地矛盾之后，基于全面的思考，他给出了解决问题的办法。第一，发展中国的机器制造、矿业、铁路业，尽最大努力导民生财。薛福成认为，就中国的人口密度而言，中国其实是远远低于欧洲的，那么，为什么会出现"欧洲人满实倍于中国矣，以逊于中国之地养倍于中国之人，非但不至如中国之民穷财尽，而英法诸国多有富饶"的景象呢？②"为能浚其生财之源也"。③这些生财的方法包括种植、畜牧、水利、矿学、技术、人力、移民等各个方面，最终使得西洋诸国均富于他国。而中国的情形是怎样的呢？"若中国之矿务、商务、工务无一振兴，坐视民之困穷而不为之所，虽人不满，奚能不贫也，而况乎日形其满也。"④在这样的情况下，中国应该大力发展机器工业、矿业、修建铁路，以此作为基础，发展中国的经济，使老百姓富裕。就发展机器工业而言，他的理解为："余观西洋用机器之各厂，皆能养贫民数千人，或数万人。"⑤所以中国也应该致力于机器工业，尽量让更多的劳动人民就业；就发展矿业而言，他的理解是："夫开一矿，仰食者不下数万人，或数千人，果能养数万人，是不啻得十万亩良田也；能养数千人，是不啻得一万亩良田也。当此人多田少、民穷财尽之时，安得广开诸矿，为天下多扩良田乎？必能如此，然后穷民有衣食之源，而祸乱于是乎不生；境内之财，不能溢于海外，而国家于是乎不贫。"⑥就发展铁路而言，他的理解是，西洋各国，由于铁路的修建，交通十分便利，而中国"若铁路既开，万里之遥，如在户庭，百万之众，克期征调，四方得拱卫之势，国家有磐

---

① 丁凤麟、王欣之：《薛福成选集·西洋诸国导民生财说》，上海人民出版社1987年版，第367页。

② 丁凤麟、王欣之：《薛福成选集·许巴西墨西哥立约招工说》，上海人民出版社1987年版，第366页。

③ 丁凤麟、王欣之：《薛福成选集·西洋诸国导民生财说》，上海人民出版社1987年版，第367页。

④ 同上。

⑤ 同上。

⑥ 丁凤麟、王欣之：《薛福成选集·用机器殖财养民说》，上海人民出版社1987年版，第421页。

石之安，则有警时易于救援矣"①。除此之外，有了铁路，商品货物就便于运输，国家就会富裕，立国之基就会牢固。对于老百姓而言，还可以增加他们的就业机会。他说："至若火车盛行，则有驾驶之人，有铁路之工，有巡瞭之丁，有上下货物、伺候旅客之杂役，月赋工糈，皆足以仰事俯畜。其稍饶于财者，则可以增设旅店，广买股份，坐权子母。故有铁路一二千里，而民之依以谋生者，当不下数十万人。况煤铁等矿由此大开，贫民之自食其力者，更不可数计。"② 总之，如果中国能够在以上行业方面有大的发展，"此乃所以为天地之美利，国家之大利也"。③

第二，向海外移民。薛福成通过对西洋各国的游历和考察，认为西方国家之所以没有出现人满为患的一个重要原因，是欧洲各国"以地理为始基，以商务为归宿，故其风气皆善寻荒地而垦辟之，南北美洲，皆英吉利、西班牙、葡萄牙人所辟也"。④ "至其民之为商为工为农为佣者，不必定居本国，凡客安居乐业者，即适之。"⑤ 他还说，美国是一个典型的移民国家，"地多旷土，凡英人、意人、德人往垦辟者，为数不下数十百万"。⑥ 薛福成认为，西方人"善寻新地，天涯海角，无阻不通，无荒不垦，其民远适异域，视为乐土，无岁无之"。⑦ 在中国，如果想要解决人满为患、土地奇缺的现实状况，完全可以学习西方社会的做法，向外大量移民，他认为这样"不啻于中国之外，又辟一二中国之地，以居吾民，以养吾民也"。⑧ 针对向外移民这一措施，薛福成还给出了自己比较成熟的思考，以保证移民能呈现好的效果。首先是中国人很聪明，很有智慧，可以在异域做出一番事业。他说："中国之人，秀者，良者，精敏者，勤

---

① 丁凤麟、王欣之：《薛福成选集·书周官卯人后》，上海人民出版社 1987 年版，第430 页。

② 丁凤麟、王欣之：《薛福成选集·代李伯相议请试办铁路疏》，上海人民出版社 1987 年版，第 136 页。

③ 同上书，第 138 页。

④ 丁凤麟、王欣之：《薛福成选集·书周官卯人后》，上海人民出版社 1987 年版，第430 页。

⑤ 薛福成：《出使英法意比四国日记》，岳麓书社 1985 年版，第 370 页。

⑥ 同上书，第 930 页。

⑦ 同上。

⑧ 丁凤麟、王欣之：《薛福成选集·西洋诸国导民生财说》，上海人民出版社 1987 年版，第 367 页。

苦耐劳者，无不有之，稍以西法部勒之，而成效自著矣。"① 其次是之前已经有非常多的中国人移居海外，他们不但自身得到了良好发展，而且还使所在国家富强了起来。他认为，南洋各岛，之所以逐渐富强，其根基就在于中国人的贡献。他说："然则其所以渐树富强之基者，不外招致华民以为之质干而已矣。"② 为了更有力地说明问题，他还对各国的中国移民进行了统计，认为新加坡有八成华人，仰光华人大约有三万，"爪哇二十三省，无一处无华人"。③ 第三是政府必须替欲移居者选择好适合的地方："阿非利加一州，鸿荒未尽辟，瘴气未尽除，华民愿往者尚寡；美国有驱逐华民之政；秘鲁一国，及荷兰、西班牙所属诸岛，或迫之入籍，或拘之为奴；而澳大利亚一州，亦有薄待华民之意；自当就其旧有之华民而保护之，不必导之前往也。"④ 那么，该向哪里移民呢，薛福成认为应该是美洲。他说："方今美洲初辟，地广人稀，招徕远氓，不遗余力。即如巴西、墨西哥两国，疆域之广，不亚中国十八行省，其民数不能当中国二十分之一，其地多神皋沃壤，气候和平，不异中国，而旷土未垦，勤于招致，且无苛待远人之例。诚乘此时与彼两国详议约章，许其招纳华民，或佣工，或贸易，或艺植，或开矿。"⑤ 这样，就能从很大程度上缓解国家内部人满为患的压力，同时可以让移民者过上富裕的生活。其四是国家要对这些移民者进行保护，不能让他们受到不公平待遇。具体方法为："设立领事馆，以保护而约束之。"⑥ 最终做到华民在移居地"皆可买田宅，长子孙，或有数世不忘故土，辇运余财，输之中国者"。⑦

除以上思路之外，他还将西方社会发展生产、满足民生需要的成功经验进行了全面介绍，以期有效地解决人口问题。我们可以将其概括为

① 丁凤麟、王欣之：《薛福成选集·许巴西墨西哥立约招工说》，上海人民出版社1987年版，第366页。

② 丁凤麟、王欣之：《薛福成选集·南洋诸岛致富强说》，上海人民出版社1987年版，第425页。

③ 同上。

④ 薛福成：《出使英法意比四国日记》，岳麓书社1985年版，第454页。

⑤ 丁凤麟、王欣之：《薛福成选集·许巴西墨西哥立约招工说》，上海人民出版社1987年版，第366页。

⑥ 丁凤麟、王欣之：《薛福成选集·许巴西墨西哥立约招工说》，上海人民出版社1987年版，第366页。

⑦ 同上。

"养民新法"二十一条。具体内容为："一曰造机器，以便制造；二曰铁路，以省运费；三曰设邮政局、日报馆，以通消息；四曰立合约、通商，以广商权；五曰增领事衙门，以保商旅；六曰通各国电线，以捷音信；七曰筹国家公帑，以助商贾；八曰立商务局，以资讲求；九曰设博物院，以备考究；十曰举正副商董，以赖匡襄；十一曰设机器局，以教闾阎；十二曰定关口税，以平货价；十三曰垦荒地，以崇木业；十四曰开矿政，以富民财；十五曰行钞票，以济钱法；十六曰讲化学，以精格致；十七曰选贤能，以任庶事；十八曰变漕法，以利转输；十九曰清帐项，以免拖累；二十曰开银行，以利生息；二十一曰求新法，以致富强。"[①]

　　总之，薛福成作为一位有抱负和远见的中国封建官吏，在阐释其人口思想时展现了非同寻常的见解和主张，也显现出了他不同于其他知识分子的世界眼光和宏阔胸怀。虽然他的很多提法与中国传统人口思想相一致，但是他的思想又体现了人口思想的承前启后的特色。尤其是他的人口统计及其立足点，已经具备了近代人口学色彩，为当时的中国实现工业现代化，提高物质生产能力开启了新思路、新视界、新途径。因此，薛福成的人口思想应该在中国近代人口思想中占有重要的一席之地。

第三节　梁启超的人口思想

　　梁启超（1873—1929），字卓如，号任公，别号"饮冰室主人"，广东新会人。梁启超早年接受传统的封建教育，曾中过举人。作为康有为的得意门生，他在1895年和康有为及当时参加会试的一千多名举人，联名向光绪皇帝上书，要求朝廷拒和、迁都、变法，史称"公车上书"，以此为契机，他们开始了中国近代史上的变法维新运动。戊戌变法失败后，梁启超逃亡日本，辛亥革命后回国。曾任袁世凯的司法总长、段祺瑞的财政总长。晚年到清华大学任教。

　　梁启超一生著述颇丰，所论涉及政治、思想、文化、文学等多个方面，一生大约写了1400万字，都收集在他的《饮冰室文集》当中。他的文字自成一体，所著文章思想深刻、行文平易、感情充沛、气势磅礴、自

---

①　丁凤麟、王欣之：《薛福成选集·闰六月初六日记》，上海人民出版社1987年版，第614页。

由洒脱、其言滔滔、其辩净净、或奇或偶、或文或白、或中或外，都呈现了他自身独有的特色，成为人们竞相效仿、风靡一时的"新民体"，广为赞赏和传播。

作为中国近代资产阶级改良派的重要代表人物，梁启超无论参加何种政治运动，还是创办各类报纸，都能以饱满的革命热情，积极参与、出生入死。他以自己的努力向世人传达着一个知识分子的不懈追求，那就是希望能从根本上改良社会，提高中国民众的整体素质，使中华民族真正成为主宰世界命运的主人。虽然受到时代及认知的局限，他也曾攻击过资产阶级革命派、反对过马克思主义和新民主主义革命，但他也深刻地揭示了清王朝的腐朽统治，同时对帝国主义的侵略行径进行了有力的批判。他指出："彼欧人深知吾民之易欺也，又知吾民拘牵于名义，屈服于君权也，使一旦易新主以抚驭之，乱将蜂起，故莫如使役满洲政府之力，以压制吾民——此实最妙之政策也。"① 他还认为，当时的中国之所以积贫积弱，是政府及官吏的腐败所导致的。他说："其稍有识者，谓是皆由政府之腐败、官吏之桎梏使然也。夫政府、官吏之无状，为一国退化之重要根源。"② 他认为当时的中国，因循守旧的情况特别严重。他说："所谓家族之组织，国家之组织，村落之组织，社会之组织，乃至风俗、礼节、学术、思想、道德、法律、宗教一切现象，仍岿然与三千年前无以异。"③

在梁启超的诸多论述中，也多次涉及人口方面。

一　中国应该改良早婚的习俗

梁启超认为，对于中国而言，要谈论群体的事情必然要涉及家族，要谈论家族的事情，必然要涉及婚姻，因为婚姻问题是解决中国群体所存在问题的基础。中国人的婚姻问题存在许多不足，而当时急需解决的问题是早婚问题。他还直言不讳地指出："凡愈野蛮之人，其婚姻愈早；愈文明之人，其婚姻愈迟。征诸统计家言，历历不可诬矣。婚姻之迟早，与身体

---

① 梁启超：《饮冰室文集点校》第二集《瓜分危言》，云南教育出版社 2001 年版，第881页。

② 梁启超：《饮冰室文集点校》第二集《新民议·叙论》，云南教育出版社 2001 年版，第652页。

③ 同上。

成熟及衰老之迟早，有密切关系，互相为因，互相为果。"① 结合自己的观点，他运用进化论的观点对身体成熟与衰老之间的关系进行了说明。他认为，动物与人相比，有进化快慢之别，而在人类中间，也有快慢不同的民族。印度人结婚早，因此印度这个国家的发展就比较慢，欧洲人结婚迟，因此其民族强壮，老而益壮。中国人和日本人结婚的时间介于两者之间，因而成熟和衰老的期限也在两者之间。在进行了多方比较之后，他运用大量的篇幅，对早婚的后果进行了说明。第一，早生"害于养生也"。②他说："少年男女，身体皆未成熟，而使之居室，妄斫丧其元气，害莫大焉。不特此也，年既长者，情欲稍杀，自治之力稍强，常能有所节制，而不至伐性；若年少者，其智力既稚，其经验复浅，往往溺一时肉欲之乐，而忘终身痼疾之苦。以此而自戕，比比然矣。"③ 在论述了早婚对于少年男女的危害之后，梁启超将这一弊端与中国当时的贫弱现象相联系，强调了早婚对于国家强盛的重要影响。他说："夫熟知早婚一事，正自杀之利刃，而自侵自由之专制政体也。夫我中国民族，无活泼之气象，无勇敢之精神，无沉雄强毅之魄力，其原因虽非一端，而早婚亦实尸其咎矣。一人如是，则为废人；积人成国，则为废国。中国之弱于天下，皆此之由。"④第二，"害于传种也"。⑤ 他说："昔贤之言曰：'不孝有三，无后为大'。举国人皆于此兢兢焉。有子女者，甫离襁褓，其长亲辄辇辇然以代谋结婚为一大事，甚至有年三十而抱孙者，则戚族视为家庆，社会以为人瑞。彼其意岂不曰：是将以昌吾后也。而焉知夫此秀而不实之种，其有之反不如其无之之为愈也。据统计学家言：凡各国中人民之废者、疾者、夭者、弱者、钝者、犯罪者，大率早婚之父母所产子女居其多数。盖其父母之身体与神经，两未发达，其资格不足以育佳儿也。"⑥ 在梁启超看来，中国人是非常注重种的繁衍的，但是早婚的习俗不但没有使中国人实现这个愿望，反而因过早生育儿女而给国家、家族、家庭增添了许多体质、智力不

---

① 梁启超：《饮冰室文集点校》第二集《新民议·禁早婚议》，云南教育出版社2001年版，第652页。
② 同上书，第653页。
③ 同上。
④ 同上。
⑤ 同上。
⑥ 同上书，第654页。

符合要求的后代，这实际上是对中国人种的危害，是需要严加禁止的。他强调说："故自今以往，非淘汰弱种，独传强种，则无以复延我祖宗将绝之祀。昔贤所谓'不孝有三，无后为大'。正此之谓也。一族一家无后，犹将为罪；一国无后，更若之何？欲国之有后，其必自禁早婚始。"① 在这里，梁启超对孟子的话语进行了全新的阐释，使人豁然开朗，表明了他对中国人口强壮、优良的渴望，这是非常值得肯定的。第三，"害于养蒙也。"② 他说："国民教育之道多端，而家庭之教与居一焉。儿童当在抱时，当绕膝时，最富于模仿之性。为父母者示之以可法之人格，因其智识之萌芽而利导之，则他日学校之教，社会之教，事半功倍。此义也，稍治教育学者，皆能言之矣。凡人必学业既成，经验既多，然后其言论举动，可以为后辈之模范，故必二十五或三十岁以上，乃有可以为人父母之能力。彼早婚者，貌躬固犹有童心也，而己突如弁兮，觍然代一国荷教育子弟之责任。夫岂无一二早慧之流，不辜其责者，然以不娴义方而误其婴儿者，固十而八九矣。自误其儿何足惜，而不知吾儿者，非吾所能独私也，彼实国民一分子，而为一国将来之主人翁也。一国将来之主人翁，而悉被戕于今日愦愦者之手，国其尚有豸乎？故不禁早婚，则国民教育将无所施也。"③ 在梁启超看来，每个家庭所养育的后代，并非是自己的私有财产，而是国家的未来和栋梁，每对夫妇都有义务将孩子教育好，但是如果早婚，其父母尚不成熟，无法担此大任。因此，国家必须禁止早婚现象的发生。第四，"害于修学也"。④ 他说："早婚非徒为将来教育之害也，而又为现在教育之害。各国教育通例，大率小学七八年，中学五六年，大学三四年，故欲受完全教育者，其所历必在十五六年以上。常人大抵七八岁始就傅，则其一专门学业之成就，不可不俟诸二十二三岁以外。其前乎此者，皆所谓修学年龄也。此修学年龄中，一生之升沈荣枯，皆于是定焉。苟有所旷、有所废，则其智、德、力三者，必有以劣于他人，而不足竞胜于天泽之界。一人而旷焉废焉，则其人在本群众为劣者；一群之人而皆旷焉废焉，则其群在世界中为劣者。早婚者举其修学年龄中最重要之部分，

① 梁启超：《饮冰室文集点校》第二集《新民议·禁早婚议》，云南教育出版社2001年版，第654页。

② 同上。

③ 同上书，第655页。

④ 同上。

忽投诸春花秋月、缠绵歌泣、眷恋床笫之域，消磨其风云进取之气，耗损其寸阴尺璧之时，虽有慧智，亦无暇从事于高等事业，乃不得不改而就下等劳力以自赡。此辈之子孙日多，即一群中下等民族所以日增也。国民资格渐趋卑下，皆此之由。"① 梁启超认为，人的一生中，二十二三岁之前是修学的时间，只有受到了良好的教育，日后才会在建设国家的过程中作出贡献，而今的早婚习俗，很早就剥夺了青年人学习和思考的时间，让他们将大量美好的时光浪费在谈情说爱、花前月下，最终变成一无所成的行尸走肉，为了养家糊口，他们只能沦为下层民众，这样的人多了，整个中华民族就会沦落为积贫积弱的国家。他将早婚的危害与国家的利益和未来相联系，指出了早婚对于民族复兴的影响，表现出的宏阔眼光和博大胸怀，这一点是值得我们赞赏的。第五，"有害于国计也"。② 他说："生计学公理，必生利者众，分利者寡，而后国乃不蹶。故必使一国之人，皆独立自营，不倚赖于人，不见累于人，夫是以民各尽其力，而享其所尽之力之报，一国中常绰绰若有余裕，此国力之所由舒也。准此公例，故人必当自量其一岁所入，于自赡之外，犹足俯畜妻子，然后可以结婚。夫人当二十以前，其治生之力，未能充实，势使然矣。故必俟修学年龄既毕，确执一自营自活之职业，不至累人，不至自累，夫乃可以语于婚姻之事。"③ 梁启超认为，一国的富强，来自于每个国民的自强自立。因此，应该让所有的民众在修学的年龄认真学习，掌握相关技能，到了掌握一门能够养家糊口的本领之后，再谈论他们的婚姻。否则，他们会累及家庭、累及父母。更有甚者，他们在拥有太多的子女无法养活时，会沦为流氓、骗子或盗贼，践踏国家的法律和道德，成为国家的祸害。

　　以上就是梁启超对于早婚危害的分析和剖析。在详细地论述了这五个方面的弊端之后，他还将世界范围内的一些国家进行了比较，指出结婚最早的国家是俄罗斯，次为日本；最迟者为挪威，次为普鲁士，次为英吉利。除此之外，他还将结婚早晚者的职业进行了比较，指出："一国之中，凡执业愈高尚之人，则其结婚也愈迟；执业愈卑贱之人，则其结婚也

---

　　① 梁启超：《饮冰室文集点校》第二集《新民议·禁早婚议》，云南教育出版社2001年版，第655页。

　　② 同上。

　　③ 同上。

愈早。大抵矿夫、印刷职工、制造职工等为最早，文学家、技术家、政治家、教士、军人等为最迟。"① 最后，他还引用社会学家的思想观点对中国的早婚习俗再次进行了抨击和批评，以充满感情色彩的语言呼吁人们要重视中国的早婚问题，坚决禁止之，杜绝之。

二　对中国古代的人口数量进行了研究分析

梁启超在他的《中国史上人口之统计》一文中，以细致严谨的态度对中国古代人口数量记载的谬误以及蕴涵的问题进行了分析说明。他认为，虽然《文献通考》、《续通考》、《皇朝通考》三著作中所载人口数有一定的失误，但这些数值还是可以引起人们更多的思考。而且，不知何故会遗漏周末、汉初、元末三个年代的人口数量。在这一思想指导下，他首先对书中遗漏的周末、汉初的人口数量进行了估算。他认为："七雄所养兵，当合七百万内外也。由兵数以算户数。据苏秦说齐王云：临淄七万户，户三男子，则临淄之卒，可得二十一万。是当时之制，大率每一户出卒三人，则七国之众，当合二百五十余万户也。由户数以算人数。据孟子屡言八口之家。是每户以八人为中数，则二百五十余万户，应得两千余万人也。此专以七雄推算者，当时尚有宋、卫、中山、东西周、泗上小侯及蜀、闽、粤等不在此数。以此约之，当周末时，人口应不下三千万。"② "汉既定天下，用民服兵役者，当不至如六国之甚，然以比拟计之，当亦无五六百万者。"③ 其次，他引用各种文献记载，对中国古代人口数量的总体情况进行了剖析。他认为，原有的记载对各朝人口数的记载均有不实之处，需要研究者细致考察。他最后感叹说："以今者行政机关之混乱如此，谁与正之？悬此数以俟将来新政府之调查而已。"④

三　中国能够以发展的方式解决人口问题

作为观察敏锐、思考深邃的思想家，梁启超对中国的人口问题也有了

---

① 梁启超：《饮冰室文集点校》第二集《新民议·禁早婚议》，云南教育出版社2001年版，第656页。

② 梁启超：《饮冰室文集点校》第三集《中国史上人口之统计》，云南教育出版社2001年版，第1694页。

③ 同上。

④ 同上书，第1697页。

关注，并阐释了自己的看法。首先他认为中国并没有达到人满为患的程度。他说："中国今日，动忧人满，然以地之方积，计其每里所有人数，与欧洲英、法、德、嗹、比诸国相比例，其繁盛未彼若也。西国地文学家，谓尽地所受日之热力，每一英里，可养至一万六千人。今以中国之地，养中国之人，充类尽义，其货之弃于地者，岂可数计？蒙盟各部，奉、黑、吉各省，青海、西藏、苗、回各疆，琼、澳各岛，其万里灌莽，未经垦辟者不必论，即湘、鄂腹地，江南天府，闽、粤泽国，以余所闻见，其荒而不治之地，所在皆是，乌在其为人满也？不宁惟是，即已治之地，亦或淤于沟洫，芜其隰岸，溉粪无术，择种不良，地中应有之力，仍十不得五，又乌在其为人满也？故西人推算中国今日之地，苟以西国农学新法经营之，每年增款可得六十九万一千二百万两。虽生齿增数倍，岂忧饥寒哉？"[1] 他认为，中国当时不存在人满为患的情形，问题出在对土地没有好好开垦和养护上，且中国还没有普及西方国家的农业种植技术，因此，土地的利益连十分之五都没有利用到，因此遇到了养育民众困难的情况。其次是必须以农业作为基础，同时发展矿业、工业、商业等，来彻底解决中国人口的生存问题。他说："大地百物之产，可以供生人利乐之用者，其界无有极，其力皆藏于地，待人然后发之。"[2] 也就是说，地球环境中可供人类生活所需的东西是非常丰富的，它们的力量也十分巨大，这些没有边界且深藏于地的财富一直都在等待着人们去发掘和开采。人类能够发掘的东西越多，可供人们享用的财富也就越多，人们想要的东西越多，发掘的力度也就越大，两者是相互促进的。有了这些丰富的资源，一国要重点发展什么呢？他认为："西人言富国学者，以农、矿、工、商分为四门。农者地面之物也，矿者地中之物也，工者取地面地中之物而制成致用也，商者以制成致用之物流通于天下也。四者相需，缺一不可。"[3] 为什么要如此重视这四个方面呢？因为："此四者，民所衣食之源也。原大则饶，原小则鲜。上则富国，下则富家。贫富之道，莫之夺予，而巧者

---

① 梁启超：《饮冰室文集点校》第一集《农会报序》，云南教育出版社 2001 年版，第 158 页。

② 梁启超：《饮冰室文集点校》第一集《史记货殖列传今义》，云南教育出版社 2001 年版，第 5 页。

③ 同上书，第 5 页。

有余，拙者不足。'"① 梁启超解释说："是故一亩所出，能养百人，则谓之饶；百亩所出，能养一人，则谓之鲜。一人耕能养百人，则谓之饶；百人耕能养一人，则谓之鲜。一日所做工，能给百日食，则谓之饶；百日所做工，能给一日食，则谓之鲜。是以用智愈多者，用力愈少，故曰'巧者有余，拙者不足。"② 同时，梁启超认为在发展这四种行业时，必须把握以下原则："善者因之，其次利导之，其次教诲之，其次整齐之，最下者与之争。"③ 就是说，要按照土壤条件、资源状况发展种植业；按照各国的传统所长，制造人们所需的物品；利用现代新兴技术，推广自己的产品；设置各种学堂，对民众进行农业、矿业、工业、商业知识方面的教育；借鉴他国已有的经验，取长补短；不要使用苛刻的赋税政策，搜刮民脂民膏。

四　人口必须进行合理分工

梁启超认为，要想使国家富裕，百姓富足，必须对现有人口进行合理的分工，使他们各司其职，有所作为。他说："凡富者，莫善于出其财以兴工艺贸易，子母相权已可以获大利，而拥伴衣食于是焉，工匠衣食于是焉。如兴一机器布之厂，费本二十万，而造机器之人，得其若干；种棉花之人，得其若干；修房屋之人，得其若干；工作之人，得其若干；贩卖之人，得其若干。而且因买机器也，而炼铁之人，得其若干；开矿之人，得其若干。因买棉花也，而赁地种植之人，得其若干；造粪料、造农器之人，得其若干。因修房屋也，而木厂得其若干；窑厂得其若干。推而上之：炼铁开矿，以致窑厂等人，其货物又有其所自出；彼之所自出者，又复有其所自出。如是互相牵摄，沾其益者，至不可纪极。且工作贩卖之人既聚，既有所赡，则必衣焉，食焉，居焉，游焉。而于是市五谷蔬菜者，得其若干；市布缕丝麻者，得其若干；赁屋庑者，得其若干；赁车马者，得其若干。而此种种之人，持其所得者，复以经营他业；他业之人有所

---

①　梁启超：《饮冰室文集点校》第一集《史记货殖列传今义》，云南教育出版社 2001 年版，第 5 页。

②　同上书，第 6 页。

③　同上书，第 5 页。

得，复持以经营他业。如是互相摄引，沾其益者，亦不可纪极。"① 在梁启超看来，当时的国家必须学习西方的先进做法，大力发展工商贸易。而在此过程中，将现有人口进行合理分工，不但每个人都能发挥各自的作用，同时他们还可以相互牵制，不会使财富流向一端。尽管他的人口分工思想存在着明显的理想色彩，但他能抓住世界发展的潮流和趋向，希望用现代的理念和方法来变革旧有的生产方式和管理模式，还是值得肯定的。

总之，梁启超站在时代变化的潮头，对中国人口的情况和问题提出了自己的认识和见解，虽然没能触及问题的根源和本质，但他同情当时劳苦大众，大力呼吁人们关注及解决这些问题，还是表现了一个富有改革思想的知识分子的担当和责任感，这是我们不能忽略的。

第四节　孙中山的人口思想

孙中山（1866—1925），名文，字德明，号逸仙，中国著名的资产阶级革命家。其思想涉及政治、经济、文化、社会、人口等方面。

一　人口众多是一国强盛的标志

作为一位伟大的思想家，孙中山对人及人口有着非常深刻的认识。提出了许多真知灼见，而他的人口思想的主要方面正是建立在这样的基础上的。第一，他认为："人为万物之灵。"② "国以民为本。"③ 那么，要使一国强盛和富裕，必须拥有众多的人口。第二，他认为，民族精神、人口增加是一个国家能够团结起来，抵抗列强和树立大国地位的根本。第三，他还用很多当时的所谓强国的情况说明了人口众多的优势。他说："我们要提倡民主主义来挽救中国危亡，便先要知道我们民族的危险在什么地方。要知道这种危险的情形，最好是拿中国人和列强的人们比较，那便更易清楚……英国发达，所用民族的本位是盎格鲁撒克逊人，所用地方的本位是英格兰和威尔斯，人数只有三千八百万，可以叫作纯粹英国的民族，这种

---

① 梁启超：《饮冰室文集点校》第一集《史记货殖列传今义》，云南教育出版社2001年版，第7页。

② 孟庆鹏主编：《孙中山文集·三民主义·民族主义·第一讲》，团结出版社1997年版，第63页。

③ 孟庆鹏主编：《孙中山文集·上李鸿章书》，团结出版社1997年版，第599页。

民族在现在世界上是最强盛的民族，所造成的国家是世界上最强盛的国家，推到百年以前，人数只有一千二百万，现在才有三千八百万，在此百年之内便加多三倍。"① 之后，他又列举了日本的人口增加情况，认为日本的人口也比之前增加了三倍。而俄国，"他们的民族叫作斯拉夫，百年以前的人口是四千万，现在又一万万六千万，比从前加多四倍，国力也比从前加大四倍"。② "德国在一百年前，人口有两千四百万，经过欧战之后，虽然减少了许多，但现在还有六千万。这一百年内增加了两倍半。"③ "美国人口，一百年前不过九百万，现在有一万万以上。他们的增加率极大，这百年之内加多十倍。"④ "用各国人口的增加数和中国的人口来比较，我觉得毛骨悚然！比如美国人口百年前不过九百万，现在便有一万万多，再过一百年，依然照旧增加，当有十万万多。中国人时常自夸，说我们人口多，不容易被人消灭……殊不知百年之后，美国人口可加到十万万，多过我们人口两倍半，从前满洲人不能征服中国民族，是因为他们只有一百几十万人，和中国的人口比较起来，数目太少，当然被众人吸收。如果美国人来征服中国，那么百年之后，十个美国人中只掺杂四个中国人，中国人便要被美国人所同化。"⑤ 再之后，孙中山又计算了中国人口的变化，认为自乾隆到现在将近二百年了，中国人口还是四万万，恐怕再过一百年还是四万万。在这样的思想指导下，他又一次指出："一百年之后，全世界人口一定要增加好几倍。像德国、法国，因为经过此次大战之后，死亡太多，想恢复战前状态，奖励人口生育，一定要增加两三倍。就现在全世界的土地与人口比较，已经有了人满为患。像这次欧洲大战，便有人说是'打太阳'的地位。"⑥ 最后，孙中山强调说："到一百年以后，如果我们的人口不增加，他们的人口增加到很多，他们便用多数来征服少数，一定要并吞中国。到了那个时候，中国不但是失去主权，要亡国，中

---

① 孟庆鹏主编：《孙中山文集·三民主义·民族主义·第一讲》，团结出版社 1997 年版，第 66 页。

② 同上书，第 67 页。

③ 同上书，第 70 页。

④ 同上。

⑤ 同上书，第 71 页。

⑥ 同上书，第 73 页。

国人并且要被他们民族所消化，还要灭种。"① 多次强调了一国增加人口的重要性。为了使自己的观点具有较强的说服力，他又举例说："像从前蒙古、满洲征服中国，是用少数征服多数，想利用多数的中国人做他们的奴隶。如果列强将来征服中国，是用多数征服少数，他们便不要我们做奴隶，我们中国人到那个时候连奴隶也做不成了。"② 总之，孙中山强调，当今的中国，要实现三民主义，就必须增加人口，使自己具有与其他列强抗衡的能力，否则，我们将面临亡国的危险。不难看出，孙中山的人口思想，明显地受到了人口决定论的影响。他没有看到人口发展会随着经济的发展出现大的转变，如同今天的世界人口状况。但在那样的历史背景下，他能这样认识人作为社会发展主体的巨大作用，是很可贵的。更加重要的是，他的一切人口思想的出发点和落脚点，都是为了实现国家的强盛，为了中华民族摆脱封建势力和思潮的束缚，摆脱帝国主义列强对中国的殖民和掠夺，这是一个资产阶级民主主义者最大的担当，是孙中山在中国民主主义时期对中国人口问题最伟大和最深刻的思考。

二　人尽其才是立国之本

作为一位伟大的思想家，孙中山认为，要使国家强盛，就必须做到人尽其才、地尽其利、物尽其用、货畅其流。他说："窃尝深维欧洲富强之本，不尽在于船坚炮利、垒固兵强，而在于人能尽其才，地能尽其力，物能尽其用，货能畅其流——此四事者，富强之大经，治国之大本也。我国家欲恢扩宏图，勤求远略，仿行西法以筹自强，而不急于此四者，徒惟坚船利炮之是务，是舍本而图末也。"③ 而在这四者当中，人尽其才最为重要。既然人尽其才是立国之本，我们就得培育人才，而培育人才的途径就是："教养有道、鼓励有方、任使得法。"④ 对于教养有道，他有着自己的深刻理解，他说："夫人不能生而知，必待学而后知，人不能皆好学，必待教而后学，故作之君，作之师，所以教养之也。"⑤ 即人都需要通

---

① 孟庆鹏主编：《孙中山文集·三民主义·民族主义·第一讲》，团结出版社 1997 年版，第 73 页。

② 同上。

③ 孟庆鹏主编：《孙中山文集·上李鸿章书》，团结出版社 1997 年版，第 591 页。

④ 同上。

⑤ 同上。

过学习来获得知识，而国家的有识之士都有义务对民众进行教育。具体方法应该是针对每一个人的智力水平，进行由浅入深的陶冶和指导，在孙中山看来，这既是中华民族固有的优良传统，也是西方许多国家国力强盛的主要原因。除此之外，在他所写的《治国三策——致郑藻如书》和《要中国富强与英美并驾齐驱》等文中，他还多次强调了学校教育的重要性，指出国家应该多设学校，多拨教育经费，让智者、愚者、妇女等都能通晓诗书，懂得做人做事的道理，如此，一国人才就不会缺乏，一国风气也会非常纯正，最终实现国家的强盛。孙中山认为，除了那些生来就具有大志向的人，大多数的民众都需要鼓励才能成才，一国如果要发挥人才的社会作用，就应该像西方许多国家一样，不断地鼓励民众学习新的知识，掌握新的技能，同时对他们取得的成绩进行奖赏，这样，一个社会就能形成全民学习的氛围，最终提升这个国家的综合实力。对于任使得法，孙中山认为，应该做到："务取所长而久其职。"[①]即，"为文官者，其途必由仕学院，为武官者，其途必由武学堂，若其他，文学渊博者为士师，农学熟悉者为农长，工程达练者为监工，商情谙习者为商董，皆就少年所学而任其职。"[②] 最后，孙中山总结说："故教养有道，则天无枉生之才；鼓励以方，则野无郁抑之士；任使得法，则朝无倖进之徒。斯三者不失其序，则人能尽其才矣；人既尽其才，则百事俱举，百事举矣，则富强不足谋也。"[③]

三　主张男女平等

作为一位伟大的思想家，孙中山非常强调男女平等，在他看来，当时的中华民国，"当中的国民有四万万，一半是男人，一半是女人，就是四万万人之中有两万万是女人"。[④] 这些女人现在可以拥有与男人一样的权利了，那就是可以过问国事。他指出，国民政府所实行的三民主义，就是要实现男女平等。他说："我们主张民权革命，便铲平那些阶级，要政治

---

① 孟庆鹏主编：《孙中山文集·上李鸿章书》，团结出版社1997年版，第592页。
② 同上。
③ 同上。
④ 孟庆鹏主编：《孙中山文集·要中国富强与英美并驾齐驱》，团结出版社1997年版，第666页。

上人人都是平等，就是男女也是平等。所以我们革命之后，便实行男女平权。"① 他认为，尽管国民政府做了很多工作，但是有些女性还是没有觉悟，不能坚定地参与到社会事务中来。针对这种情况，孙中山提出："大家从此以后，要把我们民权主义中所报考男女平等的道理对二万万女子去宣传，在女子一方建设民国的国基。"② 在男女平等的基础上，孙中山还给人们描绘出了一幅未来的美好生活图景，那就是："少年的人有教育，壮年的人有职业，老年的人有养活。全国男女，无论老少，都可以享乐。"③

四　要在中国形成合理的人口分布格局

在孙中山的著名文章《建国方略之二实业计划》一文中，他还提出了非常鲜明的迁移人口、形成合理布局的思想。在其《第一计划》中，他说："移民于东三省、蒙古、新疆、青海、西藏。"④ 为什么会有这样的思路呢？孙中山认为，首先就中国的人口分布而言，南方"沿海沿江烟户稠密省份，麋聚之贫民无所操作"，⑤ 而北方地区却"土旷人稀，急待开发"。⑥ 因此应该迁移一些省份的人口，使其分布合理。其次是为了裁兵之后的安置和众多人口的生活考虑。他说："夫中国现时应裁之兵，数过百万；生齿之众，需地以养。殖民政策于斯两者，固最善之解决方法也。兵之裁也，必须给以数月恩饷，综计解散经费，必达一万万元之巨。此等散兵无以安之，非流为饿殍，则化为盗贼，穷其结果，宁可忍言。此弊不可不防，尤不可使防之无效。移民实荒，此其至善者矣。"⑦ 具体方案为：首先殖民于蒙古、新疆。他说："殖民蒙古、新疆，实为铁路计划之补助，盖彼此互相依倚，以为发达者也。顾殖民政策，除有益于铁路以外，其本身又为最有利之事业。"⑧ 其次是制定好

---

① 孟庆鹏主编：《孙中山文集·要中国富强与英美并驾齐驱》，团结出版社1997年版，第678页。

② 同上。

③ 同上。

④ 李异鸣主编：《建国方略之二实业计划》，武汉出版社2011年版，第112页。

⑤ 同上书，第120页。

⑥ 同上书，第116页。

⑦ 同上书，第123页。

⑧ 同上书，第122页。

各项移民政策。一是"土地应由国家买收，以防专占投机之家置土地于无用，而遗毒害于社会。国家所得土地，应均为农庄，长期贷诸移民。而经始之资本、种子、器具、屋宇应由国家供给，依实在所费本钱，现款取偿，或分年摊还。而兴办此事，必当组织数大机关，行战时工厂制度，以为移民运输居处衣食之备。第一年不取现值，以信用贷借法行之"。① 二是"一区之移民为数已足时，应授以自治特权。每一移民，应施以训练，必能以民主政治的精神，经营其个人局部之事业"。② 三是"假定十年之内，移民之数为一千万，由人满之省徙于西北，垦发自然之富源，其普遍于商业世界之利，当极浩大。靡论所投资本庞大若何，计必能于短时期中，子偿其母。故以'有利'之原则论，别无疑问也"。③ 最后，孙中山强调说："以'国民需要之原则衡之，则移民实为今日急需中之至大者。'"④

通过对孙中山人口思想的系统论述，我们不难看出，孙中山的人口思想，明显地受到了人口决定论的影响，他没有看到人口发展会随着经济的发展出现大的转变，如同今天的世界人口状况。同时他对于移民问题的思考，也带有明显的理想主义的成分，但在那样的历史背景下，他能这样认识人作为社会发展主体的巨大作用、能认识到培养人才的重要性、大力强调男女平等，是非常可贵的。

第五节　廖仲恺的人口思想

廖仲恺（1877—1925），曾用名廖恩煦、廖夷白，广东省惠阳县人，是中国近代资产阶级革命民主派的杰出代表。他的一生，经历了推翻清朝封建统治、反对帝国主义、北洋军阀、与国民党右派进行斗争等重大事件，一直是孙中山的忠实支持者。在孙中山联俄、联共、扶助农工三大政策的制定和推行过程中，廖仲恺均积极宣传、大胆倡导，作出了非常重要的贡献。

---

① 李异鸣主编：《建国方略之二实业计划》，武汉出版社 2011 年版，第 122 页。
② 同上书，第 123 页。
③ 同上。
④ 同上。

作为一位伟大的思想家和行动者，他的思考涉猎诸多方面，尤其是对中国的政治和经济问题的思考，达到了较高的程度。现存有《廖仲恺集》，从中我们可以了解这位思想家和斗士忧国忧民的阶级情怀，对国外先进理论的介绍、反帝反封建的民主革命思想等内容。其中，对于人口问题，他也有一定的思考。

一　妇女的真正解放需依靠自身的觉悟和努力

廖仲恺认为，"国民的一半，是女子合成的。国家里社会里一半的任务，是女子负担的。女子的地位和他的境遇，影响到他的精神上、道德上、体魄上、心理上是很大的。由他的精神、道德、体魄、心理影响到他的任务。再由他的任务影响到男子，到社会全体、国家全体……所以女子解放这个问题，就是国家、社会、男子解放的问题了"①。在此，廖仲恺看到了女子在社会发展过程中所起的重要作用，并把女性的解放与国家、社会、男子的解放联系起来，非常准确地揭示出了女子解放的重要性和现实意义，表现出了他思想的开放性和进步性。

以此作为出发点，廖仲恺还批判了很多人不敢直面现实，不敢给出解放的具体对策的不彻底的做法，指出之所以出现这种现象，是因为一些人怕解放不到家，是利己的缘故。

廖仲恺同时指出，仅仅从理论方面去理解妇女解放的意义是不够的，因为这样的解放，"只可算是比较的、半面的解放，却不算完满的彻底的解放"。② 怎样才能实现妇女的彻底解放呢，廖仲恺认为："要做这功夫，这改革，是要从人类上女子本身上着想，才算是真解放。"③ 最后，廖仲恺给出了他自己的解决方案："无论要造那一个解放，总要靠自己自觉、自己要求、自己奋斗。从道德上、知识上、体育上准备过自己解放的手段，一面自己去解放，一面自己去准备，这解放才有点光明。"④ 总之，廖仲恺特别强调女子在解放过程中自立、自勉的重要性，明确指出靠国家、靠社会、靠自己都没有解放的男子来帮助，是没有出路的。

---

① 广东省社会科学院历史研究室编：《廖仲恺集·女子解放从那里做起》，中华书局1983年版，第13页。

② 同上。

③ 同上。

④ 同上书，第14页。

二　中国的人口数并不准确

在《中国人民和领土在新国家建设上之关系》一文中，廖仲恺指出：
"中国人人扯谎最普通的，第一就是中国四万万人这一句话。据前清宣统
二年民政部的统计，是三万万四千二百六十三万九千，但是同一年的海关
预计表，就说是四万万三千八百四十二万五千。这两个都是中国政府的机
关，然而列出来的人口表，两个数目，相差整九千多万，这一差就要把美
国这么多的人数差去了。照这样看来，中国人口的确数，虽是没有一个人
晓得，然而其多也就可观了。"①

三　人口大国也能治理有序

还是在这篇论文中，廖仲恺提出了人口大国也能有序治理的观点。他
先是批判了卢梭、亚里士多德的论点，指出他们观点形成的背景已经发生
了很大的变化，中国在现今的情形下，能够依靠自己的力量建设好自己的
人口大国。理由有二：第一为我们的时代，是新世纪的新时代，第二为我
们的民国，是这新时代里的新国。依靠这两个方面，廖仲恺认为："那么
样的国家，就是地方越大，人口越多，越有用处。"②

四　要治理好人口大国，需加紧发展交通事业

廖仲恺指出："我们要拿这么多的人民，这么大的领土，来建设一个
逼新的国家。要这两种组织的国家要素，能够发挥他最大的用处，第一要
紧的，就是全国的交通机关非改良不可。这交通机关第一要紧的就是铁
路。"③ 接下来，廖仲恺仔细分析了中国当时铁路的总里程，以及人均铁
路的里程，指出，中国由于铁路修建的缺乏，将人与人之间的联系都全部
割裂开了。而美国却因为大量移民，增加人口、修建铁路，就建设成了一
个新世界。最后，他又强调说："社会上所有一切现象，一言以蔽之，不
过是时间上、空间上的运动。而时间上、空间上的障碍，只有铁路交通能

---

① 广东省社会科学院历史研究室编：《廖仲恺集·中国人民和领土在新国家建设上之关
系》，中华书局 1983 年版，第 15 页。

② 同上书，第 17 页。

③ 同上书，第 18 页。

减除他。"①

五　对马尔萨斯人口论的批判

在廖仲恺的人口思想中，最有价值的内容是他对马尔萨斯人口论的大胆批判。他指出，中国的贫穷，是由于交通的闭塞造成的，而非"人满为患"。那么，马尔萨斯的观点错在哪里呢？廖仲恺认为，第一，是他分析人口问题时所给予的前提的错误。因为马尔萨斯认为，以地球现有的面积，无论是怎样的宽，总是有个定限，而动植物的生殖，要是任他自由，总要长到地上容不了，食料养不起的限度。由此推断，人口也是这样的增长趋势。廖仲恺引用美国著名的经济学家亨利·乔治的理论和孔子的后人的数量对马尔萨斯进行了批驳。他说："孔子死后两千一百五十年的时候，他的子孙，要是马尔萨斯所说的是真的呢，就该有 859，559，193，106，709，670，198，710，528 人。却是康熙年间，孔子死后两千一百五十年那一年，他的子孙，男丁只得一万一千人，就算有同数的女子，也不过是二万二千人。孔子是主张民庶的，二千多年，长出两万多人，已经是了不得的多了。别的人恐怕就未有这样的多，然而和马尔萨斯的数目，竟直差个天和地。"② 第二，是导致人口贫困的真正原因并不是马尔萨斯所说的人满为患，而是罪恶的制度本身。廖仲恺说："完全是他们社会的组织，坏了他们的生产力，和抢了他们产业上即酬劳的缘故。"③

在批评马尔萨斯观点的基础上，廖仲恺给出了他自己对人口数量的看法，即："据我看来，人口增加，在文明进步的国家里，断不会为这缘故，弄到土地所处的东西不够养人的。"④ 为什么这样说呢？"一方面因为科学发达，人类用这土地的本领，就大了许多。比方农学进步，就会改良种子，改良肥料，改良灌溉、栽培的方法，都可以战胜天然的。"⑤ 除此之外，交通的发展、矿物的开采等也能改善人们的生存条件。"一方面人口增加，是有个很自然的限度的。一般国民生活容易了，贫民阶级没有

---

① 广东省社会科学院历史研究室编：《廖仲恺集·中国人民和领土在新国家建设上之关系》，中华书局 1983 年版，第 21 页。

② 同上书，第 23 页。

③ 同上书，第 24 页。

④ 同上。

⑤ 同上。

了，人民的平均寿数，自然是高些，养的儿女，自然是多些。却是一般男女知识的程度高了，男的怕家累，就会不要亲，就是要娶亲，也比较晚些。女的能独立，就会怕嫁人，就是嫁了人，也不想多生育，害她的身体，妨她的娱乐。"① 除了这些原因，廖仲恺还指出，将来一夫多妻的制度会逐步取消，脑力劳动者的生殖能力会降低，人类抵抗疾病的力量会减弱，这样一些具体因素，都会导致人口的适度增加，根本用不着那些灾害、罪恶、战争种种为人道之敌的东西来制限他。

六　中国人口面临的最主要的问题是"民穷财尽"

通过对中国当时人口问题的观察，廖仲恺和葛德文一样，指出了中国人口面临的最主要的问题是"民穷财尽"，"这四个字的根源，固然是在政治上，现在无论谁也看得很明白"。② "无论哪一方面当局的，也逃不了这个罪恶"。③ 具体来讲，首先是人民没有移动的自由。廖仲恺认为："这移动的自由，不是法律上有没有的问题，乃是事实上能不能的问题。无论什么东西，法律上是空的，事实上才是真的。"④ 他接着质问道，政府文告上说移民的，岂不是很多的吗？实在人民移动了多少呢？他认为中国深入的省份，交通不便的地方，矿产、森林、畜牧种种事业，都是等人去开发的，比外国好的机会多得很，可怜人民是去不得的。其次是生产没有调剂的方便。廖仲恺认为，中国当时的经济生产，分工不够，分类也不够齐全，所以造成了国家的贫穷。再次，思想没有传播的效力。他认为，要使得国家和社会进步，国民的每个分子思想都必须是进步的。他说："要建设个新国家，也得要把新思想灌输进一般的国民脑筋里，使他们对于这建设的事业，有个领会。"⑤ 之后他举例指出，迷信、信息传播缓慢或信息闭塞是使人民不能进步的最大的原因。最后，他总结说："这三个大毛病，就是中国民穷财尽最普遍的原因，也就是新国家建设上最大的障碍，这都是从交通不便产生出来的。古代国家和最近世国家，政治上、经济上种种

---

① 广东省社会科学院历史研究室编：《廖仲恺集·中国人民和领土在新国家建设上之关系》，中华书局 1983 年版，第 25 页。

② 同上。

③ 同上书，第 26 页。

④ 同上书，第 27 页。

⑤ 同上。

不同的地方，完全是受这交通不便的影响。"①

　　总之，作为民主主义者，廖仲恺虽然在人口思想方面有着一定的思考，但其思想上的局限性还是非常明显的。这主要表现在：一是没有认识清楚劳苦大众贫困的真正原因，提出让人民移动、对生产进行调剂、对人民灌输新的思想，才是解决问题的根本出路；二是强调发展交通是当时中国的第一要务，而看不到制度方面的因素；三是对未来中国人口减少的原因不能进行科学的分析。最后，他还没有认清除了地主阶级之外的很多剥削者的真实面目。

---

① 广东省社会科学院历史研究室编：《廖仲恺集·中国人民和领土在新国家建设上之关系》，中华书局 1983 年版，第 30 页。

参考书目

徐宗元：《帝王世纪辑存·星辰及历代垦田户口数》，中华书局 1964 年版。

罗家湘：《国语》，中州古籍出版社 2010 年版。

李民：《尚书译注》，上海古籍出版社 2004 年版。

张敏如：《中国人口思想简史》，中国人民大学出版社 1982 年版。

聂石樵主编：《诗经新注》，齐鲁书社 2009 年版。

《史记》，中华书局 1959 年版。

王德明：《孔子家语译注》，广西师范大学出版社 1998 年版。

李梦生：《左传》，上海古籍出版社 1998 年版。

王华宝：《周礼》，岳麓书社 2001 年版。

章行：《尚书》，上海古籍出版社 1997 年版。

徐翠兰：《墨子》，山西古籍出版社 2003 年版。

焦杰校点：《国语》，辽宁教育出版社 1997 年版。

石磊：《商君书》，黑龙江人民出版社 2003 年版。

赵望秦：《白话国语》，三秦出版社 1998 年版。

鲁国尧：《孟子全译》，江苏古籍出版社 1998 年版。

孙波注释：《管子》，华夏出版社 2000 年版。

李克和、刘柯：《管子译注》，黑龙江人民出版社 2003 年版。

范勇胜译注：《老子》，黄山书社 2002 年版。

陈枫译注：《白话论语》，三秦出版社 1997 年版。

《汉书》，中华书局 1984 年版。

《三国志》，浙江古籍出版社 2007 年版。

《大越史记全书外记》，引自张春龙《秦汉时期中原移民对岭南的开发及影响》，《乌鲁木齐职业大学学报》2005 年第 4 期。

孙安邦译注：《荀子》，山西古籍出版社 2003 年版。

徐翠兰译注：《韩非子》，山西古籍出版社 2006 年版。

侯外庐：《中国思想史纲》，上海世纪出版集团 2008 年版。

阎丽：《春秋繁露译注》，黑龙江人民出版社 2003 年版。

范晔：《后汉书》，中华书局 2012 年版。

龚祖培校点：《潜夫论》，辽宁教育出版社 2001 年版。

龚祖培校点：《中论》，辽宁教育出版社 2001 年版。

《魏书》，中华书局 1974 年版。

于智荣：《贾谊新书》，黑龙江人民出版社 2003 年版。

《晋书》，中华书局 1974 年版。

《南齐书》，中华书局 1974 年版。

《周书》，中华书局 1974 年版。

《旧唐书》，中华书局 1975 年版。

《隋书》，中华书局 1975 年版。

赵克尧：《汉唐史论集》，复旦大学出版社 1993 年版。

《贞观政要》，内蒙古人民出版社 1998 年版。

《唐会要》，中华书局 1998 年版。

《资治通鉴新注》卷 191，陕西人民出版社 1998 年版。

《通典》，中华书局 1984 年版。

《唐陆宣公奏议读本》，上海新文化书社中华民国二十年版。

刘平、郑大华主编：《包世臣卷》，中国人民大学出版社 2013 年版。

中国第一历史档案馆编：《康熙起居注》，中华书局 1984 年版。

《宋书》，中华书局 1974 年版。

《南史》，中华书局 1975 年版。

《通典》，中华书局 1984 年版。

马端临：《文献通考》，中华书局 1975 年版。

《宋史》，中华书局 1977 年版。

《续资治通鉴长编》，中华书局 1973 年版。

《李觏集》，中华书局 1981 年版。

《苏轼文集》，上海古籍出版社 2000 年版。

叶适：《水心别集》，中华书局 2010 年版。

《明史》，中华书局 1974 年版。

何炳棣:《1368—1953 年中国人口研究》，上海古籍出版社 1989 年版。

邱濬:《大学衍义补》，京华出版社 1999 年版。

梁方仲:《中国历代户口、天地、田赋统计》，上海人民出版社 1980 年版。

《徐光启集》，上海古籍出版社 1984 年版。

《清史稿》，中华书局 1976 年版。

《洪亮吉集》，中华书局 2001 年版。

汪士铎:《汪悔翁乙丙日记·卷一》，文海出版社有限公司影印本。

丁凤麟、王欣之:《薛福成选集》，上海人民出版社 1987 年版。

梁启超:《饮冰室文集》，云南教育出版社 2001 年版。

孟庆鹏主编:《孙中山文集》，团结出版社 1997 年版。

广东省社会科学院历史研究室编:《廖仲恺集》，中华书局 1983 年版。

《中国历史》，中国高等教育出版社 2011 年版。

王处辉:《中国社会思想史》，中国人民大学出版社 2010 年版。

尚明:《中国古代人学史》，中国人民大学出版社 2004 年版。

朱哲:《先秦道家哲学研究》，上海人民出版社 2000 年版。

后　记

拙作《中国传统人口思想研究》终于收尾了，心中感慨良多。在此，特将心中的所思所感与有机会阅读这本书籍的朋友共享。

因为长期讲授《人口学概论》，因此对中国不同时代、不同人物的人口思想有了一些了解，出于研究问题的需要，我下决心要写一本《中国传统人口思想研究》，由于材料收集、阅读、甄别、归纳的过程比较漫长，因此到今日才终于搁笔。但无论如何，本书的完成，也算对我多年教学生涯所怀理想的一个交代。

鉴于本人拥有的资料、研究的能力、分析问题的深度均有所欠缺，所以书中必定存在诸多不足，恳请有机会接触此书的读者和同人们提出宝贵的意见和建议，在此，笔者深表谢意。

在本书的出版过程中，中国社会科学出版社的李炳青老师付出了极大的心血。由于她工作认真、责任心强，纠正了书稿中很多疏漏之处，最终保证了这本著作的出版质量。她严谨的工作作风令人敬佩，更令人感动，与她的合作令人愉快，希望不久的将来还可以与李老师再次携手。还要感谢中国社会科学出版社的吴丽平老师，她也为本书的出版环节付出了大量的心血，她为人的热情、话语的温暖，都给我留下了非常美好的印象。

非常感谢陕西师范大学给我提供了资金援助，使拙作得以顺利出版。在本书的写作过程中，曾得到了爱人、学长、同事等的悉心指导和无私帮助，在此向他们一并表达诚挚的感谢！也非常感谢苏妮、史林、王扬三位同学，在书稿的形成过程中，她们参与了大部分的校对工作，为我节省了不少时间和精力。

谨以此书献给所有关心我、理解我、支持并帮助过我的人！

李文琴

2015 年 3 月 30 日